KB262381

8 · 15의 기억과 동아시아적 지평

8 · 15의 기억과 동아시아적 지평

8·15의 기억과 동아시아적 지평

초판 1쇄 발행 2006년 10월 16일

엮은이 정근식·신주백 외
펴낸이 윤관백
편 집 김은정
표 지 김지학
펴낸곳 선인
등 록 제5-77호(1998.11.4)
주 소 서울시 마포구 마포동 324-1 곳마루 B/D 1층
전 화 02)718-6252 / 6257
팩 스 02)718-6253
E-mail sunin72@chol.com

정가 · 22,000원
ISBN   89-5933-064-7 93900

8·15의 기억과 동아시아적 지평

선인

인간의 기억은 동일한 시간과 공간에서 일어난 사건을 함께 체험했다 할지라도 서로 다를 수 있다. 반드시 같을 수 없는 것이다. 하물며 오랜 시간이 경과한 사건에 대한 기억은 더더욱 그럴 것이다. 기억은 개별적인 사실이 퇴적되어 꾸준히 보존된 결과물이 아니다. 오랜 풍화작용 속에서 모난 돌이 계속 새로워지듯이, 기억은 그 기억의 특정 부분과 현재와의 관계 속에서 끊임없이 새롭게 태어나고 바뀌어 가는 유기체이다.

근대 국민국가가 등장한 시기, 특히 18세기 프랑스혁명 이후 기억은 국가에 의해 관리되어 왔다. 국가는 개개인의 기억을 단순 집합시키지 않은 채, 도서관, 백과사전, 기념물과 기념일, 자료 보관제도 등을 통해 집단적 기억을 관리해 왔던 것이다. 특히 의무교육과 징병제가 실시되면서 집단기억은 특정한 방향에서 체계적이고 지속적으로 관리되어 왔다. 이때부터 하나의 거대한 이미지 체계가 형성되어 왔고, 그것 역시 시대에 따라 바뀌어 왔다. 8·15에 관한 기억 역시 그러하다.

8월 15일은 일본이 패전하고 아시아태평양전쟁이 끝난 날이다. 또한 동아시아인에게 이날은 희망에 찬 새로운 출발을 시작한 날이자, 모두에게 약속된 미래가 있는 날이기도 하였다. 소화천황이 항복을 선언한 8월 15일 그날에 대다수 동아시아인이 체험한 경험은 동아시아 근현대사 가운데 가장 광범위하게 현재적 공통분모를 찾을 수 있는 역사적 경험 중 하나이다.

8월 15일 그날의 경험과 의미는 각 나라에서 지금까지 새로운 기억으로 끊임없이 재생되어 오고 있다. 일본에서 미국 점령군이 공식적으로 기념했던 대일전승기념일인 9월 2일을 대신하여 8월 15일을 종전기념일로 공공연하게 기억하기 시작한 것은 1952년 샌프란시스코강화조약이 발효된 이후였고, 1963년부터 전국전몰자추도식이 열리고 있는 날도 8월 15일이다. 이날이 침략자를 생각하는 날이기도 한 것이다. 그래서 8·15을 다른 한쪽에서는 국가의 공식적 기억과 다른 역사관, 곧 일본이 패전한 날, 또는 일본공산당처럼 '반전·평화의 국민적 결의의 날'로 기억하는 경우도 엄연히 존재하고 있다. 오키나와 사람들도 전쟁이 끝난 것과 관련하여 6월 23일을 '위령의 날'로 기념하고 있으며, 재일조선인에게 8월 15일은 해방의 날인 동시에 새로운 차별이 시작된 날이기도 하였다.

가해국의 8·15 기억이 다양하듯이, 피해국에서도 8·15 기억은 유동해 왔다. 1946년부터 3년 동안 남북한 모두에서 8월 15일은 해방절로 기념되어 왔지만, 이후 한국은 광복절로 북한은 민족해방기념일로 그날의 명칭을 바꾸어 각각 기념하고 있다. 한반도에는 분단된 공적 기억이 있는 것이다. 그럼에도 광복절과 민족해방기념일이란 공적 기억은 1945년 8월 15일 이전에 일본의 지배에서 벗어난 곳이 한반도에도 있었다는 사실을 재생한 적이 없다. 또한 한국에서는 8·15 광복이라는 공식 언어 이외에 8·15 해방이란 말이 광범위하게 사용되면서 한국적 상황에 따른 기억의 충돌이 있었다.

중국에서 공식적인 승전기념일은 8월 15일이 아니라 9월 3일인데, 최근에는 8월 15일을 더 비중있게 취급하고 있다. 민간차원의 기념일인 8월 15일이 대다수 대중들의 기억 속에 더 깊이 자리하면서 중국 정부도 이를 인정하고 학교와 기념관 등에서 또 다른 공적 기억으로 재생하고 있는 것이다. 그렇지만 어느 기억도 당시 만주에서 8월 15일 이전에 일본으로부터 해방된 곳이 있었다는 사실은 담아내지 못하고 있다. 한편, 대만은 10월 25일이 광복절이어서 8월 15일이 그다지 큰 의미가 없었지만, 최근에는 정치적 변화 속에서 광복절이 종전기념일로 대체되었고, 이로써 10월 25일의 위상은 흔들리고 있다.

이처럼 다양한 8·15 기억은 충돌을 동반해 왔다. 1970년대 중후반 일본유족회가 야스쿠니신사에 수상의 공식참배를 정례화하려 시도하고, 야스쿠니신사 측이 1978년에 A급전범 14명을 합사하였다. 이때부터 수상의 야스쿠니신사 공식참배를 둘러싼 8·15 기억은 일본사회에서 정치적 쟁점으로 부상하였다. 왜냐하면 야스쿠니신사참배 문제는 침략전쟁을 인정하느냐, 아니면 공식적으로 부인하느냐를 선택하는 의미를 갖기 시작했기 때문이다.

1982년 일본 역사교과서의 편향적인 서술이 국제사회에서 처음으로 문제되면서 일본의 침략행위에 관한 인식은 동아시아에서 항상적인 관심의 대상이 되었다. 동아시아에서 역사의 정치화가 시작된 것이다. 이후 야스쿠니신사에 몰래 합사되어 있던 한국인과 대만인 등의 위패문제를 중심으로 동아시아 대중 사이에 야스쿠니신사의 진실이 알려지기 시작하였다. 일본의 정치인들, 특히 수상이 8월 15일에 야스쿠니신사에 공식·비공식적으로 참배하면서 동아시아 대중들 사이에서 야스쿠니신사 문제와 8·15의 기억이 밀접한 연관을 갖게 되었다. 야스쿠니신사의 정치성이 부각될수록 8월 15일은 국가 간의 또는 동아시아의 평화를 지향하는 평화세력과 일본의 우익·보수세력 간의 격렬한 투쟁의 무대로 바뀌어 왔다.

2006년 현재 야스쿠니신사는 충돌하는 8·15 기억의 표상공간이 되었을 뿐만 아니라 격화되고 있는 동아시아 역사전쟁의 마지막 해결점으로 동아시아의 대중 사이에 떠올랐다. 2006년 8월 고이즈미 수상의 공식참배에 항의하는 국제적 연대시위가 야스쿠니신사 주변에서 처음으로 있었다는 사실과 일본과 한국·중국 사이에 정상회담이 어려울 정도로 갈등이 심화된 국제관계의 현실이 이를 말해주고 있다.

이 책은 다양하게 충돌하는 8·15 기억을 역사적·사회적 맥락 속에서 재현하고 있는 연구서이다. 주로 한국에서 바뀌어 온 8·15 기억을 여러 측면에서 집중적으로 고찰하고 북한, 일본, 중국, 대만에서 기념해 왔던 8·15 기억의 다양성을 확인하고자 기획되었다. 한국에서 동아시아 차원의 기억을 확인하는 작업은 그렇게 흔히 볼 수 있는 경우가 아니다. 우리의 기획의도와 향후 연구방향에 대해서는 정근식 교수님의 총론을 참조 바란다.

물론 아쉬운 점도 있다. 애초 기획 의도는 언론에서 재현한 8·15 기억을 검증하기 위해 TV방송의 8·15특집 프로그램과 신문의 8·15특집 기획 기사를 분석하려고 했지만, 적당한 필자를 찾지 못하였다. 중국의 8·15 기억에 관한 집중 분석도 기획했지만 중국인 필자의 사정으로 논문을 게재할 수 없었다. 대신 보론으로 이를 보충하였다.

여기에 실려 있는 대부분의 논문은 처음 기획 때 작성된 것들이다. 변변한 도움도 줄 수 없었는데 기획의도를 듣고 흔쾌히 논문을 보내 주신 대만의 주덕란 교수님, 일본의 마츠다 토시히코 교수님과 정영환 선생, 한국의 기광서 교수님, 전재호 교수님에게 감사의 말을 전하고 싶다. 또한 논문을 투고해 주신 정근식 교수님, 권혁태 교수님과 신주백의 논문은 「한·중·일 3국의 8·15 기억」(2005)에 실린 논문을 대폭 수정한 글이다. 게재를 허락해 준 역사비평사와 (사)아시아평화와 역사교육연대에 감사드린다.

2004년에 이 책을 기획하였으나 필자의 여러 사정으로 번역과 교정작업이 지지부진 하였다. 일찍 원고를 보내주신 여러 필자분들, 참고 오랜 시간을 기다려준 출판사 사장님, 다양한 형식의 원고를 교정보느라 고생한 편집부 직원들에게 진심으로 감사드린다.

차이의 드러내기를 시도한 이 책이 넓게는 동아시아, 좁게는 한반도의 안정과 평화 구축에 보탬이 되는 작은 씨앗이라도 되었으면 하는 바람이다.

2006년 9월 필자분들을 대신하여
신 주 백

[총론] 8·15의 기억과 기념에 대한 다차원적 연구를 향하여 ···· 정근식···15

제1부 한 국

역사교과서에서 재현된 8·15, 망각된 8·15 ························· 신주백 ······· 27
  1. 머리말 ∥ 27
  2. 8·15 당일−사적 기억에서 집단적 기억으로 ∥ 29
  3. 남한만의 '민족의 해방'으로 역사화된 기억(1945~1973·1974) ∥ 34
  4. '민족의 광복'과 강요된 망각(1973·1974~2002) ∥ 48
  5. '광복'의 형해화 속에 회복되고 있는 기억(2003~현재) ∥ 61
  6. 맺음말 ∥ 66
  참고문헌 ∥ 68

기념관·기념일에 나타난 8·15의 기억 ····························· 정근식 ······· 71
  1. 8·15의 기억을 찾아서 ∥ 71
  2. '광복절'로서의 8·15 ∥ 75
  3. '독립'의 기념공간화 ∥ 89
  4. 기념공간에서의 8·15의 재현 ∥ 104

5. 맺음말 : 8·15 기념의 특징과 한계∥108
참고문헌∥112

8·15는 어떻게 기억·해석되어 왔는가 ················· 권혁태 ····· 115
  -대중만화를 통해 본 한국의 일본인식-
  1. 머리말∥115
  2. '자력 해방'에 대한 비원과 '강한 국가·강한 민족'에 대한 지향∥118
  3. 재일조선인의 등장과 '대리 실현'∥123
  4. 맺음말∥131
참고한 작품∥133

8·15와 한국정치 : 대통령 기념사를 통해 본 8·15 ············ 전재호 ····· 135
  1. 머리말∥135
  2. 역대 대통령의 8·15 기념사∥137
  3. 맺음말∥179
참고문헌∥183

소련군의 '해방적' 역할과 북한의 인식 ···························· 기광서 ····· 185
  1. 머리말∥185
  2. 소련군의 대일전 참전과 8·15 해방∥186
  3. 8·15 해방에 관한 북한의 인식 변화∥198
  4. 맺음말∥212
참고문헌∥214

제2부 일 본

일본인의 전쟁인식과 8·15 이미지 ························· 마츠다 토시히코 ····· 219
  1. 머리말∥219
  2. 점령기의 전쟁관(1945~1951)∥221
  3. 講和와 내셔널리즘의 噴出(1950년대)∥225
  4. 고도성장과 전쟁인식의 분화(1960년대~1970년대)∥228

5. 역사인식문제의 국제화(1980년대~현재) ‖ 232
6. 맺음말 ‖ 238
참고문헌 ‖ 240

재일조선인의 기억과 망각 ······································· 정영환 ····· 243
1. 머리말 ‖ 243
2. 해방－황국신민으로부터의 탈각 ‖ 245
3. 국민화와 난민화 ‖ 252
4. 난민적 기억의 형성 ‖ 261
5. 맺음말 ‖ 266
참고문헌 ‖ 268

제3부 대만·중국

타이완의 '광복'에 대한 역사적 기억과 역사교과서 문제 ········· 주덕란 ····· 273
1. 머리말 ‖ 273
2. 전후 타이완의 경제발전과 정치변화 ‖ 275
3. 타이완인의 '광복'에 대한 역사적 기억 ‖ 284
4. 타이완 광복절과 역사교과서 ‖ 293
5. 맺음말 ‖ 301
참고문헌 ‖ 303

[보론] 중국, 두개의 승전기념일과 8·15의 공식화 ··············· 신주백 ····· 305
1. 머리말 ‖ 305
2. 배제된 8·15 ‖ 306
3. 8·15의 등장과 역사사회적 맥락 ‖ 308
4. 민간이 기억해 온 8·15의 정착 ‖ 310
참고문헌 ‖ 314

찾아보기 ·· 315

정근식

〔총론〕 8·15의 기억과 기념에 대한 다차원적 연구를 향하여

1945년 태평양전쟁이 끝나고 동아시아가 새로운 체제로 전환된 60주년을 맞이하여 동아시아 3국의 역사학자들은 공동으로 『미래를 여는 역사』(한겨레신문사, 2005)라는 교과서를 출판하였다. 여기에는 제2차 세계대전이 반파시즘 전쟁으로 규정되었고, 8·15는 일본의 무조건 항복일로 기술되었다. 또한 동아시아 각국이 8·15를 서로 다르게 경험했다는 사실이 적시되었으며, 8·15 이후의 동아시아 현대사의 큰 흐름을 일본의 전후 개혁, 한국의 해방과 분단, 중화인민공화국의 수립으로 기술하였다.

동아시아적 시간관념에서 60년은 세상의 한 번의 주기가 완료되고, 다시 또 한 번의 주기가 시작되는 독특한 의미를 가진 것으로, 2005년은 지난 60년간의 한반도의 분단이 종료되고 통일을 향한 새로운 60년이 시작되어야 한다는 희망의 해였다. 이에 따라 광복 50주년에 못지않게 한국이나 일본뿐 아니라 동아시아 여러 나라에서 1945년 8·15의 역사적 의미를 되새기고 현재 8·15가 놓인 정치적 맥락을 진단하는 책들이 많이 출판되었다. 한국인의 1945년 경험에 관한 증언을 모은 책이 출판되었으며, 현재는 '1945년 서울'이라는 이름의 텔레비전 드라마가 방영되고 있다. 그러나 이런 현대사에 대한 관심은 단지 60년 전의 사건을 기억하기 위한 것이 아니라 일본 총리의 야스쿠니 참배가 야기한 동아시아의 기억투쟁, 그리고 한국의 과거사 청산작업과도 관련되어 있다.

주지하다시피 오늘의 동아시아는 1945년 8월 15일 아시아태평양전쟁의 종전, 1949년 중국내전의 종식, 그리고 1953년의 한국전쟁의 휴전이라는 세 가지 사건을 거치면서 기본질서가 만들어졌다. 이 중에서도 8·15는 일본제국주의의 제국/식민지체제가 붕괴하고 전후 체제로 넘어가는 출발점이었다. 전후 체제는 미군과 소련군의 군사적 점령으로부터 시작하여 중국대륙의 지배권력의 교체, 그리고 한반도의 분단과 전쟁에 의해 공고화되었고, 이 과정에서 미국-일본-한국으로 구성된 자본주의적 남방동맹(또는 해양동맹)과 소련-중국-북한이라는 사회주의적 북방동맹(또는 대륙동맹)으로 나누어졌다. 이 체제는 전후 한 세대 이상 강력하게 작동하였고, 세계적 냉전체제가 해체된 1990년 이후에도 여전히 위력을 잃지 않고 남아 있다. 비록 2000년의 남북한 정상회담에 의해 남북 간 긴장이 느슨해지고 또 한국에서 진행된 민주화에 따라 한미관계나 한일관계가 예전처럼 일방적이지는 않으나 오늘날 단속적으로 진행되는 북핵관련 6자회담에서 보는 것처럼 전후 질서는 아직도 엄연한 현실로서 동아시아와 한반도에서 관철되고 있다. 오히려 최근에는 중국의 경제성장과 이에 대응한 미일 군사동맹의 강화에 의해 긴장이 고조되고 있어서 미래의 동아시아는 과거의 역사적 기억을 둘러싼 투쟁뿐 아니라 또다시 군사적·정치적 대립에 직면할 가능성이 크다.

이 책은 역사적 기억과 기념이라는 맥락에서 8·15를 성찰하는 것으로 첫째, 1945년 8월 15일을 한국인들은 어떻게 생각하고 있으며, 지난 60년간 8·15를 어떻게 기억하고 기념해왔는가를 살펴보고 둘째, 북한에서 8·15는 어떻게 인식되어 왔는가를 살펴보며 셋째, 시야를 넓혀 일본에서 일본인들은 아시아태평양전쟁과 8·15를 어떻게 인식해왔는가, 그리고 조국이 분단되어 있는 상황에서 재일조선인들은 이를 어떻게 인식해왔는가를 살펴보려는 것이다. 나아가 한국과 마찬가지로 일본의 식민지 지배하에 있었던 대만에서 그들의 '광복'은 어떻게 왔으며 또 어떻게 변화되었는가를 살펴보고자 한다.

한국에서 역사적 기념일로서의 8·15는 1945년과 1948년의 연속과 대립을 포함한다. 1945년의 8·15가 전 민족적 해방일이었다면, 1948년 8·15는 민족의 분단을 공식화하는 남한 정부 수립일이었다. 남한에 이어 북한도 곧 국가수립을 선포함으로써 1민족 2국가로 구성된 분단체제가 성립한 것이다. 한국 정부 수립일을 왜 8월 15일로 했는지는 명백히 밝혀져 있지 않지만, 분명히 그것은 국가의 정통성을 공고히 하려는 상징정치의 소산이었다. 즉 남한 정부의 수립이 민족해방의 연장선상에 있음을 드러내려고 한 것이다. 이후 8·15는 이중적 기념일이 되었다. 1949년에는 정부수립 기념이 우선했지만, 곧 8·15가 광복절로 지정되었다. 이후 1945년의 민족해방과 1948년의 정부수립 중 무엇을 우선적으로 기념하는가라는 문제와 연결되어 8·15는 약간의 자기모순적 요소를 포함하면서 분단의 대극인 통일 염원을 상징하는 날이 되었고, 1960년대부터 남북 정부 간의 통일정치의 중요한 시간적 계기가 되었다. 광복절은 과거를 기념할 뿐 아니라 미래를 기약하는 주기적 기념일이 된 것이다.

우리가 8·15의 기억을 논의할 때 당연히 모든 민족성원이 동일한 경험을 했으리라고 가정하고 있지만, 그것은 일종의 상상된 국민국가의 기억에 속한다. 실제의 역사가 꼭 그런 것은 아니었으며, 많은 민족구성원들이 시·공간적으로 서로 다른 맥락에서 8·15를 맞았음을 잊어서는 안 된다. 8·15 이전에 북한의 일부 지역은 소련군과 일본군의 치열한 전투의 현장이 되었다. 만주나 함경북도의 일부 지역은 8월 15일 이전에 소련군에 의해 해방을 경험하였다. 당시의 미디어와 커뮤니케이션의 상황 또한 8·15의 경험을 시간적으로 다르게 만들었다. 한반도 안에서는 8월 15일이 해방을 의미했다고 하더라도 각 지역마다 일본군과 일제 경찰이 그대로 남아 있었다. 이것은 8·15를 해방으로 말하고 마음껏 환호할 수 있는 가능성을 실질적으로 제약하는 요인이었다. 그렇지만 해방 당일로부터 얼마동안 한국인들이 보인 반응, 즉 해방에 대한 환희는 기본적으로 일제 식민지 통치가 한민족에게 무엇이었는가를 알 수 있게 하는 단적인 지표이자 척도로 간주해도 무리가 없다.

현재 한국인의 입장에서 분단국가의 성립은 우리도 이제 어엿한 국가를 가진 민족이 되었다는 자부심과 함께 통일된 민족국가를 만들지 못했다는 자괴감을 동시에 가지게 만드는 출발이었다. 이것은 해외의 한인들에게도 영향을 미쳐 현지 한인사회의 분열을 만들어낸 잠재적 요인이 되었다. 이들은 전후질서에 따라 분단된 조국의 어느 한편에 서지 않을 수 없었다. 분단은 한반도뿐 아니라 해외 한인사회에서도 관철되었다. 이 때문에 8·15의 기억과 기념에는 항상 남북뿐 아니라 해외동포들의 현실을 성찰해야 한다는 문제가 따라다녔다. 8월 15일은 물론 한국인들에게 해방과 광복의 날로 다가오지만, 민족사적 맥락에서 보면, 해방으로부터 배제된 해외한인들의 역사와 현실을 상기시킴으로써 남북을 넘어 디아스포라 및 세계한민족공동체를 구상하게 한다.

8·15는 과거에 대한 기억보다는 미래에 대한 다짐으로 점철되었다. 남북이 서로 체제의 우월성을 증명하기 위해 경쟁하던 시기를 지나 우열이 확실하게 드러난 1990년대 이후 8·15는 '화해와 협력을 바탕으로 한 통일'을 모색하는 계기가 되고 있다. 1990년대 이후에 변화되고 있는

8·15에 관한 논의는 첫째 그것의 지평이 한반도의 문제로 제한되지 않고 동아시아 전체로 확대되고 있다는 것, 둘째 지금까지의 8·15에 관한 시각이 너무 한국의 국민중심적 시각이어서 한국 국민이 되지 못했거나 여기에서 구조적으로 배제된 사람들에게는 8·15가 여전히 낯선 것으로 남아 있다는 사실을 인식하기 시작했다는 점이다. 따라서 8·15의 의미에 관한 연구는 과거의 기억과 현재진행형의 남북 간 기념일정치를 넘어서서 동아시아에서 아직까지 해결되지 않은 2차대전과 식민지배의 유산, 그리고 냉전체제나 강대국 중심의 동아시아 전후 질서에서 방치되었거나 침묵당한 주민과 소수자들의 목소리를 복원시키는 과제를 포함하게 된다.

8월 15일 당시에 한인들은 전쟁체제에 동원되어 병사로 또는 노동자로 일을 하고 있거나 전쟁물자를 생산하는 데 동원되어 있었다. 한반도 외의 곳곳에 흩어져 있던 한인 청년들의 군복은 매우 다양한 색깔이었다. 일본군으로 끌려가 있던 한인들과 달리 미군, 소련군, 중국군이나 팔로군, 그리고 광복군에 소속되어 있던 조선의 젊은이들은 자신의 의지와는 무관하게 서로 연합하거나 적대하는 맥락에 던져져 있었다.

엄밀하게 말하면 한반도에 해방은 8월 15일에 왔지만, 오키나와나 동남아시아, 남태평양에 끌려갔던 한국인들은 상당수가 이미 죽었거나 포로수용소에 잡혀 있었다. 강제 연행된 수십만 명의 병사나 인부, 또는 성노예로 일하고 있었던 여성들에게 종전은 곧바로 해방으로 다가오지 않았다. 20여 만 명이 죽었던 오키나와의 다음 차례는 제주도였다. 제주도에는 오키나와에서처럼 천황을 위해, 그리고 본토 결전을 최대한 늦추기 위해 십만에 가까운 일본군들이 집결해 있었고, 제주도의 주민들은 이 지상전에 대비하기 위해 끊임없는 작업에 동원되고 있었다. 오늘날 제주도 곳곳에 남아 있는 군사시설의 흔적들은 1945년 여름의 긴박했던 상황을 증언하고 있다.

해외에서 디아스포라 상태에 있던 한인들에게 8·15는 조국이나 고향으로 돌아갈 수 있는 꿈을 실현할 수 있는 기회로 다가왔다. 그러나 고향을 떠나서 오랫동안 생활해온 터전을 쉽게 떠날 수 없는 사람들이 많았을 뿐 아니라 얼마 지나지 않아 다가온 동아시아 냉전체제는 이들 중 일부만을 귀국하도록 허용하였다. 이들은 귀환동포가 아니면, 재일조선인이나 중국 조선족, 그리고 사할린의 까레스키들로 전환되어갔다.

1945년 8·15는 민족사적 의미뿐 아니라 현대 동아시아 지역체제를 만들어낸 전환점으로서의 의미를 지닌다. 국제적 맥락에서의 8·15의 의미는 무엇보다도 제2차 세계대전의 종전일이라는 사실에 있다. 제2차 세계대전은 유럽전선과 아시아전선으로 나누어 볼 수 있는데, 유럽전선에서의 전쟁은 이미 끝난 상태였고, 아시아 전선에서는 일본 본토를 향해 미군과 소련군이 압박하고 있었다. 미군은 남양군도로 불리는 태평양지역의 섬들을 넘어 1945년 4월부터 6월까지 치열한 전투를 통해 오키나와를 점령한 상태였다. 미군은 8월 6일과 8월 9일, 히로시마와 나가사키에 원자폭탄을 투하하였고, 소련군은 8월 9일 선전포고를 통하여 만주지역과 한반도 북부에 진입해 치열한 전투를 수행하였다. 이 시기에 두 나라는 공동의 적을 향한 연합의 의미를 넘어서 동아시아의 전후를 둘러싼 경쟁을 시작하고 있었다. 일본의 패전, 그리고 일제의 지배하에 들어 있는 지역의 해방 사이에는 전쟁의 주체적 수행자나 전쟁에서의 지원자에 대한 권리와 보상 문제가 가로 놓여 있다는 것을 이들은 인식하였다. 8월 15일 일본의 무조건 항복은 동아시아에서 일본 '제국'이 붕괴하고 미국과 소련이 주도하는 동아시아냉전체제가 성립하는 전환점이었으며, 누구의 의도가 더 많이 관철될 것인가가 남겨진 문제였다.

미국인들에게 태평양전쟁은 진주만의 기억으로 남아있지만, 일본인에게 아시아태평양전쟁은 8·15보다는 그 이전에 발생한 히로시마의 피폭 장면으로 기억되고 있다. 일본인의 아시아태평양전쟁에 대한 기억은 그것이 침략전쟁이었다는 것에 대한 반성보다는 히로시마나 나가사키의 피폭을 통한 희생자의 이미지 위에 기반하고 있다. 오늘날의 한·미·일 3 동맹체제에도 불구하고 2차대전의 기억이 서로 상이하고 자신들에게 유리한 방향으로 틀 지어져 있다는 사실은 흥미롭다. 미드웨이호 함상에서의 항복조인식 모습은 미국이나 일본의 공통적인 기억이나, 그것이 만들어내는 의미는 사뭇 다른 것으로 생각된다.

일본인에게 8·15는 종전일과 패전일로 기억되어 왔지만, 더 충격적인 장면은 신의 지위에서 끌어내려진 천황과 새로운 지배자 맥아더가 함께 나란히 서서 찍은 사진이었다. 천황의 왜소함과 초라함에 비하여 장대하고 위풍당당한 맥아더의 모습으로부터 일본인들은 치욕감과 동시에 '큰 힘'에 대한 숭배의식을 키워갔는지 모른다. 이는 오늘날 일본에서 발견되는 점령과 동맹의식의 모순적 병존으로부터 확인된다.

이 책은 한국현대사에서 8·15의 기억과 기념의 문제를 점검하고, 분단된 한국사회의 시각을 넘어 동아시아적 지평에서 다양한 전쟁기억을 이해하고 평화의 가능성에 새롭게 접근하기 위하여 구상된 것이다. 그래서 전반부에서는 한국에서의 기억과 기념의 문제를 다루고, 후반부(제2부, 제3부)에서는 북한, 재일한국인, 일본인, 타이완, 중국에서의 8·15의 문제를 다루는 글을 편집하였다.

신주백은 8·15의 공식적 기억의 문제를 교과서 분석을 통해 접근하고 있다. 그는 8·15에 대한 다양한 사적 기억이 분단된 집단적 기억으로 넘어간 내용을 검토하고, 이어서 교과서 출판제도와 교육과정의 시기 구분에 따라 각각의 시기에 8·15가 어떻게 기술되고 있는지를 보았다. 그는 해방 후 1970년대 중반까지를 '민족의 해방으로 역사화된 기억'으로, 1970년대 중반부터 2002년까지를 '민족의 광복과 강요된 망각'으로, 2002년 이후를 '광복의 형해화와 함께 회복 되고 있는 기억'의 시기로 그 특징을 파악하였다.

정근식은 시간적 기억장치로서의 광복절의 역사, 그리고 공간적 기억

장치로서의 독립기념관, 서대문형무소 역사관, 구 조선총독부 해체 프로젝트를 검토하면서, 이런 시·공간들에서 8·15의 기억이 어떻게 정형화되고 있으며, 정치적 상황에 따라 기억의 정치가 어떻게 변화하는가를 분석하고 있다. 여기에는 해방과 광복의 관계, 그리고 민주화에 따른 재현과 전시의 변화가 포함되었다.

전재호는 8월 15일의 현재적 의미가 어떻게 변화되었는가를 살펴보기 위하여 이승만 이후 김대중까지 역대 대통령이 행한 55년간의 광복절 기념사를 분석하고 있다. 그에 따르면 8·15기념사는 해방과 의미 쌍을 이루는 반일보다는 북한과의 대치라는 맥락이 항상 중시되었으며, 진정한 광복의 의미를 통일국가의 수립에서 찾고 있다.

권혁태는 한국의 대중만화를 통해 일본과 일본인이 해방 이후 어떻게 재현되고 있는가를 분석하고 있다. 대중만화는 전문가가 아닌 대중들의 일상적인 욕망과 상상력이 자유롭게 표출되고, 자연스럽게 이들의 사회의식과 감정을 재생산하는 매체라는 점에서, 일제 지배가 남긴 대중적 영향에 관한 연구의 유력한 접근방식이라고 할 수 있다. 그는 1960년대 이후의 대중만화를 통해 자력으로 해방되지 못한 것에 대한 한국인의 회한이나 비원이 강한 국가와 민족을 희구하게 되었으며, 만화의 주인공으로 자주 등장하는 재일조선인의 존재를 통한 욕망의 대리실현이 자주 드러난다고 주장하였다.

기광서는 태평양전쟁의 종전이 왜 1945년 8월 15일에 이루어졌는가를 질문하고 여기에 미친 소련군 참전의 영향을 논한 다음 8·15 해방에 대한 북한의 인식이 어떻게 바뀌었는가를 살피고 있다. 그는 1945년 8월 초반의 정세를 매우 중시하면서 미군의 원폭투하와 함께 소련군의 참전이 일본의 항복을 '빨리' 이끌어냈으며, 이 때문에 소련군은 종전 초기에 해방군으로 인식되었지만, 1950년대 후반부터 점차 이 평가가 달라져 현재는 거의 언급되지 않는다고 설명하고 있다.

정영환은 재일조선인에게 8·15는 무엇이었는가를 난민의식이라는 시각에서 검토하고 있다. 해방이 되었음에도 재일조선인은 권리와 의무의 심각한 괴리를 경험하면서 난민적 상태에 놓이게 되었고 이런 상황이 해방의 기억을 망각시켰으며, 오히려 '우리가 처음부터 제대로 해방된 적이 있는가'라는 자괴적인 질문을 하게 만든다고 보고 있다.

마츠다의 연구는 일본인들의 이른바 15년전쟁 또는 아시아태평양전쟁에 대한 기억의 변화를 4시기로 나누어 추적하고 있다. 그는 8월 15일을 종전기념일로 인식하는 것은 1951년 샌프란시스코 강화조약 이후, 대체로 55년체제와 함께 뚜렷해졌으며, 그 이전에는 미군정의 영향으로 9월 2일의 일본 항복 기념일이 더 우세했었다는 점을 밝히고 있다. 일본에서 전쟁기억은 점차 항복과 패전 담론으로부터 종전과 평화기념 담론으로 이행하였으며, 최근에는 총리의 야스쿠니 참배에서 드러나듯이 우경화를 향한 발걸음을 재촉하는 추도일이 되고 있다. 이런 사실로부터 일본의 평화개념이 갖는 모순이자 한계를 다시 생각할 수 있다.

주덕란은 대만에서 광복절의 형성과 그 지위의 변화가 대만정치의 변동과 함께 전개된 과정을 흥미롭게 설명하고 있다. 대만에서는 한국처럼 광복절이 있었지만, 그것은 8월 15일이 아니라 국민당이 대만에서 일본군에게 항복을 받은 10월 25일이었으며, 이날이 국민당정권하에서 국경일로 기념되어 오다가 민진당 정권으로 바뀌면서, 종전기념일로 의미가 바뀌었다. 타이완의 민주화는 타이완 중시주의를 거쳐 타이완인 주체주의를 수반하면서, 광복절의 기억을 지우는 과정이라고 보았다.

이런 글들을 통하여 우리는 8·15가 갖는 의미와 한계를 인식할 수 있다. 미국이나 중국 또는 소련의 입장에서 보면 일본의 항복 선언보다는 자신들이 직접 점령한 곳에서 일제로부터 항복을 받아낸 날이 더 의미 있는 것인지도 모른다. 반면, 한국의 입장에서 보면 8·15의 기념 속에는 한국의 해방이 주체적인 투쟁과 이를 통한 승리로 이루어지지 않았다는 역사적 사실이 작동하고 있다. 그러나 이러한 사실들에도 불구하고 8·15의 역사적 의미는 줄어들지 않는다. 역사를 국가의 역사로 환원시키지 않고, 동아시아 보편의 시각에서 본다면 8·15는 대부분의 국가에서 공통된 의미를 지니기 때문이다.

우리는 이런 다양한 접근을 통해 8·15의 의미를 상대화시키고, 여러 각도에서 재조명함으로써, 결과적으로 8·15의 의미를 보다 풍부하게 만드는 작업에 동참할 수 있을 것이다. 앞으로 보다 다양한 매체들, 즉 다큐멘터리나 극영화를 포함한 영상·문학작품·노래·그림·연극 등에서의 8·15 재현의 문제를 다룬다면 이 연구는 본 궤도에 오를 수 있다. 또한 구술을 통한 8·15의 기억에 대한 자료수집과 분석, 계층별·성별 기억의 차이와 함께 중국이나 미국에서의 전쟁경험과 8·15의 기억이 탐구되고 상호 비교될 때, 현재의 한국사회에 관한 연구는 한 단계 진전될 것이다. 우리는 이 책을 통해 8·15의 기억에 관한 연구가 초보적 단계를 넘어서서 한 단계 진전되기를 바란다.

제1부 한국

신주백

역사교과서에서 재현된 8·15,
망각된 8·15

1. 머리말

모든 사회구성원이 특정한 역사적 사실을 동일한 폭과 깊이로 기억하
지는 않는다. 그때그때 개인이 처한 상황과 관심 등에 따라 그 편차는
천양지차다. 인간의 기억은 개별적 사실이 퇴적되어 보존된 결과가 아니
라 현재와의 관계 속에서 끊임없이 생성·변화하기 때문이다. 문자가 발
명되고 인쇄술이 보급되면서 사회구성원 개개인의 기억은 점차 국가에
의해 관리되어 왔다. 특히 18세기 프랑스혁명 이후 국민국가의 출현을
계기로 기념물과 기념일 등 기념이란 이름의 집단적 기억, 백과사전, 고
문서제도, 도서관 설립 등이 국가에 의해 관리되면서 거대한 이미지 체
계가 본격적으로 형성되기 시작하였다.

오늘날 의무교육이 일반화되면서 이제 국가가 관리하는 집단적 이미지

체계를 형성하는 데 큰 역할을 하는 곳은 학교다. 학교 교육에서는 기억을 집단화하는 기본 기재로 교과서가 활용되고 있다. 학교에서는 개개인이 사회구성원으로 성장할 수 있도록 교과서를 활용하여 훈육하면서 특정한 기억을 합의된 것으로 만든다. 기억의 합의화 과정이 교육과정이기도 한 것이다.

8·15에 대한 기억도 마찬가지이다. 한국인은 대부분 1945년 8월 15일 일본천황이 연합군에 항복했다는 내용의 방송을 듣고 일본이 패전했음을 알았다. 일본·일본인의 운명과 자신을 동일시했던 일부 친일파를 제외한 대다수의 한국인은 이를 기뻐하였다. 그런데 '광복절'로 상징되는 8월 15일, 그날에 대한 기억은 각 개인이 처한 상황과 지역에 따라, 그리고 시기에 따라 달랐다. 하지만 한국사회가 교과서적 이미지 외에 8·15를 어떻게 기억하고 있는지에 관한 연구는 지금까지 없었다. 이 글은 1945년부터 지금까지 발행된 한국의 중·고교 역사교과서에서 그날을 어떻게 상징화하고 있는가를 검토하는 데 목적이 있다.

이를 위해 8·15에 이르는 과정에서 미국과 소련의 역할 및 두 나라 사이의 관계, 독립과정에서 한국인의 역할을 어떻게 묘사하고 있는가에 초점을 맞추어 지금까지 발행된 역사교과서를 분석하겠다. 특히 한국인의 역할에 대한 문제는 일제강점기 항일운동사 서술과 직접 연관이 있기 때문에 임시정부정통론이 다듬어지는 과정도 추적하면서 그 정치적 의미를 되새겨보겠다.[1]

제1장에서는 8월 15일 12시 이후 한국인은 어떤 반응을 보였는지 개인과 지역을 염두에 두고 파편적으로 나열해보겠다. 여기서는 8·15 그

---

[1] 역사교과서에서 임시정부정통론이 바뀌어 가는 과정에 관한 첫 연구는 김정인, 「해방 이후 국사교과서의 '정통성' 인식―일제강점기 민족운동사 서술을 중심으로」, 『歷史敎育』 85, 2003. 3 참조. 다만 이 연구는 2003년부터 고등학교 교육현장에서 교재로 사용되고 있는 6종의 『한국근현대사』에 대한 분석이 빠져있다. 필자는 2003년 이전의 교과서도 더 추가로 분석하고, 역사사회적 맥락에 관한 해석도 적극 시도하겠다.

날의 경험이 다양했음을 확인할 수 있다. 제2장·제3장·제4장에서는 8·15에 대한 다양한 기억이 국가의 체계가 잡혀가는 과정에서, 그리고 권력을 독점한 자의 의도에 따라 어떻게 집단기억화해 갔는지를 정리하겠다. 3개의 장은 교과서 발행제도의 변화에 따라 검인정제도 시기(1948~1973·1974), 국정제도 시기(1973·1974~2001), 국정·검정제도 시기(2002~현재)로 구분하겠다. 교육과정에 따라 구분한다면, 미군정청기와 대한민국 정부수립 이후의 신교수요목기, 그리고 제1차·제2차 교육과정까지를 제2장에서, 제3차·제4차·제5차·제6차 교육과정 시기의 역사교과서를 제3장에서, 그리고 현재의 제7차 교육과정 시기의 것을 제4장에서 각각 분석하겠다.2)

2. 8 · 15 당일 − 사적 기억에서 집단적 기억으로

1945년 8월 15일 정오. 쇼와 일본천황이 연합군에 항복한다는 방송을 한 직후 한국인은 어떤 반응을 보였을까. 흔히 8월 15일 일본의 패전과 동시에 표출된 한국인의 반응을 상징하는 모습은 다음 두 장의 사진으로 압축할 수 있다.

사진 1은 집회가 진행되는 와중에 환호하는 대중들과 건국준비위원회 위원장 여운형을 찍은 것이고, 사진 2는 서대문형무소에서 출옥한 독립투사들과 대중들이 만세를 외치는 장면이다. 그런데 두 사진으로는 8월 15일의 상황을 알 수 없다. 8월 15일 그날에 만세를 불러 일본으로부터 벗어났다는 기쁜 마음을 표현한 경우는 거의 확인하기 어렵다. 오히려 다음과 같은 여러 사례들이 당시의 현실을 적절히 보여준다고 하겠다.

---

2) 교육과정과 역사교육의 방향, 교과서 발행제도에 대해서는 김한종, 「해방 이후 국사교과서의 변천과 지배이데올로기」, 『역사비평』 15, 1991년 겨울 참조. 제7차 교육과정과 관련된 부분은 필자가 별도로 언급하겠다.

사진 1.

사진 2.

주지하듯이, 여운형은 일본천황이 항복을 선언하기 이전에 이미 조선총독부의 제안을 받고 조선의 치안 문제 등을 담당할 준비를 하고 있었다. 중국 시안(西安)에 있었던 한국광복군 제2지대의 OSS 훈련대원들도 8월 10일경 샴페인을 터뜨리는 미군 훈련교관으로부터 일본의 패전 사실을 들었다.3)

두 사례의 관련자들은 8월 15일 그날에 쇼와 일본천황이 항복을 선언할 것이라는 사실 자체를 예견하지 못했겠지만, 아주 가까운 시기에 그날이 올 것은 알고 있었다. 그러나 이러한 경우는 당시 상황에서 극히 예외적인 사례이다.

그렇다면 사전에 이를 감지하지 못한 사람들은 8월 15일에 무엇을 했을까. 지역과 각자의 처지에 따라 많은 편차가 있었겠지만 몇 가지 사례를 예시해보자. 경성공립공업학교 4년생으로 8·15를 고향인 평안북도 창성군 청산면 시골에서 경험한 리영희(李泳禧)는 다음과 같이 회상한다.

---

3) 「金柔吉證言資料(2003. 11. 19, 23)」. 광복회 사무실에서 증언 채록.
　김유길은 학병 출신으로 중국 주둔 일본군에서 탈출하여 충칭(重慶)의 대한민국임시정부로 갔다가 시안으로 이동하였다. 그는 필자에게 미군 훈련교관이 "japan surrender unconditionally"라고 했던 말이 지금도 생생히 기억난다고 말하였다.

　　서울을 비롯한 대도시에서 해방은 8월 15일 정오의 순간에 찾아왔
지만 압록강변 벽지의 시골서는 이틀이 걸렸다. 15일 저녁에 일본 경
관들이 주재소의 문서를 소각하는 것을 본 시골사람들로서는 분명히
어떤 '중대한 일'이 일어난 정도로는 생각했지만 바로 그것이 일본제국
의 식민지적 통치의 종말이라고까지는 판단치 못했었다. … 나와 아버
지는 굉장히 궁금해 하면서 여러 가지 가능성을 이야기하였다. 여러
가지 가능성 속에 일본의 항복과 전쟁종결도 하나의 가능성으로는 이
야기되었지만 바로 15일, 경찰주재소에서 나는 연기가 그 신호라고까
지는 생각지 못했었다.
　　… 해방의 소식을 듣고도 어쩔 줄 모르고 엉거주춤할 뿐이었다. 서
슬이 시퍼런 일본의 통치가 그렇게 어느 날 12시를 기해 딱 부러지게
끝나고, … 그런 모든 억압이 싹 걷어치워지리라고는 예측하지 못했던
것이 사실이다. '해방'이 실감되지 않았다.4)

　리영희는 8월 15일에 일본의 항복과 해방을 알지 못했을 뿐만 아니라
그들의 패전과 억압으로부터 벗어나는 상황을 어떻게 맞아야 할지 몰라
'멍멍한 느낌'이었다는 것이다. 이러한 느낌은 8·15 당일날 쇼와 일본천
황의 항복소식을 들은 대부분의 한국 사람도 마찬가지였다.

　학병으로 끌려가 경성 마포에 있던 부대에 근무하던 중 일본이 항복한
사실을 알게 된 서태원(徐泰源)은 자기 부대와 종로에서의 체험을 다음
과 같이 회상하였다.

　　그날따라 훈련도 나가지 않고 '정오에 천황의 중대발표가 있다'하며
일인들은 자기네들끼리만 쑤군거리며 나를 쳐다보는 눈초리마저도 살
기가 있는 듯도 하였다. 그 정오에 자기네들만 '무조건 항복한다'는 발
표를 라디오를 통해 듣고 우리들을 모아놓고 부대장이 하는 말이, '일
본군은 오늘부터 전쟁을 일시 중지하였다고 천황이 말하였다'고 눈물
을 흘리며 말하고 '앞으로 별도 지시가 있을 때까지 군기를 흐트리지

---

4) 李泳禧, 『歷程』, 창작과비평사, 1988, 90~91쪽.

말라'고 명령을 하였다.

　… 그날 저녁 어두움을 기다려 위험을 무릅쓰고 나는 일본군대 속에서 뛰쳐나와 거리에 나섰다. … 마포에서 서대문으로 가는 전차궤도의 밤길을 걸어서 갔다. 길가에는 돌변한 사태가 궁금하여서인지 사람들이 군데군데 모여서 서로들 이야기를 하고 있었다.

　… 거리는 어두웠고 열어놓은 가게에서 비추어 나오는 희미한 전등불만이 군데군데 비추어 오가는 거리에 사람의 얼굴도 식별할 수 없는 광화문 네거리를 지나 종로로 마구 달리다시피 걸어갔다. 종로 화신 앞을 지났다. 그때 앞쪽 기독청년회관(YMCA) 정문 앞에는 유난히도 불빛이 훤하게 비쳐 나오고 있었다.

　… YMCA 아래층에 옹기종기 서서 이야기를 하고 있는 사람들 속을 지나 2층으로 올라가는 계단 밑에 섰을 때 2층에서 그 계단으로 내려오는 분을 보았다. … 유진오 선생이시다. 나는 이것저것 가리지 않고 유선생께 왈칵 덤벼들어 껴안고 울었다.5)

한반도에 사는 대다수의 대중들은 8월 15일 당일 일본의 항복 소식을 듣고도 기쁨을 즉각 표현하지 못하고 상황을 주시하였다. 대중들에게 ‘8월 15일’은 갑작스러운 느낌이기도 했고 전쟁이 끝난 것이 아니라 ‘중지’된 것으로 알았던 사람도 있었기 때문이다.6) 심지어 용산의 일본군 기지에서 근무하던 한국인은 3일 동안 기지 밖으로 나가지 못했고,7) 일본이 항복한지 모른 채 8월 16일 안동형무소에서 대구형무소로 이감된 경우도 있었다.8)

더구나 조선총독부는 8월 15일까지 일본인 경찰관 4,000여 명, 조선

---

5) 徐泰源, 『回想』, 一潮閣, 1984, 44~46쪽.

6) 실제 한반도와 만주에서 패전한 일본군 병사들은 조선인에게 전쟁이 ‘중지’되었으며 머지않아 다시 돌아올 것으로 말한 경우도 많았다.

7) 『주민생애사를 통해 본 20세기 서울현대사』, 서울학연구소, 2000, 316쪽. 노무관계 일을 맡았던 함기환의 증언.

8) 「金勝基 證言」 2004년 11월 6일 경북 영주시에서 증언 채록. 김승기는 1944년 10월 일본의 징병을 거부했다가 체포되어 安東支廳에서 1년 6개월을 언도받고 안동형무소에서 수감생활을 하였다.

인 경찰관 1만여 명 등으로 치안계통을 그대로 유지하고 있었다. 그래서 마음 속의 기쁨을 표현할 수 있는 상황 내지는 공간이 주어지지 않아 억눌린 민족감정을 마음껏 표출할 수 없었음을 서태원의 회상에서 확인할 수 있다. 개개인이 조용하게 표현했을 뿐이었다. 다만 일본군이 작성한 8월 15일부터 18일 사이에 38도 이남의 치안상황을 보면, 8월 15일에는 해주부에서만 "수천 명"이 부내(府內)에서 시위를 한 것으로 나와 있다.

억눌린 집단적 감정이 공공연하게 표현되기 시작한 것은 사진 1에 나와 있듯이 경성에서 민중대회가 열린 이후부터였다. 평양·대전·춘천·홍성·진남포·원산 등지에서도 만세시위가 8월 16일에 있었다.9)

그런데 이러한 전개상황과 다른 모습을 확인할 수 있는 곳이 함경남도와 함경북도였다. 1945년 8월 9일 소련은 대일선전포고를 하고 만주와 한반도로 진주해왔다. 8월 8일 밤, 소련 공군기가 나진을 공격한 이래 일본인은 8월 10일 나진, 12일 청진에서 각각 빠져나갔다. 그곳에 거주하는 조선인은 일본천황이 항복하기 이전에 이미 8·15를 경험한 것이다.10) 그들에게 소련군은 해방군이었다. 소련군은 8월 28일 황해도 해주까지 진주하여 38도 이북을 완전히 장악하였다. 이에 비해 미군은 9월 9일 제24군단 소속 병력이 서울에 도착함으로써 한반도에 본격적으로 진주하기 시작했고, 그날 미군정을 선포하였다.

8월 15일의 경험은 이처럼 달랐다. 아니, 이 글에서 언급한 것보다 더 다양했을 것이다. 그런데 지금 우리는 일본의 압제에서 벗어난 데 따른 민족적 기쁨과 희망을 압축적으로 표현하고 있는 위의 두 사진처럼 8월 15일의 상황을 기억하고 있다. 사진 1, 2에서 시사하는 8월 15일은 특

---

9) 京城日本軍連絡部長, 「米軍ニ對スル治安情況說明資料 北緯38度以南ニ於ケル朝鮮內治安概況」, 『在南鮮日本軍部隊概況報告』. 日本防衛廳 防衛硏修所圖書館 滿洲 朝鮮 44.

10) 高崎宗司, 『植民地朝鮮の日本人』, 岩波書店, 2002, 188~189쪽. 이 책은 역사비평사에서 번역되었다.

정한 그날이 아니라 일본의 지배에서 벗어난 기쁨을 압축적으로 상징한다.

남한에서 국가에 의해 8월 15일이 관리되기 시작한 것은 1949년 10월 국경일 제정에 관한 '법률 제53호'가 공포되면서부터였다.[11] 그 이전까지만 하더라도, 즉 1948년 대한민국정부가 수립되는 날까지도 8월 15일에 "해방 몇 주년 기념"식이 열렸으며 "해방절"로 불리기도 하였다.[12] 그렇지만 법률이 공포된 이후부터 8월 15일은 '광복절'로 불리기 시작했고, 국가가 주도하는 광복절이라는 기념일을 통해 그날에 관한 집단적 기억이 관리되면서 남한만의 하나의 거대한 이미지 체계가 형성되기 시작하였다. 반면에 조선민주주의인민공화국, 곧 북한도 역시 1946년에 '8·15 해방 1주년' 기념식을 열었지만, 이후 '민족해방기념일'이라 부르며 독자적인 이미지 체계를 형성하기 시작하였다.[13]

남과 북에 단독정부가 수립된 이후 '기억의 역사화' 작업이 각각 이루어지면서 남북한 사이의 공식적인 집단기억조차 그 간극이 극명하게 벌어지게 되었다. 동시에 남한사회 내에서도 '공식 역사'에서 배제된 '대항의 역사'나 '사적인 기억' 또한 적극적으로 배제되어 갔다.

그러면 남한의 역사교과서를 통해 8·15에 대한 집단적 기억이 어떻게 바뀌어 왔는지 검토해보자.

3. 남한만의 '민족의 해방'으로 역사화된 기억(1945～1973·1974)

제2장은 '교육에 관한 긴급조치 시기(1945～1946)', '교수요목의 시기

---

11) 『朝鮮日報』, 1949. 9. 21, 9. 22, 10. 6.

12) 『서울신문』, 1946. 8. 16 ; 『朝鮮日報』, 1948. 8. 16. 이때 3·1절, 제헌절, 개천절도 국경일로 제정되었다.

13) 언제부터 이렇게 바뀌었는지는 알아보았으나, 확인할 수 없었다.

(1946~1954)', '제1차 교육과정 시기(1954~1963)', '제2차 교육과정 시기(1963~중학 1973, 고교 1974)'에 해당된다. 한국사 교육은 사회생활과에 포함되거나 '사회2'(제2차 교육과정 시기) 영역에서 세계사와 함께 이루어졌다. 또한 정치적으로 보면 미군정 통치기, 1948년 대한민국정부 수립과 분단, 1950년 한국전쟁, 1960년 4·19혁명, 1961년 5·16쿠데타 등의 정치적 격변이 있었다. 교과서 서술에는 교육과정과 정치적 격변이 반영되었다. 시간의 흐름에 따라 8·15에 대한 기억이 어떻게 집단화되고 바뀌어 갔는지 확인해보자.

1) 해방 기억의 남한화

미군정청에서 발행한 최초의 중·고등학교 교과서는 1946년의 『國史敎本』이다. 이 책에서는 '제2장 민족의 해방'과 '나머지 말'이란 부분에서 8·15에 대해 각각 다음과 같이 서술하였다.

[자료 1]

　… 그러나 惡한 者는 天罰로 망하는 법이라 人道와 正義를 짓밟은 그들은 마침내 西紀 1945年 8月 9日 美英中蘇의 聯合軍 앞에 無條件으로 降服하고야 말았다. 그리하여 日本은 侵略한 모든 領土를 잃고 聯合軍 管理下로 들어가니 우리 朝鮮도 三十五年 만에 그들의 굴레를 벗게 되었다. 아! 얼마나 시원한 일이냐. 日本의 惡政으로 볶끼고 시달리던 우리는 이제야 지난날의 試鍊을 토대로 하여 眞正한 民主主義의 國家와 찬란한 文化를 건설하여 全世界 人類의 平和와 自由에 이바지함이 있어야 하겠다.

[자료 2]

　… 이 解放이 비록 聯合軍의 偉大한 勝利로 因하여 結果된 것이라 할찌나 그동안 우리 先輩 志士들이 많은 목숨을 바쳐가며 오랫동안 鬪爭하여 온 나머지의 天의 報答이라고도 할 수 있는 것이다. 이를 생각

하여 보면 이번 이 解放이 순연히 남의 힘으로만 된 安價的의 것은 決

코 아니다.14)

　요컨대 8·15는 일본이 연합군에 무조건 항복했기 때문에 가능한 것
이기는 했지만, '남의 힘으로만' 된 것이 아니라 선배 지사들의 오랜 항일
운동의 결과이기도 하였다. 『국사교본』에서 제시하는 항일운동의 사례는
1919년의 3·1운동과 임시정부의 수립 및 활동, 1929년의 광주항일학
생운동, 지사들의 의거투쟁 등이었다. 이러한 관점과 논리전개 방식은 제
7차 교육과정에도 그대로 이어지고 있으며, 제3장과 제4장에서 확인되겠
지만 연합군의 승리와 한국인의 항일운동 가운데 후자에 더 강조점을 두
며 나름대로 정교하게 체계화되었다.15)

　1948년 6월까지 『국사교본』은 4만권 넘게 발행되었는데 당시 중학생
이 12만 명 이상이었으므로 교과서를 받지 못한 학생이 많았다.16) 그래
서 학생들 가운데는 김성칠(金聖七)의 『조선역사』 등을 통해 한국역사를
배우고 싶은 갈증을 해소하는 경우도 있었다.17) 김성칠의 책에는 미국과
소련이 국제회의를 통해 한국의 "해방과 자주독립"을 약속했지만 전후에
"분할점령"했다고 하면서 "조선 사람은 자기네들에게 해방의 선물을 가져
다준 연합군에게 충심으로 감사"하지만 "뜻 밖의 사태에 당황"하지 않을
수 없었다고 나온다. 저자는 8·15가 연합군의 '선물'이라고 언급하면서

---

14) 震檀學會 編, 『國史敎本』, 軍政廳 文敎部, 1946. 5. 175, 177쪽. 李丙燾가 집필한 부분인
　　데, 동일한 내용이 이병도의 단독 저서인 『중등생활과 우리나라 생활－역사』(白映社,
　　1950)에도 기술되었다.

15) 「교육부 고시 제1997－15호(1997. 12. 30. 개정고시)」, 『초·중·고등학교 사회과·국사
　　과 교육과정 기준(1946-1997)』, 교육부, 1997, 610, 697쪽. 중학교용 『국사』와 고등학교
　　『한국 근현대사』에 관한 교육과정 부분이다.

16) 김한종, 「해방 이후 국사교과서의 변천과 지배이데올로기」, 92쪽.

17) 신경림은 1946년 무렵 "금융조합(지금의 농협)을 통해 김성칠이 지은 『조선역사』가 보
　　급되었다. 책이 귀하던 시절이라 우리 고장 금융조합으로 배당된 100여 권의 책이 하루
　　만에 후딱 나갔다"고 회상하였다(「50대 : 잃어버린 국사시간 12년」, 『역사비평』 15, 1991,
　　92쪽).

도 한국인의 항일운동에 대해서는 아무런 언급을 하지 않았다.[18] 그러나 1947년 다시 책을 출판할 때는 '독립운동'이란 항목을 설정하고 『국사교본』과 비슷한 내용을 추가하였다.[19]

그런데 8·15에 이르는 과정에 대한 설명에서 두 가지 미묘한 해석이 눈에 띈다. 하나는 기본적으로 미·영·중·소의 합의와 연합군의 승리로 한국이 독립할 수 있었다는 건 모두 인정하면서도, 1945년 8월 미국이 일본에 원자폭탄을 투하한 것과 소련이 아시아태평양전쟁에 참전한 사실 가운데 후자에 대해서는 미묘한 견해 차이를 보인다는 점이다. 다시 말하면, 소련의 참전을 부정적으로 전달하려는 서술도 있다. 다른 하나는 한국인의 저항을 강조하는 견해 가운데 임시정부를 제외한 해외의 항일투쟁, 특히 충칭(重慶)의 대한민국임시정부에서 지도한 한국광복군(1940. 9. 결성)의 활동을 8·15와 어떻게 연관시키느냐 하는 문제이다. 앞서 언급한 『국사교본』과 『조선역사』는 이들 항일활동의 연관성을 역사서술의 시야에 전혀 넣지 않았다.

대한민국정부가 수립되기 이전의 두 역사교과서와 대조하기 위해 1948년 8월 정부 수립 당시 '문교부 신교수요목'에 의거하여 출판된 신석호(申奭鎬)의 『中等國史』를 살펴보자.[20] 우선 아홉 개의 장으로 구성된 교과서의 마지막 제9장, 곧 '아홉째 가름'에서 관련된 내용을 긴 문장이지만 인용해보면 다음과 같다.

---

18) 金聖七, 『조선역사』, 朝鮮金融組合聯合會, 1946, 284~285쪽.

19) 金聖七, 『朝鮮歷史』, 正音社, 1947, 106~107쪽. 그의 이런 관점은 중학교용 역사교과서인 『우리 나라 역사』(正音社, 1950 檢定, 1955 出版)에서도 그대로 확인된다.

20) 그의 글을 먼저 인용하며 이후 논의 전개의 중심으로 삼으려 하는 이유는 ① 대한민국정부의 수립에 맞추어 1948년 8월 31일에 책이 출판되었다는 점, ② 소련 참전에 대해 그때까지 나온 교과서 가운데 비판적인 입장을 명시적으로 드러낸 드문 경우라는 점, ③ 인용문에서 확인되겠지만 우리나라가 "解放"되는 과정을 체계적으로 명확히 밝히고 있기 때문이다.

아홉째, 가름 양차 세계대전과 우리나라와의 관계는 어떠하였는가?

첫째, 조각 첫번 세계대전과 우리의 독립운동은 어떠하였는가? …

둘째, 조각 둘째번 세계대전의 시말은 어떠하였으며 우리나라는 어떻게 해방되었는가? …

③ 세계대전 종결에 따라 우리나라는 어떻게 해방되었는가?

대한민국 임시정부 성립 이래 일본에 대하여 꾸준히 항쟁을 계속하여 왔거니와 태평양 전쟁 때에도 역시 일본에 대하여 선전을 포고하고 연합군을 도와 우리 광복군은 중국 각지에서 일병과 맹렬히 싸웠으며 국내에서도 일제의 무서운 눈을 피하여 가면서 지하 운동을 계속한 지사도 많았다.

한편 승리가 확실하다고 본 미·중·영 3국은 카이로에서 회의를 열고(4276, 1943년 11월) 닥쳐 올 여러 가지 일을 토의한 바 있었는데 그 중에 한국의 자유 독립을 도와줄 것을 결의한 조목이 있었고 다음에 열린 포쓰담 회의에서도 다시 한국의 독립을 도와준다는 카이로의 결의안을 재확인하며 동시에 일본에 대하여 무조건 항복을 권하였다 (4278, 1945).

미국에게 여지없이 참패한 일본은 무조건 항복이 결정적으로 되었을 때 그해 8월 9일 쏘련이 또 만주 국경과 조선 북쪽에 쳐들어오자 할 수 없이 14일 드디어 연합국 앞에 무조건 항복하고 이튿날 15일 오전 12시에 일황 裕仁이 친히 '라디오'를 통하여 온 세계에 이를 발표하였다. …21)

다른 책과 비교할 때 이 책의 독특한 내용 가운데 하나는, 충칭에 있었던 대한민국임시정부의 대일 선전포고(1940)와 광복군의 활동을 '해방'의 한 과정으로 직접 명확히 기술하고 있다는 점이다. 광복군의 활동을 구체적으로 언급하고 있지는 않지만 조직의 명칭 자체를 제시하며 그것을 '해방'의 밑거름으로 연결시키고 있다는 데 이 책의 의미가 있다. 이러한 적극적 평가는 이병도·김성칠 등과 달리 일제하 독립운동을 언급

---

21) 申奭鎬, 『中等國史』, 東方文化社, 1948. 8, 218~220쪽. 이 내용은 『중학교 사회생활과 國史』, 東國文化社, 1957, 175쪽에도 그대로 실려 있다.

할 때 3·1운동과 광주학생운동, 지사의 의열투쟁만이 아니라 흥사단, 신간회, 간도공산당, 6·10만세운동도 '첫째 조각'에서 언급함으로써 독립운동사의 외연을 확대시키고 있는 신석호의 접근방식과도 연관이 있다.22)

다른 하나는 일본군을 향해 만주와 북한지역으로 소련군이 진격한 것을 "쳐들어오자", 곧 침입으로 규정했다는 점이다. 소련군이 1945년 2월 얄타회담의 합의에 따라 북한과 만주로 진격했던 사실을 설명하지 않은 채 부정적으로 묘사한 것이다. 이렇게 되면 미군은 해방군이고 소련군은 침략군이라는 이미지가 학생들에게 전달될 수밖에 없다. 남북한에 분단정권이 들어서면서 분단시대의 역사인식이 본격적으로 시작된 것이다.

그렇다면 소련군의 역할에 대해 다른 역사교과서에서는 어떻게 다루고 있는지 살펴보자.

한국의 역사교과서는 8·15에 이르는 설명의 한 축으로 국제사회의 동향을 언급하면서 1943년 12월 카이로선언과 1945년 7월 포츠담선언만을 기술하고 1945년 2월에 있었던 얄타협정에 대해서는 아무런 언급도 하지 않았다. 소련군의 북한 진주가 국제사회의 합의에 충실한 행위였던 측면과 더불어 전쟁이 끝난 후 자신의 국제적 영향력을 확보하기 위한 측면이 동시에 있었음에도 불구하고 소련만의 사적인 이익을 추구하기 위해 취한 행동이라는 논리로 이어지는 경우가 많았다.

가령 역사교육연구회의 『중등국사』(1956년 발행)에는 "일본군의 무장을 해제할 목적으로 38선 이북에 들어온 소련군은, 한국의 독립보다는 자기의 세력 밑에 넣을 수 있는 공산 국가로 만들기 위한 정책으로 한국 독립을 일부러 늦추고 있었다"고 서술되어 있다.23) 또 김상기(金庠基)의

---

22) 신석호, 『中等國史』, 215쪽.

23) 역사교육연구회, 『중등국사』, 정음사, 1956, 159쪽. 소련과 달리 미국은 "우리의 독립을 실현하고자" 미소공동위원회를 가졌다고 서술하고 있다.

『高等國史』에는 전쟁의 막판에 몰린 일본이 소련에 항복을 알선해주기를 부탁하자 "소련은 싸우지 않고 전승(戰勝)의 이(利)를 누리려는 야심에서 도리어 연합군에 가담하여 일본에 선전을 포고하였다"고 나온다.24) 심지어 앞서도 검토했던 최남선의 중학교용 『국사』에서는 미국과 소련의 합의로 소련군이 북한지역에 "쳐들어왔다"고 서술하여 8·15에 이르는 과정에서 소련의 역할이 삭제된 경우도 있었다.25) 그런데 최남선이 집필한 1964년도 『고등국사』에는 얄타회담에 관한 언급이 없을 뿐만 아니라 "중국과 미국의 양대 작전"을 일본이 "감당하지 못하고" 무조건 항복하였다고만 서술하고 있어 소련의 역할 자체가 언급되어 있지 않았다.26)

다른 역사교과서에서는 소련의 역할 자체를 언급하지 않음으로써 이 문제를 피해갔다.27) 문교부에서 실업계 고등학교용으로 발행한 『國史』(1968년 초판) 교과서에서는 "원자탄 세례와 소련의 참전으로" 일본이 항복할 수밖에 없었다고만 서술하였다.28) 또 그냥 사실 그대로 소련군이 일본의 제안을 거부하고 만주와 한반도에 들어온 것 때문에 일본이 항복할 수밖에 없었다는 점을 이유의 하나로 제시한 경우도 있었다.29)

그러나 사실에 더 접근한 서술은 최남선의 역사교과서(1955)처럼 일본군의 항복을 "접수"하기 위해 남북한으로 미군과 소련군이 "진주"하였다거나,30) 신석호의 역사교과서(1957)처럼 "무장 해제란 구실"로 북한에

---

24) 金庠基, 『高等國史』, 章旺社, 1957 檢定, 1960 ; 1965, 247쪽. 1956년 검정에 통과된 김상기의 『중학교 사회생활과 우리 나라 역사』, 장왕사, 1957에서는 이와 같은 표현이 보이지 않는다.

25) 1956년에 검정, 1962년에 출판된 책이다.

26) 최남선, 『중학교 사회생활과 국사』, 民衆書館, 1962, 164쪽 ; 최남선, 『고등국사』, 思潮社, 1964, 207쪽.

27) 김상기의 1957년 검정교과서 이외에 이병도의 『고등학교 사회과 국사』, 일조각, 1961 ; 1964를 들 수 있다.

28) 문교부, 『國史』, 1970, 184쪽.

29) 曺佐鎬, 『中等國史』, 英志文化社, 1957 檢定, 1962 ; 1964 ; 한우근, 『국사』, 乙酉文化社, 1968.

는 소련군이 "진주"하고, 남한에는 미군이 "진주"하여 "국토가 양단"되고 사상도 두 갈래로 나누어졌다고 언급한 경우이다.31) 다만 두 역사교과서에서도 연합국 사이의 국제적 합의에 대한 언급이 없을 뿐만 아니라 미군과 소련군이 합의하여 38도선을 경계로 '분할점령'한 사실을 명시하지 않았다. 그들이 해방군이자 점령군의 성격을 갖고 있음을 제대로 부각시키지 않은 것이다.

미군과 소련군에 의한 '분할점령'이란 시각은 김성칠의 역사교과서(1946) 이후 다른 교과서에 반영되지 않았다. 분할점령이었다는 시각은 제4장에서 언급할 고등학교 제7차 교육과정에 의거하여 발행된 『한국 근·현대사』 교과서에서 본격적으로 기술되고 있다.

결국 여러 교과서에서 8·15 직전 국제사회의 동향을 설명한 부분은 한반도를 분단시킨 외적 요인을 학생들에게 명확하게 전달하지 않아 그에 대한 책임을 애매하게 하였다. 뿐만 아니라 이념적인 잣대로 왜곡시켜 미국과 소련에 대한 이성적인 접근을 가로막게 할 여지가 많은 서술이었다. '미국 은혜론'에 반대되는 '소련 무임승차론'을 통해 소련의 부도덕성을 부각시킴으로써 균형을 상실한 역사상을 학생들에게 심어줄 수 있었기 때문이다. 더 나아가 소련에게만 분단의 책임을 돌릴 수도 있었다.32) 분단이 고착화되는 과정에서 집단의 기억이 국가와 연구자들에 의해 적극적으로 만들어지는 한편으로 집단적 망각 또한 적극적으로 재생산되었던 것이다. 분단극복을 과제로 하는 우리로서는 사회구성원에게 요구되는 냉철한 국제관의 형성에 지장을 초래하는 역사교육을 실시해 왔다고 볼 수 있다.

---

30) 최남선, 『중학교 사회생활과 국사』, 민중서관, 1955, 164쪽.

31) 신석호, 『중학교 사회생활과 국사』, 동국문화사, 1957, 176쪽 ; 신석호, 『인문계 고등학교 국사』, 광명출판사, 1968 ; 1973, 240~241쪽.

32) 미군과 소련군이 합의한 남북한 "진주"를 언급하면서도 38도선 책임이 소련에 있다고 서술한 경우도 있다(신석호, 『인문계 고등학교 국사』, 광명출판사, 1968 ; 1973, 241쪽).

그러면 이번에는 8·15에 이르는 과정을 설명하는 또 다른 축인 일본의 지배에 저항한 항일운동사가 어떻게 서술되었는지 살펴보자.

한국의 역사교육상에서 독립운동사 인식의 기본방향은 『국사교본』에서 이병도가 집필한 내용과 일치하였다. 그는 1919년 3·1운동을 언급하고 이어 임시정부를, 그리고 국내의 항일운동과 지사의 의열투쟁을 서술하는 순서였다. 여기에 신석호가 언급한 6·10만세운동과 광복군 등이 추가되었다.33)

하지만 광복군이나 해외 독립운동을 언급하지 않는 역사교과서도 많았다.34) 특히 한국 역사교과서 서술의 큰 특징은 1960년대 중반까지도 만주지역에서 일어난 독립운동에 대해 거의 주목하지 않았다는 점이다. 가령 최남선은 1931년 만주사변 이후의 독립운동에 대해 다음과 같이 언급하였다.

제126장 獨立의 싸홈

… 이러케 世界의 時運이 變轉하는 족족 朝鮮人의 獨立싸홈은 새 機會를 붓잡고 또 새 局面만드럿다. 滿洲에서는 反滿抗日戰의 中樞로서 活動하고 中國에서는 重慶의 中央軍과 延安의 紅軍에서 다 有力한 別動隊로서 參加하고 太平洋戰爭이 열림에 다다라서는 12월 12일에 斷然히 日本에 對한 宣戰을 布告하고 世界新秩序 建設의 一翼을 담당하였다. 한편에서는 內地에서 合法的·非合法的으로 可能한 限度의 解放鬪爭을 꾸준히 進行하여 朝鮮人의 不要不屈하는 反撥力을 보였다. …35)

최남선의 해외 독립운동사 서술에서는 임시정부의 활동공간이었던 충

---

33) 신석호의 관점은 이병도에 의해서도 수용되었다. 『우리나라의 생활(역사)』, 白映社(1949 發行, 1950 修正發行, 1951 修正發行), 1952 ; 1955, 204쪽과 『中等國史』, 乙酉文化社, 1956, 184쪽 참조.

34) 예를 들어 역사교육연구회, 『고등국사』, 敎友社, 1957 新版 ; 1967 참조.

35) 崔南善, 『國民朝鮮歷史』, 東明社, 1947, 229쪽.

칭만이 아니라 중국공산당의 지도를 받고 있던 조선의용군과 만주의 '반
만항일전'도 언급되고 있다는 점이 특징이다. 옌안(延安)과 만주지역의
항일운동을 언급하며 '별동대'라고 명명한 서술은 1967년경까지 출판된
한국의 다른 역사교과서에서 볼 수 없는 독특한 표현이다.

그런데 최남선의 『國民朝鮮歷史』(1947)는 문교부의 신교수요목에 따
라 1952년도 검정을 통해 중학교용 역사교과서로 다시 출판되어 1955
년까지 제12판이 발행되었을 정도인데, 위의 인용문과 비슷한 내용조차
없다. 즉 임시정부 중심의 서술에서 만주지역의 민족주의운동 및 사회주
의운동 계열의 활동, 옌안지역의 사회주의운동 단체의 활동을 배제한 것
이다. 남북한에 단독정권이 들어서고 한국전쟁을 경험한 일과 무관하지
않을 것이다.

최남선의 서술 변화는 그 개인의 입장이 바뀌었기 때문일 가능성도 있
다. 그렇지만 1967년경까지 발행된 모든 교과서에서 비슷한 서술경향을
확인할 수 있다면 그것은 개인 차원의 역사관으로 환원시킬 수 없다. 오
히려 분단이라는 민족적 조건과 더불어 좌우대결과 한국전쟁의 경험 등
을 반영시킨 문교부의 교과서정책과 관련되어 있다고 봐야 한다.

즉 중학교 제1차 교육과정은 교과서의 마지막 장인 '제7장 민주 대한'
에서 "8·15 해방과 대한민국의 수립은 어떠하였는가?"를 학생들에게 전
달하도록 명시하고 있다. 그런데 문교부는 국사를 학습지도할 때 유의할
점의 하나로 "8) 민족의 최대 과업인 남북 통일과 공산주의 극복을 학습
목표 내용과 관련을 해서 매저(원문대로임-인용자) 자각을 새롭게 하고
인식을 심화하게 할 것"을 들고 있다.[36] 옌안과 만주지역의 항일운동은
대한민국 수립과 관련이 없으며, 정권의 반공통일정책과 어울리지 않으
므로 공식 역사에서 배제된 것이다. 뒤의 제3장과 제4장에서 확인할 수

---

36) 「문교부령 제45호(1955. 8. 1. 제정공포) 중학교교육과정」, 『초·중·고등학교 사회과·
   국사과 교육과정 기준(1946-1997)』, 246, 249쪽.

있는 임시정부정통론이 세련되는 과정과는 상당히 다르다. 여기서 우리는 권력을 가진 자들이 공식 역사와 경쟁관계에 있는 기억을 체계적으로 배제함으로써 역사화를 저지한다는 사실을 새삼 확인할 수 있다. 달리 말하자면 기억의 사적인 영역화 과정은 적극적인 망각의 과정을 동반한다는 명제와 동일 선상에 놓여있음을 새삼 확인할 수 있는 것이다.

2) 만주지역 독립운동사의 등장과 강화된 배제

제2차 교육과정을 부분적으로 개정한 1968년경부터 교과서의 내용에 새로운 변화가 나타난다. 문교부와 개별 연구자들이 1968년에 각각 발행한 역사교과서에는 만주지역의 독립군 활동과 투쟁이 상당히 적극적으로 서술되기 시작한 것이다.

예를 들어 이전부터 광복군을 언급한 신석호는 1957년에 출판한 중학교용 『國史』 교과서에서 만주지역의 무장투쟁에 관해 언급하지 않았다. 그런데 신석호는 1968년과 1973년에 출판한 역사교과서에서 3·1운동 직후 무장단체의 활동과 1920년 10월에 있었던 청산리 전투를 한 문단으로 언급하였다.[37] 다른 교과서에서도 청산리 전투의 전과 등을 상세히 언급하고 있으며,[38] 심지어 1930년대 민족주의운동 계열의 반만항일무장투쟁까지 언급하는 경우도 있었다.[39] 새로운 서술 경향은 일부 교과서에서만 '광복군'이라는 단어를 언급하는 데 그쳤던 이제까지와 달리, 광복군이 어떻게 활동했는지도 상세히 언급하는 것으로 나타났다.[40]

새로운 서술 경향의 또 다른 보기는 문교부에서 편찬한 실업계 고등학

---

37) 신석호, 『인문계 고등학교』, 광명출판사, 1968 ; 1973, 236쪽.

38) 예외적인 경우가 이홍직의 『인문계 고등학교 국사』, 동아출판사, 1968이다.

39) 이원순, 『인문계 고등학교 국사』, 교학사, 1973, 233~234쪽.

40) 윤세철·신형식, 『인문계 고등학교 국사』, 정음사, 1968, 227~228쪽 ; 변태섭, 『인문계 고등학교 국사』, 법문사, 1973, 229쪽.

교용 『국사』 교과서이다. 이 책은 '2. 민족의 독립투쟁'에서 소항목으로 '내외에서 전개된 독립운동', '3·1운동과 그 의의', '의사들의 계속적인 독립투쟁', '무장 독립군의 활동', '강화된 국내의 항일투쟁', '임시정부와 광복군'을 제시하고 6쪽에 걸쳐 서술하였다. 여기서 더욱 주목되는 점은 여러 항일운동을 언급하는 가운데 '임시정부와 광복군'을 마지막에 언급하였다는 사실이다. 그것은 모든 항일운동과 활동이 임시정부와 광복군으로 수렴되어 갔음을 강조하려는 배치라고 볼 수 있다. 또 중국군대와 연합하여 일본군과 싸우던 만주지역 독립군이 만주사변 이후 늘어나는 일본군에 "압도되어 그 무대를 중국 본토로 옮겼으며, 일부는 장백산맥에 들어가 유격전을 전개하게 되었다"는 주목할 만한 서술도 나왔다.41) 같은 시기 학교현장에서 사용되었던 인문계 고등학교용 역사교과서에서조차 보이지 않던 언급으로서42) 마침내 임시정부정통론을 만주지역의 독립운동과 연계시키는 배치와 논리, 곧 역사인식이 박정희정권에 의해 역사교과서에 등장하기 시작한 것이다. 이는 임시정부정통론이 본격적으로 체계화되고 세련되기 시작했음을 의미한다.

실업계 고등학교용 『국사』 교과서 서술 가운데 주목되는 또 다른 표현은 일부 독립군이 '장백산맥에 들어가 유격전'을 벌였다는 대목이다. 당시 백두산 일대에서 유격투쟁을 벌인 한국인 무장대는 김일성이 이끄는 부대가 상징적이었다. 1933·1934년경 백두산 일대에서 활동한 민족주의운동 계열의 무장부대는 없었다. 따라서 중국공산당 소속의 한국인 유격대 내지는 김일성 부대를 가리킬 가능성이 높다. 비록 이후 서술에서는 제외하였지만, 임시정부정통론자들은 김일성의 항일무장투쟁까지도 임시정부 중심의 항일운동사 속에서 계통화를 시도했을 가능성이 있다.43) 달

---

41) 문교부, 『실업계 고등학교 국사』, 1968, 176쪽.

42) 예를 들어 신석호는 1931년 만주사변 이후 만주에서 "독립운동은 불가능하게 되었다"고 단정만 한 채, 그 다음 문단에서 임시정부와 광복군의 활동을 언급하였다(신석호, 『인문계 고등학교 국사』, 236쪽).

리 보면, 경쟁세력의 역사인식을 배제하려는 태도가 일부에서는 아직까지 명확히 확정되지 않았을 가능성도 있다.

이처럼 1968년경부터 역사교과서의 서술과 역사교육 속에서 임시정부정통론의 외연이 급속히 확장되어 가고, 그와 더불어 임시정부정통론에 입각한 역사인식의 체계화가 시도되기 시작한 것만은 분명하다. 그렇다면 이런 경향이 나타나게 된 원인은 어디에 있을까. 남북관계 및 박정희 정권의 상황과 연관시켜 이를 간략히 짚어보자.

박정희는 1967년 대통령에 재선되었고, 그가 이끄는 공화당은 총선에서 대통령의 3선금지 조항을 개정할 수 있는 안정 의석을 확보하면서 장기집권의 기반을 다져갈 수 있었다. 그런데 북한이 급격하게 변하면서 남북관계가 긴장되어 갔다. 즉 북한은 1967·1968년경 지도이념을 맑스-레닌주의에서 주체사상으로 바꿔가고 있었다. 그 과정에서 김일성 가계(家系)에 대한 선전과 교육을 강화하는 한편, 지도이념 전환에 반대하거나 주저하는 사람들을 제거하였다. 그것은 유물사관에 입각한 조선사가 아니라 새로운 사상을 받아들인 조선사의 재해석까지 동반하였다. 더구나 북한은 남조선혁명을 지원하려는 계획에 따라 1968년 청와대기습사건이나 울진·삼척지구 무장공비 사건처럼 여러 차례 무장간첩을 남파했고, 그해 1월에 미군 정보함을 피랍하는 등 남북한 사이에 군사적 긴장이 급속히 고조되어 갔다.

이에 박정희 정권은 1968년 4월 향토예비군의 창설, 1969년부터 남자 고교생과 대학생을 대상으로 군사교련을 실시하는 등 국민을 일상적 군사동원체제로 엮어냈다. 또한 1968년 12월 개발우선주의적인 경제발전과 반공 논리를 내세운 국민교육헌장을 선포하여 국민을 정신적으로 한데 결집시켜 동원하고 통제하는 기제로 활용하기 시작하였다.44) 박정

---

43) 이러한 표현방식은 제5차 교육과정 때 발간된 『국사』 교과서에서도 확인할 수 있다(문교부, 『인문계 고등학교 국사』, 1990, 148쪽).

희는 치열해지고 있던 남북한의 체제 경쟁을 의식하고 국내의 정치적 비판을 억누르며 1969년 10월 국민투표로 헌법의 3선금지 조항을 없앤 개헌안을 통과시켰다. 장기집권할 수 있는 제도적 장치를 마련한 것이다.

임시정부정통론에 입각하여 역사교육을 강화하려는 시도도 박정희정권이 국내외 정세에 대응하는 정책의 하나였다. 실제 문교부는 제2차 교육과정(1963~1973) 도중인 1969년에 중학교 역사교육의 첫 번째 목표로 "굳건한 민족의식과 애향, 애국정신을 확양하고 민족적 과업인 반공통일에 대한 확고한 신념을 기른다"는 것을 내걸었다.45) 제2차 교육과정이 진행되는 와중에 한국사 교육과 관련된 새로운 규정을 제시하여 기존의 국사교육 목표에 없던 '반공통일'을 명확히 내세웠고, '굳건하고' '확고한'이란 단어를 새롭게 삽입하여 역사교육의 방향을 더욱 분명하게 강조하였다.

그럼에도 불구하고 8·15에 이르는 과정에 대한 설명을 보면, 임시정부정통론에 입각한 역사인식이 아직 완성단계에까지 이르지 않았음을 알수 있다. 즉 당시까지 임시정부정통론은 임시정부가 전체 항일운동사에서 어떤 위상을 차지하는지, 만주의 무장독립운동과 임시정부의 연계관계 등 국내외 항일운동과 임시정부의 활동·지도 사이에 어떤 연관이 있는지 등에 대해 나름대로 정립된 인식체계를 갖고 있지 않았다. 물론 '민족의 해방'이란 소항목에서 "우리나라의 해방은 연합군의 승리가 가져온 단순한 선물"이 아니며, "유명 무명의 수다한 독립운동이 연합 각국의 심금을 울릴 수 있었기 때문에 얻어진 고귀한 성과이며, 피를 흘려 쟁취한 독립"이라는 입장을 명확히 하고 있다.46) 『국사교본』의 인식을 그대로

---

44) 국민교육헌장에 대한 다양한 검토는 『역사문제연구』 15(2005. 12) '특집'에 수록된 5편의 논문(김석수, 김한종, 윤해동, 황병주, 신주백)과 신주백, 「국민교육헌장의 역사」, 『한국민족운동사연구』 43, 2005 참조.

45) 「문교부령 제251호(1969. 9. 4. 개정 공포) 중학교교육과정」, 『초·중·고등학교 사회과·국사과 교육과정 기준(1946-1997)』, 281쪽.

46) 문교부, 『실업계 고등학교 국사』, 184쪽.

계승하고 있는 것이다. 또한 민족주의운동 계열을 중심으로 역사를 서술했을 때 사회주의운동 계열의 활동을 어떻게 처리해야 하는지도 명확하지 않았다. 그때까지는 배제 또는 회피가 주된 대응방식이었을 뿐이다. 이러한 미비점은 다음 제3장에서 언급할 제3차·제4차 교육과정이 실시될 때 정립됨으로써 임시정부정통론은 또 한번 세련되게 체계화되어 갔다.

4. '민족의 광복'과 강요된 망각(1973·1974~2002)

1) 해방 과정의 내적 체계화 시도와
대항 역사의 적극적 배제

국정으로 발행되던 시기의 역사교과서 내용이 어떻게 바뀌어 갔는지를 이해하기 위해서는 다음 몇 가지 사항을 숙지해야 한다. 우선 1972년 10월 '한국적 민주주의'를 표방한 유신체제, 곧 박정희 독재체제가 등장하였다는 점이다. 둘째, 한국사 교육의 '일반목표' 가운데 하나는 학생들로 하여금 "(가) 우리 민족의 발전 과정을 주체적인 입장에서 파악시키고, 민족사의 정통성에 대한 인식을 깊게 하며, 문화민족의 후예로서의 자랑을 깊이 하게 한다"는 데 있었다.[47] 셋째, 제3차 교육과정이 중학교의 경우 1973년에, 고등학교의 경우 1974년에 각각 시작되었는데, 유신정권은 '국적 있는 교육'을 표방하며 국사를 사회과에서 분리시켜 독립 교과로 만들었다. 넷째, 유신정권의 국사교육은 "민족적 가치관 교육의 중핵"의 하나였다.[48] 그래서 유신정권은 학생들에게 민족사적 정통성을

---

[47] 「문교부령 제325호(1973. 8. 31. 개정 공포) 중학교교육과정」, 『초·중·고등학교 사회과·국사과 교육과정 기준(1946-1997)』, 287쪽. 모두 다섯 개 항목이다.

[48] 「보고번호 제73-328호 國史敎科書의 國定化方案 報告(文敎部)(1973. 6. 9)」, 도덕, 국어도 중핵 과목이었다.

깊이 인식시켜 '주체적 민족사관'을 확립하도록 중학교 2, 3학년을 대상으로 2시간씩, 고등학생을 대상으로 6단위씩 역사교육을 실시하였다. 다섯째, 유신정권은 국사교과서 발행제도를 검인정제에서 국정제로 전환하였다.49)

국가가 직접 통제하는 국정의 국사교과서는 이전에 비해 민족사적 정통성을 특히 강조하였다. 고등학교 제3차 교육과정(1974~1981)의 '현대 사회' 부분은 학생으로 하여금 "민족사의 정통성을 계승한 대한민국의 성격과 그 사명을 인식하게 하고 민족중흥을 위한 줄기찬 노력에 적극 참여하려는 의욕을 가지게 한다"는 데 목표가 있었다.50) 그래서 현대사 부분이 '(1) 대한민국의 정통성', '(2) 민족문화의 새 과제'로 짜여졌다. 제2차 교육과정에서 현대사 부분이 '(8) 민주 대한의 발달' 부분에서 '③ 민족의 해방과 독립', '④ 대한민국의 발달' 등으로 짜여졌던 것과 명확히 비교되는 구성이다. 그럼에도 불구하고 고등학교용 『국사』에서 8·15와 관련된 내용은 1968년경부터 바뀌고 있던 내용과 특별한 차이를 발견할 수 없다.51)

8·15와 관련된 국사교과서의 변화를 명확히 확인할 수 있는 것은 1975년에 발행된 중학교용 『국사』이다. 이 책의 현대사 부분인 'XIV. 민족의 해방과 대한민국의 수립'의 첫 번째 절이 '1. 민족의 해방과 국토의 분단'인데, '(1) 민족의 해방'의 일부를 인용하면 다음과 같다.

---

49) 유신정권이 국사교과서를 직접 발행한 것은 교육적 목적보다 정부의 시책을 교육에 효율적으로 반영하려는 정치적 목적과 단순한 행정업무의 편의를 위한 것이었다(김한종, 「해방 이후 국사교과서의 변천과 지배이데올로기」, 76쪽).

50) 「문교부령 제350호(1974. 12. 31. 제정공포) 고등학교육과정」, 『초·중·고등학교 사회과·국사과 교육과정 기준(1946-1997)』, 440쪽.

51) 오히려 "얄타 밀약"을 들어 미·소의 진주와 군정 실시 등을 언급한 것은 이전의 검정 교과서보다 객관적인 서술이라고 볼 수 있다. 또 1920년 6월에 있었던 봉오동 전투가 처음 언급된 것도 새롭다(문교부, 『인문계 고등학교 국사』, 1974, 212, 224쪽).

　　이러한 민족의 영광은 일제에 대한 우리 민족의 억세고 줄기찬 투쟁이 가져다 준 선물이었다. 일제 36년간에 걸쳐 온 민족이 오로지 민족의 자유와 조국의 광복을 위해서 독립 운동을 계속한 나머지 해방의 기쁨을 보게 된 것이다. 그러나 우리나라의 해방은 우리의 힘만으로 이루어진 것이 아니라, 미국을 비롯한 연합군의 승리로 일본이 항복함으로써 해방을 맞게 된 것이다.[52]

이와 같이 1975년판 중학교용 『국사』에서도 이전의 교과서들처럼 8·15에 이르는 과정의 두 축, 곧 연합군의 승리와 한국인의 항일운동에서 그 이유를 찾았다. 그런데 전자보다 후자를 먼저 언급하는 방식으로 서술하고 있어 강조점이 바뀌었음을 알 수 있다.[53] 민족사적 정통성을 강조하며 주체적 민족사관을 확립하려는 유신정권의 입장을 반영한 결과일 것이다.

민족 정통성을 강조하려는 경향은 일제하 항일운동사를 '5. 3·1운동과 임시 정부의 수립', '6. 국내외에서의 독립 투쟁', '7. 민족의 문화 투쟁'에 16과 1/2쪽이란 많은 분량을 할애하여 서술하고 있는 점에서도 확인된다. 국외의 항일투쟁에 관해서도 지사의 의열투쟁을 언급하는 정도에 머무르지 않고, 임시정부의 다양한 활동을 구체적으로 언급하고 있다. 뿐만 아니라 독립군의 봉오동 전투와 청산리 전투, 그리고 전투에 참가한 대한독립군단의 활약, 참의부·정의부·신민부의 활약으로 나누어 자세하게 서술하는 등 만주지역의 항일투쟁을 특히 보강한 점이 눈에 띈다.

더구나 임시정부와 만주지역 민족주의운동 계열의 항일운동에 관한 서술에서 특히 눈에 띄는 점은 사실의 단순한 나열과 연결에만 있지 않고 서로를 연결시키는 논리와 평가에 있다.

---

52) 문교부, 『중학교 국사』, 1975, 245~246쪽.

53) 미·소의 "진주"와 "군정" 실시를 사실대로 서술하고 있는 점도 눈에 띈다.

먼저 임시정부에 대한 적극적인 평가부터 인용해보자.

5. 3·1운동과 임시 정부의 수립

… 대한민국 임시 정부의 수립은 우리 민족이 일본 침략에 대항하
여 국가 체제를 갖추고 독립 운동을 벌이기 위한 조치로서, 나라 잃은
우리 민족에게 새로운 용기를 주고 독립 운동의 방향을 뚜렷이 제시했
으며, 독립 운동을 총지휘하게 된 것이다.

6. 국내·외에서의 독립투쟁
1) 대한민국임시정부의 활동54)

중학교용 『국사』 교과서는 임시정부가 일제강점하 항일운동을 '총지휘'
한 것으로 명확하게 명시하였다. 임시정부의 위상을 이렇게 평가한 것은
이제까지 교과서에서 보이지 않던 서술이다. 그러면서 이 책에서는 만주
지역의 항일투쟁을 항일운동사에서 다음과 같이 자리매김하고 있다.

만주 사변이 일어나자, 한국 독립군 사령관 이청천과 중국 호로군
사령관의 합의로 한·중 연합군이 조직되어, 일본군과 만주군을 상대
로 싸워 큰 전과를 올렸다. 그러나 일본군의 대륙 침략으로 독립군은
중국 본토로 옮겨 가서 광복군에 흡수되어 항일투쟁을 계속하였다.
항일 의병의 전통을 계승한 독립군은, 우방의 후원으로 광복을 맞는
그날까지 조국의 독립을 위하여 줄기차게 싸웠다. 우리가 일제의 사슬
에서 벗어나 광복을 맞은 것은 이와 같이 자주 정신에 의한 독립 투쟁
을 한 결과이며, 또한 연합군의 승리는 우리에게 계기를 마련해 주었
다.55)

국정의 『국사』 교과서는 만주지역의 항일운동 세력이 1910년 이전 국
내에서 줄기차게 저항했던 의병투쟁 세력의 전통을 계승했고, 1931년

---

54) 문교부, 『중학교 국사』, 1975, 230쪽.
55) 문교부, 『중학교 국사』, 1975, 235쪽.

만주사변 이후 무장투쟁을 벌이다 '광복군에 흡수'되었다고 역사를 체계화하였다. 항일운동사에서 국내외 무장투쟁 계열의 흐름을 정리하며 광복군으로의 계승성을 강조함으로써 임시정부정통론을 강화한 것이다. 임시정부정통론의 논리가 두 번째로 체계화되는 대목이다.

이로써 의병투쟁과 3·1운동 이후 국내의 항일운동을 중심으로 서술되어오던 항일운동사에 해외지역의 저항운동이 또 다른 한축으로 자리잡으면서 임시정부정통론이 풍부하게 보강되었다.56) 유신정권의 임시정부정통론이 임시정부를 항일운동의 중추기관이라 명확히 언급함으로써 비로소 체계화되기 시작한 것이다.

한국 정부가 일제강점하 항일운동사에서 임시정부의 위상을 이렇게 자리매김한 데는 다음 두 가지 영향도 작용했다고 볼 수 있다. 하나는, 국사편찬위원회에서 발행한 『韓國獨立運動史』 1-5(1965~1969)와 『韓國獨立運動史 資料』 1-7(1970~1978), 독립운동사편찬위원회에서 발행한 『獨立運動史資料集』 1-9(1970~1977)와 『獨立運動史』 1-10(1970~1978) 등이 독립운동사 연구의 새로운 이정표 역할을 했다는 점을 들 수 있다. 특히 1970년 『독립군전투사』(상·하)라는 책이 처음 출판되면서 항일운동사에 대한 계통화 작업이 자료적 근거를 갖고 '독립전쟁'이란 이름으로 본격화되기 시작하였다.57)

다른 하나는, 독립운동사를 계통화하는 작업이 북한의 정치적 동향과도 밀접한 연관이 있었다는 점이다. 북한은 1967년 조선노동당 중앙위원회 제4기 제15차 전원회의를 계기로 주체사상을 더욱 강조하고 김일

---

56) 그런데 유신정권의 주도로 이루어진 임시정부 정통화 작업은 이미 1972년 7월에 初版이 발행된 『시련과 극복』이란 교과서에서 모두 논리적으로 제시되어 있었다. 가령 의병투쟁이 해외의 무장투쟁으로 계승되었다든지, 임시정부에서 독립신문을 발간하여 각 독립운동단체에 활동의 방향을 제시해주었다고 언급하고 있다(문교부, 『시련과 극복』, 1972, 210, 224쪽). 이 교과서는 중고교의 讀本用으로 발행되어 학교 정규수업에서 이용된 책이 아니었지만, 1979년 국사교과서 개편 때 주요 내용이 『국사』로 흡수되었다.

57) 시사점은 신주백, 「만주와 해방후의 기억」, 『만주연구』 2, 2005 참조.

성에 대한 개인숭배를 강화하였다. 1969년부터는 주체사상에 입각한 새로운 역사교육을 학교현장에서 시작하였다. 즉 그해 9월부터 인민학교와 중학교에서 『김일성 원수 혁명활동』이란 교과서가 사용되기 시작하였고, 대학에서는 『김일성 동지 혁명력사 학습을 위한 참고자료』도 배포되었다. 북한은 1970년대 들어 '온 사회의 주체사상화'를 내걸고 주체사상에 입각하여 새로운 역사해석을 전면적으로 시도하였다. 그것이 이른바 주체사관이다. 요컨대 북한에서 주체사상이 강조되어 간다는 것은 김일성과 그를 중심으로 한 항일무장투쟁이 일제강점하 항일운동사의 중심으로 더욱 강조되어 간다는 것을 의미한다.[58]

그런데 유신정권은 국사교과서를 국정에서 1종으로 전환하고 발행의 책임을 국사편찬위원회로 넘겼다. 앞서도 언급했지만, 그와 동시에 제3차 교육과정의 와중에서 독본용의 『시련과 극복』과 『국사』를 통합시켜 1979년에 새로운 『국사』 교과서를 발행하였다. 그리하여 중학교용 교과서 분량은 269쪽에서 306쪽으로, 고등학교용 교과서 분량은 232쪽에서 302쪽으로 각각 늘어났다.[59] 그렇지만 8·15에 이르는 과정에서 미·소의 역할과 임시정부 중심의 항일운동사에 대한 표현이 기본적으로 바뀐 것은 거의 없었다. 다만, 다음 두 가지 점에서 변화가 있었다.

첫째, 현대사 부분에서 '대한민국의 성립'을 언급할 때 건국과 독립운동 및 광복군을 직접 연결시켰다는 점이다. 즉 대한민국의 성립을 설명하는 첫 번째 소항목으로 '독립전쟁의 격화'(중), '광복군의 항전'(고)을 각각 설정했으며, 이어서 '민족해방과 국토분단'(중), '민족의 해방'(고)이란 소항목을 각각 배치한 점이 눈에 띈다.[60] '민족의 해방'의 밑거름, 곧

---

58) 자세한 것은 신주백, 「누가 더 우월한가를 증명하는 역사 교육, 역사 교과서」, 김승렬·신주백 외 지음, 『분단의 두 얼굴』, 역사비평사, 2005 참조.

59) 附錄과 年表는 제외한 분량이다.

60) 문교부, 『중학교 국사』, 1979, 288쪽 ; 문교부, 『고등학교 국사』, 1979, 290쪽.

8·15 해방과 건국이 우리의 줄기찬 투쟁과 깊은 연관이 있음을 강조하기 위한 배치방식인 것이다.

둘째, 일제강점하 사회주의운동사에 대해 부정적 서술이 처음으로 등장했다는 점이다. 그동안 국내 항일운동사를 체계화하면서 사회주의운동사는 서술하지 않는 방식, 즉 배제하는 형식을 취함으로써 학생들이 기억하지 못하도록 망각을 유도하였다. 하지만 1979년판 역사교과서에서는 사회주의사상을 수용한 역사적 배경과 활동을 다음과 같이 서술하여 적극적으로 배제하는 태도를 취하였다.

> 한편, 3·1운동 이후 직접적 독립 운동은, 당시의 시대적 조건으로 할 수 있는 모든 방법으로 그 방향이 모색되어 추진되었는데, 그 하나가 사회주의와의 연결이었다. 마침 러시아의 공산 혁명이 성공되어 레닌은 약소 민족의 독립 운동에 대한 원조를 선전하였다. 이런 자극에 의하여 먼저 국외에서 사회주의 세력이 대두되었고, 그것은 국내외로 번져, 그 후 우리 나라 독립운동에 큰 암영을 던졌다. … 그들 내부에도 여러 계보 간의 파쟁이 심한 이와 같은 사회주의 풍조는, 식민지 통치에 신음하는 사회적 조건과 항일 독립을 추진하는 민족적 과제를 교묘히 틈타 만연되었다.
>
> … 물론, 이 두 운동(6·10만세운동, 광주항일학생운동 − 인용자)에도 공산주의 세력이 끼어들기는 하였어도, 그들의 역할은 보잘 것 없었고, 도리어 민족 분열의 상처만 만들었다.
>
> 그런 중에 민족주의계와 사회주의계가 연계되어 민족 단일 조직으로서의 신간회(新幹會)를 조직하고(1927), 식민지 통치에 대항하는 민족 운동을 전개하기에 이르렀다. …61)

유신정권의 임시정부정통론에서는 일제강점하 사회주의사상이 비록 3·1운동 이후 민족적 대안을 모색하는 과정에서 들어온 이념이기는 하지만, 사회주의운동 세력이 분파적이고 민족분열적이어서 항일운동에 도

---

61) 문교부, 『고등학교 국사』, 1979, 279~280쪽.

움이 되지 못했다고 지적하고 있다. 사회주의운동이 반민족적이었다는 점을 부각시켜 반공교육의 역사적 교재로 활용하려는 의도인 것이다. 1975년 베트남이 공산화되는 등 더욱 치열해지는 체제 우월경쟁과도 무관하지 않은 대응이었을 것이다. 달리 보면, 유신정권은 임시정부정통론의 당위성을 부각시키는 근거의 하나로 남한의 공식 역사와 경쟁관계에 있는 대항 역사를 반민족적이라는 이름으로 더욱 철저히 배제시켜 기억의 집단적 망각화를 시도하였다.

일제강점하 사회주의운동을 반민족적 역사의 산물로 보려는 시각은 1982년, 1990년, 1996년의 제4차·제5차·제6차 교육과정 때 발행된 『국사』교과서에서도 일관되었다.62) 이는 반대편에 있는 북한의 주체사관, 곧 오로지 김일성 및 그와 관련된 항일무장투쟁만을 일제하 항일운동사로 서술하고 있는 역사인식과 더욱 대비되었다.63) 치열한 정통성 경쟁의 와중에 역사인식의 간극이 더욱 벌어졌던 것이다.

2) 내적 배제의 세련화와 해방에서 광복으로

한편, 1979년에 발행된 『국사』교과서 이후의 국정(1종) 교과서에서도 8·15에 이르는 과정을 설명할 때 미국과 소련의 역할에 대해서는 이전과 다른 특별한 내용 변화가 없었다. 그렇지만 임시정부정통론과 관련된 부분은 더욱 정교화되어 갔다.

즉 '대한민국의 수립'을 언급할 때 고등학교 제4차 교육과정(1981~1988)의 『국사』교과서에서는 첫 번째 소항목으로 '독립전쟁의 격화'

---

62) 문교부, 『고등학교 국사(하)』, 1982, 142쪽 ; 문교부, 『고등학교 국사(하)』, 1990, 158쪽 ; 문교부, 『고등학교 국사(하)』, 1996, 162쪽. 제4장에서 확인되겠지만, 검정제도로 되돌아가면서 이러한 관점은 주류적 인식에서 배제되었다.

63) 북한에서는 1979년부터 『조선전사』가 출판되기 시작하였고, 이즈음에 10권 분량의 『항일무장투쟁사』도 출판되었다.

(중), '광복군의 항전'(고)을 설정하고 광복군의 활동을 언급하는 데 그쳤다. 그렇지만 고등학교 제5차, 제6차 교육과정의 『국사』 교과서는 '건국 준비 활동', '광복 직전의 건국 준비 활동'이란 소항목에서 광복군만이 아니라 사회주의운동 계열인 중국 화북지역의 조선독립동맹과 조선의용군, 국내의 조선건국동맹 등의 활동도 새로 언급하였다.64) 여러 지역에 있던 단체의 움직임을 단순한 군사활동이 아니라 종합적인 성격의 건국준비 활동으로 의미를 규정하고 강조함으로써 8·15에 대비한 한국인의 적극적인 모습을 부각시키려 하였다. 임시정부정통론의 깔끔한 뒷마무리인 것이다. 그것은 동시에 미국과 소련 등 연합군의 역할보다는 한국인의 지속적인 투쟁과 건국준비, 특히 임시정부정통론의 외연을 넓혀 논거를 더욱 보강한 시도였다. 임시정부정통론이 세 번째로 체계화되는 대목이다.65)

이와 같은 체계화는 임시정부의 위상에 대한 명시적인 서술과 더불어 이를 독립전쟁론과 연계시켜 국내외 항일운동사를 설명하려는 언급과도 깊은 연관이 있었다. 즉 고등학교 제4차 교육과정의 『국사』 교과서는 임시정부가 "독립 운동의 중추기구"라는 점을 강조하기 위해 이를 소항목의 제목으로 명시하였다.66) 고등학교 제5차 교육과정(1988~1992)의 『국사』 교과서는 한 걸음 더 나아가서 'III. 민족의 독립 운동'에서 3·1운동 이후 국내외 항일운동을 '2. 대한 민국 임시 정부와 독립 전쟁'에서 독립전쟁이란 이름으로 서술하였다.

즉 '(2) 국내의 독립 전쟁' 부분은 3·1운동 직후 국내에 있던 결사대 등의 무장투쟁, 지사들의 의열투쟁, 6·10만세운동, 광주항일학생운동이

---

64) 문교부, 『고등학교 국사(하)』, 1990, 172쪽 ; 문교부, 『고등학교 국사(하)』, 1996, 190쪽.

65) 이러한 서술방식은 고등학교 제7차 교육과정의 『한국 근·현대사』 교과서에서도 그대로 확인된다.

66) 문교부, 『고등학교 국사(하)』, 1982, 134쪽.

란 소항목으로 나눠 독립전쟁이라는 틀로 서술되었다. 또 '(3) 국외의 독
립 전쟁' 부분은 만주지역의 항일운동을 중심으로 서술되었다.67) 그러면
서 교과서에는 만주사변 이후에도 무장투쟁을 벌이고 있던 만주지역 "독
립군의 대부분"이 "임시 정부의 요청으로 중국 본토로 이동"했다고 하여
임시정부의 '요청'을 강조하였다.68)

임시정부의 요청을 강조하는 서술방식은 관동군과 만주국군의 탄압작
전에 밀린 결과가 아니라 주체적인 이동이었음을 강조하려는 의도이다.
또 임시정부에서 무장투쟁론을 포기하지 않고 끝까지 지속한 결과 광복
군을 결성할 수 있었다는 논거를 보강하려는 역사인식의 결과이다. 제6
차 교육과정에서도 이 논리는 계속 서술되었는데,69) 한마디로 임시정부
정통론을 더욱 보강하려는 시도로서 임시정부정통론이 네 번째로 체계화
되는 대목이다.

그러나 이 서술에는 기본적인 사실이 틀렸다. 만주의 독립군, 특히 한
국독립군의 지휘부는 1933년 10월 이후 임시정부의 요청에 따라 이동한
것이 아니었다. 일본군과 만주국군의 탄압과 밀접한 연관이 있었다. 중국
본토로 이동한 독립군도 이청천 등 극히 소수였다. 더구나 이들은 중국
의 관내 지역으로 이동한 직후부터 임시정부에 합류한 것이 아니라 그
반대편의 움직임인 정당통일운동에 참가하였다.70) 한국독립군이나 조선
혁명군 지도자들이 임시정부의 움직임과 보조를 함께 한 것은 1930년대

---

67) 문교부, 『고등학교 국사(하)』, 1990, 'III장'

68) 문교부, 『고등학교 국사(하)』, 1990, 148쪽. 그런데 같은 교육과정기의 중학교 『국사』 교
  과서는 '요청'에 관한 언급이 없고, '일부'가 중국 본토로 이동하였다고 언급되어 있다(문
  교부, 『중학교 국사』, 1990, 134쪽).

69) 문교부, 『고등학교 국사(하)』, 1996, 158쪽. 제5차 교육과정기의 교과서처럼 제7차 교육
  과정기 중학교 『국사』 교과서에서도 '요청'에 관한 언급이 없으며, '일부' 독립군이 중국
  본토로 간 이후 광복군에 합류한 것으로 나온다(문교부, 『중학교 국사』, 1997, 138쪽).

70) 이에 대해서는 신주백, 『만주지역 한인의 민족운동사(1920-1945)』, 아세아문화사, 1999,
  327~333쪽 참조.

중반을 지나면서였다.

중요한 사실을 잘못 기술한 것은 임시정부정통론을 무리하게 체계화한 결과였다. 무리한 배치는 조선의용군에 관한 언급에서도 확인할 수 있다. 조선혁명론에 따라 활동한 조선의용군을 독립전쟁이란 항목에 배치하여 서술할 수 없다. 다만 모든 항일투쟁을 교과서에 반영해보려는 노력의 일환이자 이념적 경직성으로부터 유연해지고 있던 역사인식의 한 단초였다는 측면은 평가할 수 있다.

그런데 해외 항일무장투쟁 세력 가운데 왜 하필 조선의용군만 서술했는가는 의문이다. 당시의 편수방침을 몰라 뭐라 단정할 수 없지만, 북한의 권력투쟁사에서 배제된 사람들의 역사적 뿌리가 이들과 연관되어 있기 때문은 아닌가 하는 의문은 있다. 즉 반김일성 세력이었기 때문에 서술될 수 있었던 것은 아닌가라는 점이다. 그렇다면 그것은 또 다른 반북한, 반공 교육의 표현이다.

무리한 배치의 또 다른 사례는 국내 항일운동에 관한 부분에서 확인할 수 있다. 즉 제4차·제5차 교육과정의 『국사』 교과서에서는 1980년대 들어 활발하게 이루어진 독립운동사 연구를 바탕으로 6·10만세운동, 광주항일학생운동 등까지 독립전쟁이란 틀로 설명하려고 시도하였다. 하지만 독립전쟁론은 민족주의운동 계열의 주장일 뿐만 아니라 투쟁방법이 기본적으로 무장투쟁에 입각한 운동론이었는 데 비해, 6·10만세운동과 광주항일학생운동의 지도부는 조선혁명론에 의거하여 항일운동을 벌인 사회주의운동 계열이 대부분이었기 때문이다. 또 이들은 무장투쟁을 주장하지도 않았다. 그래서인지 모르겠지만, 고등학교 제6차 교육과정(1992~1997)의 『국사』 교과서에는 6·10만세운동과 광주항일학생운동 부분이 빠져있다. 두 운동은 '(4) 항일 독립 전쟁'의 바로 앞에 배치된 '(3) 학생 항일 운동'에서 다루어졌다.[71] 학생들이 적극적으로 대중운

---

71) 문교부, 『고등학교 국사(하)』, 1996, 150~152쪽.

동을 이끌었다는 측면에서 볼 때 이것이 오히려 자연스러운 배치이다.

하나 덧붙이자면, 1980년대 들어 독립전쟁론과 임시정부정통론의 체계화를 설명할 때 빼놓을 수 없는 것이 민중사학의 움직임이다. 왜냐하면 1980년대 들어 민중사학을 지향하는 연구자들은 임시정부정통론을 무리하게 주장하려는 논리를 끊임없이 비판했기 때문이다. 그들은 임시정부를 항일운동의 중추기구로 봐야 하는가에 대해 비판적인 문제제기를 꾸준히 하는 한편, 임시정부를 중요한 하나의 독립운동단체로 볼 것을 대안으로 제시하였다. 동시에 국내외의 사회주의운동, 특히 1930년대 만주에서의 항일무장투쟁을 역사서술에 반영해야 한다고 주장하였다. 그런 결과인지 모르겠지만, 고등학교 제6차 교육과정의 『국사』 교과서에서는 임시정부가 독립운동의 '중추기관'이라는 명시적인 언급이 빠졌다.[72]

이처럼 임시정부정통론과 독립전쟁론을 접목시키려고 노력하는 과정에서 8·15의 이미지 체계는 1970년대 후반과 1980년대에 바뀌었다. 변화의 핵심은 8·15를 이제까지 표현해 왔던 '민족의 해방'에서 '민족의 광복'으로 의미규정을 바꾼 것이다.[73] 이를 몇 장의 사진과 캡션을 통해 확인해보자.

사진 3, 4, 5는 동일한 장면이다. 사진에는 '축 해방'이란 말이 선명한데, 이를 설명하는 캡션 내용은 '해방의 그날'(1968)[74] → '해방의 기쁨'(1974,[75] 1979) → '민족의 광복'(1982)으로 바뀌었다. 즉 해방에서

---

72) 그러나 중학교 『국사』에서는 독립신문을 발간하여 "여러 독립 운동 단체에 독립 운동의 방향을 제시해 주었다"고 기술되어 있어 중추적 기능을 했다는 관점을 여전히 유지하였다(『중학교 국사』, 1990, 126쪽).

73) 한국사회에서 해방과 광복이란 용어가 어떻게 사용되어 왔으며, 그 개념의 불완전성에 관해서는 신주백, 「해방, 광복」, 『역사비평』 75, 2006. 여름 참조.

74) 변태섭은 '해방'이란 제목으로 사진을 설명하고 있다(『인문계 고등학교 국사』, 정음사, 1968, 232쪽). 역사교육연구회도 '해방된 서울거리'라는 제목을 달고 있다(『중등국사』, 1956, 159쪽).

75) 1974년판 『인문계 고등학교 국사』, 223쪽에 있는 사진과 '해방의 기쁨'이란 캡션도 마찬가지이다.

사진 3.『실업계 고등학교 국사』,　　　　사진 4.『중학교 국사』, 1979,　　　　사진 5.『인문계 고교 국사(하)』,
　　　1968, 184쪽.　　　　　　　　　　　　289쪽.　　　　　　　　　　　　　　1982, 289쪽.

광복으로 8·15를 상징하는 말이 바뀐 것이다. 사진 4는 과도기적 표현이자 혼란의 증거이다. 사진 4에는 '해방'으로 나왔는데 캡션과 관련된 소항목은 광복이라는 데 초점을 맞추어 설명하고 있어 서로 맞지 않기 때문이다. 이렇게 8·15를 상징하는 말이 바뀐 것은 중고교의 제4차 교육과정이 '민족의 해방'에서 '민족의 광복'으로 바뀌었기 때문이다.76) 그래서 1982년도 고등학교 『국사』 교과서에는 '(1) 대한민국의 성립'에서 소항목의 첫 번째 제목이 '민족의 광복'이다. 하지만 사진은 여전히 사진 3, 4와 같은 것임을 알 수 있다. 모순된 서술인 것이다.

　　그러면 1982년 시점에서 해방이 광복으로 바뀐 것을 어떻게 이해해야 하는가. 교과서에서 8·15 광복이란 용어가 사용되기 시작한 것은 1975년 12월에 처음 나온 고등학교용 『자유수호의 길』이란 교과서였다. 이 책의 '4. 민족해방론의 독단성'에 따르면, 민족해방론은 레닌 때부터 나온 사회주의 혁명이론이며, 김일성 등 "북한 공산 집단"의 민족해방론은 "미해방 지역"인 "대한민국을 전복시켜 적화하겠다는 말"이다.77) 즉 해방은 곧 '적화(赤化)'를 의미하였다.

---

76) 「문교부령 제442호(1981. 12. 31. 개정고시) 중학교교육과정」·「문교부령 제442호(1981. 12. 31. 개정고시) 고등학교교육과정」, 『초·중·고등학교 사회과·국사과 교육과정 기준 (1946-1997)』, 299, 443쪽.

77) 문교부, 『자유 수호의 길』, 1976, 161쪽.

　그런데 이 책의 내용은 1979년 제3차 교육과정을 개정할 때 기존의 『국민윤리』 교과서에 흡수되었다. 앞서도 언급했듯이, 당시 국사과의 독본용 교과서였던 『시련과 극복』도 『국사』에 합본되었는데, 그 특징은 북한정권의 역사성에 대해 적극적으로 부정했다는 점이다.78) 결국 학교 교육과정에서 반공 부분이 대폭 강화되는 와중에 해방이란 용어 대신 광복이란 단어가 채용된 것을 시사받을 수 있다. 마치 대부분의 한국인이 '인민'을 좌파적 용어로 인식하고 대신에 '국민'이란 말을 즐겨 쓰고 있는 것과 같은 이치의 사회적 분위기가 이즈음부터 정착되어 갔다고 볼 수 있을 것이다.

5. '광복'의 형해화 속에 회복되고 있는 기억(2003~현재)

　제7차 교육과정은 중학교의 경우 2001년, 고등학교의 경우 2002년에 시작되었다. 제7차 교육과정은 "21세기의 세계화·정보화 시대를 주도할 자율적이고 창의적인 한국인 육성"에 기본방향을 두고 있다.79) 이에 따라 중학교 국사교육은 사회과 내에서 3학년 때 주당 3시간씩 배우며, 고등학교는 2·3학년 때 8단위 수업을 실시하게 되어 있다. 고등학교 제7차 교육과정에서는 이전과 달리 한국사의 전근대 부분을 국정 교과서로 배우는 것이 필수이며, 한국 근현대사 부분은 6종의 검정교과서 가운데 하나를 선택하게 되어 있다.

　검정 교과서는 교육과정과 준거안에 근거하여 민간인 심사위원들이 모여 심사를 하게 되어 있다. 때문에 교과서는 심사위원들의 판단에 따라

---

78) 개편된 교육과정의 내용은 신주백, 「국민교육헌장 이념의 구현과 국사 및 도덕과 교육과정의 개편」, 『역사문제연구』 15, 2005, 217~230쪽 참조.

79) 교육부, 『교육과정자료 29 제7차 교육과정의 개요』, 2001, 17쪽.

교육과정과 준거안의 틀 내에서 융통성이 발휘되는 경우도 있다. 그 흔적은 『한국 근·현대사』 교과서 곳곳에서 발견할 수 있다.

가령 임시정부정통론과 관련하여 대항 역사의 핵심적 사실인 1930년대 만주지역의 항일무장투쟁에 관해 언급한 경우를 들 수 있다. 2004년 현재 49.5%의 채택률을 기록하고 있는 금성출판사의 교과서는 '(4) 1930년대 무장 독립 전쟁'의 본문에서 이를 설명하는 한편, 1936년 보천보전투를 '역사의 현장'이란 박스를 만들어 설명하고 있다.80) 나머지 5종의 교과서에서도 서술 분량에 차이가 있을 뿐 사회주의자들의 항일무장투쟁에 관해 언급하고 있다. 국정기의 『국사』 교과서에 없던 내용을 언급한 경우는 이것만이 아니다. 1925년에 결성된 조선공산당을 언급하고 반공적인 입장에서 부정일변도로만 평가하던 사회주의운동 계열의 활동을 '사회·경제적 민족운동' 속에서 다루고 있다.81)

그런데 새로운 서술 경향은 예기치 못한 문제를 야기하고 있다. 이념적인 판단이 앞서 항일운동사를 재단(裁斷)한 경우도 있었던 이제까지의 교과서 서술은 분명히 문제였지만, 그렇다고 일제강점하 사회주의운동 계열의 항일운동을 독립전쟁이란 이름 아래 배치하여 설명하고 있기 때문이다. 교육과정에서는 '3. 무장 독립 전쟁의 전개'에서 1930년대 만주지역 한인 사회주의자들의 항일무장투쟁을 다루도록 하고 있으니 불가피했을 것이다. 하지만 제5차·제6차 교육과정의 교과서를 분석할 때도 언급했듯이 2단계 혁명론 가운데 일제로부터의 독립을 제1단계로 설정한 조선혁명론은 독립전쟁론이 아니다. 따라서 이러한 배치와 서술방식은 사실과 기본적으로 어긋난다. 우려스러운 것은 이로 인해 조선혁명론에 의거하여 활동한 항일운동세력까지 독립전쟁론에 따라 움직인 것처럼 학생들에게 전달될 가능성이 높다는 점이다.

---

80) 김한종 외 5명, 『한국 근·현대사』, 금성출판사, 2003, 196쪽.

81) 예를 들어 주진오 외 5명, 『한국 근·현대사』, 중앙교육진흥연구소, 2003, 218~219쪽 참조.

임시정부정통론과 독립전쟁론에 의거하여 일제강점기 항일운동사를 서술하려는 접근자세는, 조선공산당에 관한 서술에서도 모순점을 발견할 수 있다. 교육과정은 '사회·경제적 민족운동' 속에서 조선공산당의 활동 내지는 사회주의자들의 활동을 다루도록 하고 있다. 그런데 조선공산당 역시 2단계 혁명론에 입각하여 활동했기 때문에 두 논리 속에서 설명할 수 없다. 뿐만 아니라 실질적으로 관여한 파업, 소작쟁의와 연관시켜 조선공산당을 설명하지 않고, 신간회의 결성 내지는 민족유일당 결성운동과 연결시켜서만 설명하는 것도 제한적인 한계가 분명히 있다. 그것 자체가 민족 과잉의 한 표현인 동시에 그 과잉의 한편에서는 여전히 이념적인 분단이 관철되고 있기 때문이다. 예를 들어 6·10만세운동과 광주항일학생운동에 관한 설명에서 조선공산당 또는 사회주의자들이 깊이 관여한 사실을 전혀 언급하고 있지 않은데, 이것 자체가 과잉과 분단을 동시에 암시하는 역사인식이다. 요컨대 고등학교 제7차 교육과정에 따라 이루어진 일제강점기 서술이 교육과정 자체를 공동화(空洞化)시키고 있다.82)

따라서 8·15에 이르는 과정을 설명하는 한축인 항일운동을 임시정부정통론이라는 서술체계만으로 주장하는 데는 무리가 따를 수밖에 없다. 그것은 한국인의 저항이 어떻게 해서, 그리고 어느 정도 8·15에 기여했는가를 제대로 설명하지 못하게 함으로써 8·15에 대한 이미지 체계를 왜곡시킬 염려가 있다.

그러한 점은 미·소의 역할과 관련한 서술에서도 확인할 수 있다. 6종의 『한국 근·현대사』 교과서는 대부분 미국과 소련이 합의하여 한반도를 분할점령했기 때문에 그들은 점령군이며, 항복접수 경계선으로 시작

---

82) 자세한 것은 신주백, 「저항, 그리고 형상화와 교육과정」, 일본교과서바로잡기운동본부·역사문제연구소·전국역사교사모임·한국역사연구회 편, 『한국사 교과서의 희망을 찾아서』, 역사비평사, 2002 참조.

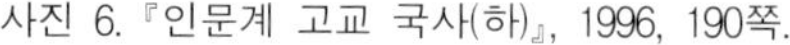

사진 6. 『인문계 고교 국사(하)』, 1996, 190쪽.

사진 7. 『중학교 국사』, 2002, 297쪽.

된 38도선 역시 미국과 소련의 합의로 그어졌다고 서술되어 있다. 국정기의 『국사』 교과서와 달리 반공을 잣대로 어느 일방에 책임을 전가시키지 않고 있는 점은 커다란 진전이다. 임시정부정통론에 입각한 해석만으로는 미국과 소련이 합의에 따라 한반도를 분할점령하고 일본군의 항복을 접수한 사실을 설명할 수 없다. 물론 오늘날 북한식 역사인식도 이 사실을 제대로 설명할 수 없다. 즉 남한의 '8·15 광복'도 북한의 '민족해방'도 당시의 사실을 제대로 담아내지 못하는 설명들이다.

그럼에도 불구하고 제7차 교육과정에 의해 기술된 교과서는 이념적인 재단과 분단으로부터 상당히 벗어나 있었기 때문에 이제까지의 교과서와는 다른 8·15 이미지를 우리에게 전달해 주고 있는 점만은 분명하다. 그 특징을 한마디로 압축하라면 항일운동에 관한 다양한 설명과 더불어 사진과 캡션의 일치, 그리고 광복의 기쁨을 상징하는 다양한 사진자료의 제시라고 말할 수 있겠다.

사실 사진 속의 '해방'이란 말과 '민족의 광복' 또는 '광복의 기쁨'이란 캡션의 불일치가 해소된 것은 제6차 교육과정 때 발행된 고등학교 『국사』에서부터였다. 사진 6을 통해 알 수 있듯이, 교과서에서는 '독립 만세'라는 말이 새겨진 플랜카드를 찍은 사진을 제시하였고, '광복의 기쁨'이라고 캡션을 달았다. 제7차 교육과정에 와서는 국정으로 발행된 중학교 『국사』에서도 사진 7처럼 '광복의 기쁨'이란 캡션으로 새로운 사진을 제시하고

▲ 서울 서대문 형무소에서 출소한 사람들이 광복의 기쁨을 표현하고 있다.

사진 8. 『한국 근·현대사』,
법문사, 2004, 245쪽.

▲ 광복의 기쁨

사진 9. 『한국 근·현대사』,
중앙교육진흥연구소,
2003, 272쪽.

서대문 형무소에서 출소한 독립 투사들(위)과 급조한 태극기를 들고 광복을 기뻐하는 전남 지역 군중의 모습(아래)

사진 10. 『한국 근·현대사』,
대한교과서, 2003, 246쪽.

'해방 만세'를 외치는 애국 지사들(1945. 8. 16.) 서울 서대문 형무소에 갇혀 있던 애국 지사들이 시민들과 함께 광복의 기쁨을 나누고 있다.

항복 문서에 서명하는 일제의 조선 총독(1945. 9. 9.)

사진 11. 『한국 근·현대사』,
금성출판사, 2003, 252쪽.

있다.

고등학교 근현대사 교과서에서는 사진 8~11처럼 다양하게 게재하고 있다. 사진에서 알 수 있는 것은, 국정의 『국사』 교과서에서 즐겨 쓰던 사진을 수록한 경우는 없으며, 사진 2에서도 인용한 것으로 서대문형무소에서 출소한 사람들의 만세 사진이 가장 많이 이용되고 있다는 점이다. 일본의 탄압을 두려워하지 않고 독립을 위해 목숨을 바쳤던 사람들과 함께 기쁨을 나누고 있는 장면을 드러내는 것이 가장 적절한 편집방식이라고 생각해서 그랬을 것이다. 더구나 사진 9와 10은 불특정 다수의 대중들이 '광복의 기쁨'을 자유롭게 만끽하고 있는 장면으로 그동안 그다지 인용되지 않았던 것이다. 특히 사진 10의 하단 사진은 '캡션'에서 전남 지역이라고 표시했는데, 정확히 말하면 전남 장흥군에서의 만세 사진으로 서울 중심의 사진 배치에서 벗어나 지방에서 광복의 기쁨을 누리는 다양한 순간을 알려주었다는 점에서 평가할 만하다.

6. 맺음말

이상에서 8·15에 대한 역사교과서의 서술이 어떻게 바뀌어왔는지 미국과 소련의 역할 그리고 임시정부정통론을 중심으로 고찰해보았다.

8·15에 관한 분석에서 확인했듯이, 기억은 퇴적되어 보관되는 것이 아니라 현재와의 관계 속에서 끊임없이 생성·변화한다. 즉 일본의 식민지 지배를 극복하고 8·15에 이르기까지를 설명하는 한축이었던 미·소 간의 역할에 대해서는 반공주의가 사실적인 접근보다 강화되면서 소련의 역할에 대해 부정적으로 묘사하는 경향으로 일관되었다. 또 다른 한축인 임시정부정통성 주장은 점차 사실과 논리를 보강하면서 타율적 해방론에서 자율적 해방론으로 바뀌며 체계화된 반면, 분단체제하 경쟁 세력의 대항인식인 항일무장투쟁정통론을 반민족적이라는 측면에서 더욱 철저히 부정해 왔다.

이것을 시기별로 나누어 살펴보면, 1960년대까지는 친공적인 요소와 친북한적인 측면을 배제하면서 우월한 정통성을 주장하는 데 더 무게를 두는 서술방식이었다. 제3차 교육과정부터는 임시정부정통론과 독립전쟁론이란 내적 논리를 다듬어 정통론을 세련되게 체계화하는 데 더 비중을 두는 경향이 있었다. 그 와중에 8·15 해방이 8·15 광복으로 바뀐 것이다. 해방에서 광복으로 8·15를 표상하는 용어와 이해체계가 바뀐 것은 연구성과와 역사교육론에 입각하여 이루어진 것이 아니라 이념적 배경이 더 크게 작용한 결과였다.

그런데 최근 들어 두 논리 축, 곧 미국과 소련의 역할, 그리고 임시정부정통론에 변화가 일어나고 있다. 임시정부정통론의 외연이 크게 넓어진 것이다. 사회주의가 몰락했고 냉전체제가 와해되었으며 남북관계의 대결국면이 완화되고 있는 현실과 무관하지 않을 것이다. 그럼에도 불구하고 최근의 변화는 임시정부정통론과 독립전쟁론에 입각하여 일제강점하 항일운동사를 계통화하려는 역사인식의 불완전성을 그대로 보여주고 있다. 그것은 곧 '8·15 광복'이란 이미지 체계의 분단성이 반영된 용어의 한계로 압축할 수 있다.

8·15에 대한 불완전한 이미지 체계는 우리만이 갖고 있는 현실이 아니다. 비록 8·15가 남한과 북한에 거주하는 사람들을 포함하여 아시아 태평양전쟁에 내몰렸던 사람들의 공동의 기억이라고는 하지만, 그것을 받아들이는 사람에 따라, 그리고 상징화하는 국가에 따라 천차만별로 기억되고 있기 때문이다. 즉 한국은 패전과 해방·광복, 북한은 승전과 해방, 일본은 종전 또는 패전, 중국은 승전과 해방, 대만은 종전과 광복·종전으로 상징화되어 기념되어 왔거나 그렇게 하고 있다. 더구나 상징적인 그날의 현실로 돌아가 보면, 8·15에 대한 개인적인 또는 지역적인 기억의 편차는 더더욱 컸다.

참고문헌

『朝鮮日報』

「金勝基 證言(2004. 11. 6)」

「金柔吉證言資料(2003. 11. 19, 23)」

「보고번호 제73-328호 國史敎科書의 國定化方案 報告(文敎部)(1973. 6. 9)」

「특집 : 국민교육헌장 연구」, 『역사문제연구』 15, 2005(김석수, 김한종, 윤해동, 황병주, 신주백)

京城日本軍連絡部長, 「米軍ニ對スル治安情況說明資料 北緯38度以南ニ於ケル朝鮮內治安槪況」, 『在南鮮日本軍部隊槪況報告』. 日本防衛廳 防衛硏修所圖書館 滿洲 朝鮮 44

高崎宗司, 『植民地朝鮮の日本人』, 岩波書店, 2002

교육부, 『교육과정자료 29 제7차 교육과정의 개요』, 2001

교육부, 『초·중·고등학교 사회과·국사과 교육과정 기준(1946-1997)』, 1997

金庠基, 『高等國史』, 章旺社, 1957 檢定, 1960 ; 1965

김상기 『중학교 사회생활과 우리 나라 역사』, 장왕사, 1957

金聖七, 『朝鮮歷史』, 正音社, 1947

金聖七, 『조선역사』, 朝鮮金融組合聯合會, 1946

김성칠, 『우리 나라 역사』, 正音社, 1950 檢定, 1955 出版

김정인, 「해방 이후국사교과서의 '정통성' 인식 — 일제강점기 민족운동사 서술을 중심으로」, 『歷史敎育』 85, 2003

김한종 외 5명, 『한국 근·현대사』, 금성출판사, 2003

김한종, 「해방 이후 국사교과서의 변천과 지배이데올로기」, 『역사비평』 15, 1991

문교부, 『고등학교 국사(하)』, 1982

문교부, 『고등학교 국사(하)』, 1990

문교부, 『고등학교 국사(하)』, 1996

문교부, 『고등학교 국사』, 1979

문교부, 『國史』, 1970

문교부, 『시련과 극복』, 1972

문교부, 『실업계 고등학교 국사』, 1968

문교부, 『인문계 고등학교 국사』, 1974

문교부, 『자유 수호의 길』, 1976

문교부, 『중학교 국사』, 1975

문교부, 『중학교 국사』, 1979

변태섭, 『인문계 고등학교 국사』, 정음사, 1968

변태섭, 『인문계 고등학교 국사』, 법문사, 1973

徐泰源, 『回想』, 一潮閣, 1984

신경림, 「50대 : 잃어버린 국사시간 12년」, 『역사비평』 15, 1991

신석호, 『인문계 고등학교 국사』, 광명출판사, 1968 ; 1973

申奭鎬, 『中等國史』, 東方文化社, 1948

신석호, 『중학교 사회생활과 국사』, 동국문화사, 1957

신주백, 「국민교육헌장 이념의 구현과 국사 및 도덕과 교육과정의 개편」, 『역사
　　　문제연구』 15, 2005

신주백, 「국민교육헌장의 역사」, 『한국민족운동사연구』 43, 2005

신주백, 「누가 더 우월한가를 증명하는 역사교육, 역사교과서」, 김승렬·신주백
　　　외 지음, 『분단의 두 얼굴』, 역사비평사, 2005

신주백, 「만주와 해방후의 기억」, 『만주연구』 2, 2005

신주백, 「저항, 그리고 형상화와 교육과정」, 일본교과서바로잡기운동본부·역사문
　　　제연구소·전국역사교사모임·한국역사연구회 편, 『한국사 교과서의 희
　　　망을 찾아서』, 역사비평사, 2002

신주백, 「해방, 광복」, 『역사비평』 75, 2006

신주백, 『만주지역 한인의 민족운동사(1920-1945)』, 아세아문화사, 1999

역사교육연구회, 『중등국사』, 정음사, 1956

윤세철·신형식, 『인문계 고등학교 국사』, 정음사, 1968

이병도, 『고등학교 사회과 국사』, 일조각, 1961 ; 1964

이병도, 『우리나라의 생활(역사)』, 白映社, 1949 發行 ; 1950 修正發行 ; 1951 修正
　　　發行 ; 1952 ; 1955

이병도, 『中等國史』, 乙酉文化社, 1956

이병도, 『중등생활과 우리나라 생활 ─ 역사』, 白映社, 1950

李泳禧, 『歷程』, 창작과비평사, 1988

이원순, 『인문계 고등학교 국사』, 교학사, 1973

曺佐鎬, 『中等國史』, 英志文化社, 1957 檢定, 1962 ; 1964

『주민생애사를 통해 본 20세기 서울현대사』, 서울학연구소, 2000

주진오 외 5명, 『한국 근·현대사』, 중앙교육진흥연구소, 2003

震檀學會 編, 『國史敎本』, 軍政廳 文敎部, 1946. 5

최남선, 『고등국사』, 思潮社, 1964

崔南善, 『國民朝鮮歷史』, 東明社, 1947

최남선, 『중학교 사회생활과 국사』, 민중서관, 1955 ; 1962

한우근, 『국사』, 乙酉文化社, 1968

정근식

기념관·기념일에 나타난 8·15의 기억

1. 8·15의 기억을 찾아서

한국에서 8·15는 광복절이라는 이름의 국경일이다. 이날은 해방과 광복, 또는 독립이라는 다중적 의미를 가지고 있다. 8·15가 가진 다중적 의미는 단적으로 독립기념관의 가장 핵심적인 전시사진을 보면 단적으로 드러난다. 즉, 독립기념관의 본관에는 1945년 8월 16일의 서대문형무소의 출감장면과 1948년 8월 15일의 정부수립 기념식 모습이 나란히 걸려있다.

한국인의 8·15에 관한 기억의 원천은 1945년 8월 15일의 일본 천황의 항복방송에 맞추어져 있으며, 이것은 2차대전에서의 일본의 패배, 그리고 일제 식민지 통치의 종식을 의미하는 것으로 받아들여져 왔다. 그러나 이런 8·15에 대한 의미화가 패전국으로서의 일본이나 승전국으

사진 1. 독립기념관에 전시된 8·15의 두 모습(2004)

로서의 미국이나 소련, 또는 중국에게 동일한가, 또는 한국인 모두에게 동일하게 적용되었는가를 질문한다면, 사정은 간단치 않다. 구체적으로 한국이 일본의 항복을 받아낸 당사자가 아니었다는 사실, 2차대전의 종전 당사국들에게 승전이나 패전을 제도적으로 확정한 날은 8·15가 아닐 수 있다는 사실은 한국에서의 해방이나 독립을 상징하는 날이 왜 8·15로 굳어져왔으며, 그것이 당연시되게 되었는가를 설명하는 하나의 실마리가 된다. 또한 '국민'적 기억과 국민국가에 소속되지 않은 주변이나 국민국가 내의 소수자들에게 '해방'의 시기나 장소는 다를 수 있다는 점도 유의하지 않으면 안 된다. 이와 같은 맥락에서 한국인들의 '종전과 해방'경험, 또는 소련군이나 미군의 점령의 기억도 서로 다를 수 있다. 한반도에서의 종전과 관련하여 볼 때, 소련군은 1945년 8월 9일부터 만주, 북한, 사할린 등지에 상륙하였고, 일본군과의 전투를 거치면서 북한 지역을 '해방'시키고 있었다. 소련군 지휘관들이 남긴 회고록은 그들의 관점에서의 종전에 대한 기억을 잘 보여준다.1) 물론 이런 기억들은 이를 동시에 경험한 한국인이나 일본인들과는 상당히 다른 것이었다.2) 또한 8월 15일 이후에도 여전히 해방되지 못한 숱한 한인들이 지구상의 여러 장소에 존재하였다.

오늘날 8·15의 기억에 관한 연구는 현재의 한국 '국민'들에게 다가오는 광복절로서의 8·15가 다른 맥락에 놓여 있는 사람들에게는 다르게 규정될 수 있다는 점으로부터 출발하여 지속적인 역사적 구성의 산물임을 밝히는 것을 주요 과제로 한다. 국경일로서의 8·15가 갖는 현재적 의미는 1945년 이후 지속적으로 전개된 기억투쟁과 이를 매개로 한 새로운 정치적·역사적 행위가 반복되어 구성된 것이다. 우선 대한민국 정부가 1948년 8월 15일에 수립되었기 때문에 8·15는 일본 제국주의로부터의 '광복'을 맞은 날일 뿐 아니라 정부수립기념일이기도 하다. 또한 이것이 분단국가로의 출발을 의미했으므로, 이후 이를 의식하여 끊임없이 남북한 간 '민족통일'을 향한 회담이나 선언 등이 이루어지는 날이기도 하다. 이런 점에서 한국의 8·15는 현재완료형의 닫힌 기념일이 아니라 지속적으로 의미가 덧붙여지거나 서로 다른 의미들이 경합하는 미래형성적 기념일이다.

식민지로부터의 해방과 새로운 국민국가의 형성은 과거에 대한 집합적 기억을 새로운 방식으로 다시 쓰게 한다. 이런 '다시 쓰기'는 식민지하의 민족독립운동에 대한 재평가와 함께, 민족해방투쟁에서 희생된 자들에 대한 보훈 개념을 성립시키며, 이에 합당한 제도의 도입을 수반한다. 이

---

1) 이에 관한 자세한 내용은 소련과학아카데미 동양학연구소가 1976년에 발행한 『조선의 해방』이다. 국토통일원 조사연구실에서 이를 번역하여 1988년에 출판하였다.

2) 이는 주로 북한에서의 소련군 진주를 경험하고, 후에 남한으로 이주한 사람들의 증언에서 나타난다. 『8·15의 기억』(한길사, 2005)에 실려 있는 손진 및 함삼식 등의 증언 참조.

런 역사 다시쓰기는 시간적으로는 새로운 기념일 제정으로, 공간적으로는 기념관이나 공원, 묘지 등의 기념공간의 조성으로 나타난다. 과거의 기념공간은 역사에 대한 재해석이 이루어짐에 따라 개편되거나 해체되고, 새로운 기념공간이 신축되며, 보다 오래전에 사라진 공간이 복원되기도 한다. 이런 작업은 새롭게 성립된 국민국가의 정통성을 강화하는 수단의 일환으로 진행되므로, 국가권력이 주도하며, '국립'시설로 운영되는 경우가 많다.

기념이라는 사회적 행위는 과거에 대한 집합적 기억의 재현으로, 기념의 대상과 주체, 기념의 내용과 형식이라는 요소들을 포함한다. 또한 기념은 시공간적 틀을 가지며, 또한 특정 의례를 통해 나타난다. 즉 기념은 기념일, 기념공간, 기념식 등이 결합되어 나타난다. 기념의례는 기념의 강도에 따라 수준이 다른 법적 제도적 규정을 갖게 된다. 국경일과 법정공휴일은 이런 기념의 강도의 지표이다. 이런 현상은 1945년 세계2차대전 후에 세계적으로 확산되었고, 오늘날에도 지속되고 있다. 물론 기념일제도는 국가에 따라 다르다. 일본은 국민축일이라는 개념으로 제도를 시행하고 있다. 한국은 국경일과 함께 각종 기념일에 관한 규정을 1973년에 제정하여 체계적으로 관리하고 있다.

이 글은 1945년 이후 한국에서 8·15가 어떻게 기억되고 또 기념되고 있는가를 기억과 기념의 시공간적 차원에서 살펴보려는 것이다. 8·15가 갖는 다중적, 복합적 의미 때문에 이와 관련된 기념투쟁의 역사가 복잡했고, 기념공간조차 서로 상충되기도 한다. 여기에서는 우선 광복절의 제정과 함께 독립기념관의 건립, 독립공원의 복원, 구 조선총독부 건물의 해체를 8·15와 관련된 가장 중요한 사건들로 설정하고 이를 간단하게 검토할 것이다.3) 마지막으로 이 기념공간에서 8·15는 어떻게 재현되고 있는가를 살펴볼 것이다.

---

3) 이외에도 일본군 위안부 역사관, 백범기념관 등이 거론될 수 있다.

2. '광복절'로서의 8 · 15

일본인에게 1945년 8월 15일은 '패전의 날'이며 이것은 천황의 항복 방송4)을 듣고 '국민'들이 무릎을 꿇고 비통해하는 모습으로 각인되어 있다. 이는 일본에서 발간된 각종 사진첩에 잘 나타나고 있다. 야스쿠니신사의 유취관에 전시된 8 · 15의 사진도 이런 범주에 속한다.5) 이 패전을 상징하는 사진은 일반적으로 미군의 진주와 미국 극동군 사령관 맥아더의 사진으로 이어지면서 '전후'의 역사를 시작하는 원점이 된다.6) 특히 맥아더와 쇼와 천황이 나란히 서서 찍은 사진은 일본인들에게 패전의 현실이 무엇인가를 각인시켰다. 이 사진은 신으로서의 천황이 인간의 지위로 떨어졌다는 점을 넘어서서, 승리자로서의 맥아더와 함께 패배자로서의 천황이 같은 포토라인에 서지 않으면 안 되었으며, 나아가 거인 맥아더와 왜소한 천황의 자세가 대비되면서, 천황중심주의에 사로잡혀 있던 일본인들에게 큰 충격을 주었다.7)

일본인의 8 · 15의 기억에 관해 언급한 글들을 보면, 일본인들 사이에서도 이런 비통함 이외에 전쟁이 끝났다는 안도감, 그리고 강제로 전선에 동원된 사람들의 경우 집으로 돌아갈 수 있게 되었다는 기대도 많았던 것으로 보인다. 일본군 중에서도 특히 나이가 많은 병사들은 종전방송을 듣고 기뻐했다고 한다.8) 전쟁 말기에 전선이나 일본 본토, 한반도

---

4) 일본 천황의 항복방송은 일본에서는 종종 玉音放送으로 표기되고 있는데, 한국에서는 이를 육성방송으로 표기한다.

5) 靖國神社遊就館, 『靖國神社遊就館 – 社寶と戰歿者の遺芳』, 1987, 62쪽.

6) 일본의 국민적 역사에서 전후는 점령, 개혁, 부흥으로 이어지지만, 오키나와나 재일조선인의 관점에서 이런 시계열적 경로는 매우 착종되어 있다.

7) 이 점은 2006년 4월에 열린 『황해문화』 좌담회에서 도쿄대의 다카하시 교수가 필자에게 확인해주었다. 『황해문화』 2006년 여름호 참조.

8) 『8 · 15의 기억』, 57쪽에 실려 있는 오오카와 키요시의 증언.

사진 2. 항복방송을 접한 일본인의 반응
(야스쿠니 유취관 전시사진)

사진 3. 맥아더와 쇼와의 기념사진

남부 등은 미군기에 의한 공습이 일상화되었을 뿐 아니라, 히로시마와
나가사키의 원폭 등에 의해 이미 전세는 돌이킬 수 없다는 인식이 널리
유포되어 있었다. 경성제대 예과교수로 함경남도 흥남에 학도동원을 위
해 가 있던 코니시(小西英一)는 8월 15일은 별 일 없이 지나갔으나 8월
16일 반딧불(螢の光)이라는 노래의 멜로디에 애국가가 광복을 축하하는
노래로 불려지는 것을 들었다고 썼다. 이 노래는 원래 충군애국 또는 스
승의 은혜에 감사하는 노래로 스코틀랜드 민요인 올드 랭 사인의 곡이었
다.9) 이것은 모리타가 쓴 『조선종전의 기록』에서도 확인이 된다. 이에
따르면, 경성제국대학의 경우 8월 15일에 교수·직원·학생 200명이 모
여 라디오방송을 들었다. 그들은 패전에 비통의 눈물을 흘리면서 함께
기미가요를 불렀다. 그러나 당시 서울거리에서는 한국인들이 애국가를

---

9) 일본에서 이 곡에 새로운 가사를 붙인 '반딧불'이라는 노래가 만들어져 음악교과서인 '소
학창가집초편'에 실린 것은 1881년이었다. 특히 이 노래의 4절의 가사가 일본의 제국주
의적 영토확장의 상징인 센지마와 오키나와를 포함하고 있다.

불렀는데, 그것은 현재 불려지는 애국가의 가사에 반딧불 노래의 곡을 붙인 것이었다(森田芳夫, 1974, 84).

일본인들의 8·15에 이은 후속의 기억에는 '인양' 또는 '귀환'의 기억이 중요한 자리를 차지한다. 중국이나 '만주', 또는 한국으로부터의 귀환은 일본인들에게는 '비참한 고통'으로 점철되어 있고, 이것은 '피해자적 시선'에 의해 구성된 것이다. 그러나 이와는 달리 승리자였던 미군이나 소련군에 비친 일본인들의 모습도 남아 있다.[10]

그렇다면 1945년 8·15는 한반도에 있었던 한국인에게 어떻게 다가왔는가. 일본의 항복이 최초로 조선총독부에 알려진 것은 1945년 8월 14일 밤 11시 동맹통신사를 통해서였다.[11] 엔도 정무총감은 자신의 집에서 8월 15일 아침 6시 여운형과 회동하여 항복 사실을 알리면서 이후의 치안유지를 협조해달라는 부탁을 하였고,[12] 여운형은 이를 수락하였다. 여운형은 이날 밤 건국준비위원회를 조직했으며, 8월 16일 아침 서대문형무소에 갇혀 있던 정치범들을 출감시키고 오후 1시에는 휘문중학교 교정에서 건준 결성식을 거행하였다. 여운형은 "조선민족해방의 날이 왔다"고 말했고 5천여 군중은 환호하였다.[13] 건준 부위원장 안재홍은 오후 3시 경성방송국에서 질서유지를 호소하는 방송을 하였다. 출감한 정치범들의 일부는 덕성여자실업학교에서 서울 혁명자대회를 열었다. 이날 이루어진 건준 집회와 정치범의 형무소 출감장면은 실제로는 8월 16일의 모습이나 이후 8월 15일의 모습을 대표하는 것으로 구성되었고, 이의

---

10) 최근 아사노 도요미는 미군 제 24군단의 1946년 보고서를 발굴하여 일본인과 조선인의 귀환 장면을 찍은 사진들을 모아 사진집을 출간하였다. 아사노 도요미 해설(2005) 참조.

11) 8·15를 전후한 동맹통신사 및 경성방송국의 동향에 관해서는 『8·15의 기억』, 14~24쪽에 실려 있는 문제안의 증언 참조.

12) 해방 직후 일본군은 조선총독부의 방침을 무시하는 경우가 많았다. 일부 장교는 자결, 자폭을 하였으며, 한국인에게 폭력을 행사하였다.

13) 8월 16일 서대문형무소 및 휘문고보 운동장에서 행한 여운형의 연설에 관해서는 이기형의 증언(『8·15의 기억』, 266~268쪽).

의미를 '해방'으로 고정시키는 역할을 하였다.

8월 15일 일본 천황의 항복방송을 들었던 사람들 중에는 경성일보 편집국에서 일하던 고준석이 있다. 그는 자신의 회고록(1972)에서 자신의 조선총독부 기관지 매일신보에서 일했던 상황과 거기에서 오는 회오(悔悟)를 표현하였으며, 이날 오후의 서울의 만세시위와 8월 16일 각 직장에서 발생했던 친일파 간부들에 대한 일반 종업원들의 태도에 관해 적었다. 그는 이날 중요한 두 개의 정치적 사건을 장안파 공산당의 결성, 한국 민주당의 최초의 구상이라고 썼다.[14]

8월 15일 항복방송을 들었던 한국인들은 오후부터 조금씩 움직이기 시작하였다. 이 항복방송을 통한 해방의 소식은 도시를 중심으로 퍼졌다. 나카네 다카유키(中根隆行)는 조선에 있었던 일본인의 1945년 8·15의 기억에 관해 쓰면서 서울역 광장에서 환호하는 사진을 실었는데,[15] 그는 이 광경이 8월 15일의 모습이라고 했으나, 이는 여러 증언으로 볼 때 8월 16일 또는 17일의 모습으로 보인다. 다만, 당시의 시위에서 한국인들은 태극기를 들고 나와 해방의 기쁨을 표현했으며, 이 태극기의 상당수가 기존의 일장기를 변조한 것이라는 진술은 옳다.[16] 상당수의 젊은이들은 태극기를 처음 보았으며, 태극기의 괘를 그릴 줄 아는 사람은 거의 없었다.[17] 한국인들이 광복을 축하하면서 애국가를 불렀는데, 당시의 일본인들은 이를 '반딧불' 노래의 멜로디로 듣는 무의식적 심성을 갖고 있었다고 나카네는 썼다.[18]

---

14) 高峻石, 『朝鮮 1945-1950 : 革命史への證言』, 三一書房, 1972, 27쪽.

15) 中根隆行, 『〈朝鮮〉表象の文化誌』, 新曜社, 2004, 299쪽.

16) 中根隆行, 『〈朝鮮〉表象の文化誌』, 295~296쪽. 8·15당시 철도기관사였던 이순복도 동일한 증언을 하였다(『8·15의 기억』, 242쪽).

17) 이병주의 증언에 따르면, 시베리아에 억류되어 있던 일본군 출신 조선인들이 1946년 7월 경 최초로 한국인임을 인정받고 취한 행동은 '조선인 중대'임을 표시하는 것이었는데, 그 표시는 태극기였지만, 괘를 아는 사람이 100명 중 아무도 없었다고 한다(『8·15의 기억』, 330쪽).

조선어학회 사건으로 함흥경찰서에 수감되어 있던 이희승(1996)은 해방 직전과 해방 당시의 감옥 안의 모습을 비교적 생생히 적었다. 그의 기록에 따르면, 그는 8·15 직전에 히로시마와 나가사키의 원자폭탄 투하사실을 알고 있었으며, 해방 당일 오후 1시에 형무소 의무실의 한국인 의무관이 일제의 항복사실을 알려주어 같이 만세를 불렀다고 한다. 그러나 그는 미결수여서 17일에야 석방되었다.19)

해방의 소식을 들은 시민들은 만세를 부르며 거리를 누볐고, 보다 급진적인 청년들이 취한 최초의 행동은 대체로 각각의 도시나 읍내에 있는 신사나 봉안전을 파괴하는 것이었다. 이들은 일제 지배의 상징이 여기에 집약되어 있는 것으로 인식하고 있었다. 그러나 당시의 열악한 통신이나 교통사정 때문에 농촌에 있는 한국인들의 대부분은 8월 15일 해방된 줄을 모르고 있었고, 16일이나 17일에야 비로소 전국적으로 해방의 소식이 알려졌다. 예컨대 전북 익산에 낙향해 있던 시조시인이자 국문학자였던 이병기는 8월 16일의 일기에서 "작일 정오 일본이 항복하고 천황이 라디오방송을 하였다고 훤전(喧傳)한다"라고 썼다.20) 전남의 화순, 장흥이나 광양의 경우 8월 15일 오전에 징병이나 징용 대상자들이 통고된 대로 집결지에 모였지만,21) 명백한 이유를 밝히지 않은 채 집으로 돌아가라고 하여 귀가하는 모습이 확인된다.22) 농촌 구석구석에 해방의 소식

---

18) 中根隆行, 『〈朝鮮〉表象の文化誌』, 318쪽.

19) 그는 해방이 되자마자 일본인들이 총독부 각 기관의 기밀서류를 태웠지만, 평안도, 함경도의 국경지대와 강원도 산간지대에서는 미처 태우지 못한 기밀서류들이 발견되었는데, 여기에는 8월 18일자로 전문학교 출신 이상의 사람을 전부 예비 검속할 것, 형무소 수감중인 사상범은 모두 총살할 것을 지시하고 있었다고 썼다(이희승, 『딸깍발이 선비의 일생』, 창작과비평사, 1996, 152쪽).

20) 이병기, 『가람일기』 2, 신구문화사, 1976, 556쪽. 이런 현상은 필자가 조사한 장흥에서도 발견된다. 김주현의 일기에는 8월 15과 16일의 농촌상황이 잘 기록되어 있다. 이에 관해서는 정근식, 「장흥에서의 정치투쟁」, 『역사와 현장』 1, 남풍, 1990, 206쪽을 볼 것.

21) 이를 증거하는 사진이 이경모, 『이경모 흑백사진집』, 동신대 출판부, 1998에 실려 있다.

22) 정근식, 「장흥에서의 정치투쟁」, 『역사와 현장』 1, 206쪽.

사진 4. 미군에 의해 내려지는 일장기

사진 5. 미군에 의해 게양되는 성조기

이 알려진 것은 8·15일 이후의 최초의 5일장 개시일을 통해서였다. 그러나 도시에서처럼 해방의 소식은 대중적 환호를 낳았고 자생적인 조직들이 결성되기 시작한다.

해방의 감격은 전 대중들에게 일치된 것이었고, 이를 연합국의 승전에 의한 것으로 받아들이고 있었다는 점은 9월 8일에 진주한 미군에 대한 환영의 광경에서 나타난다. 서울에 진주한 미군은 조선총독부 건물에 걸려있던 일장기를 내리고, 대신 미국 성조기를 게양하였다. 조선총독부는 미군정청으로 바뀌었다. 이 건물은 국가권력의 실재성을 표현하는 한국근현대사의 가장 중요한 상징공간의 하나였다. 한국인들은 해방이 곧 독립으로 이어지지 않았다는 것을 여기에서 이루어진 공식적인 의례를 통해 확인할 수 있었다.

여기에서 열린 연합군 진주 환영식장의 모습을 담은 사진을 보면, 태극기와 함께 소련 적기, 중국의 청천백일기가 함께 걸려 있는데, 여기에서는 한국인들이 확실히 미군을 환영했지만, 이러한 공식적인 자리에서의 환영 뒤에는 알 수 없는 긴장과 경계의 분위기가 감지되고 있었다. 이 환영식장을 담은 사진 속 경호병의 모습, 또는 당시 서울역에 도착하여 시내로 들어오는 미군의 모습을 담은 사진을 보면, 이 장면의 주제는

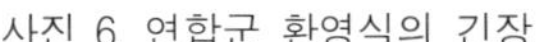

사진 6. 연합군 환영식의 긴장　　　　사진 7. 임시정부 귀국 환영

환영이라기보다는 긴장이라고 표현하는 것이 낫다.

　해방 후 대중적 정서는 '일치된 기쁨의 환희'에서 '이견의 표출과 긴장'을 거쳐 1945년 말, 또는 1946년 초에 이르면 '공공연한 대립'으로 변화된다. 이것은 신탁통치 문제가 중요한 계기가 되었다. 이 대립은 1946년 3.1절에서 단적으로 드러난다. 이른바 기념일 투쟁이 발생하기 시작하는 것이다. 점차 해방의 기쁨은 현실이 아니라 기억이 되고, 그 기억은 기념일 속으로 갇히게 된다. 이런 변화가 뚜렷하게 드러난 것은 1946년 3·1절이다. 해방 후 맞은 최초의 역사적 기념일이었지만, 독립을 향한 민족의 일치된 저항을 어떻게 기념할 것인가를 둘러싸고 좌우진영이 대립하였고, 결국 이 기념행사는 서울운동장과 남산공원에서 별도로 거행되었다. 당시 상황을 보면, 좌파의 우세 속에서 기념식이 거행되었다.[23] 이러한 분위기는 1946년 5월 1일의 메이데이 행사에서 잘 드러나고 있다. 그러나 이런 1946년 상반기의 의례와 기념행사들은 민족 내부의 분열이 현실화되고 있었던 상황을 잘 보여줄 뿐 아니라 기념의 문제가 국민국가의 형성에서 매우 중요한 위상을 점하고 있다는 것을 보여준다.

---

23) 김민환, 「한국의 국가기념일 성립에 관한 연구」, 서울대 대학원 석사학위논문, 2000.

그림 8. 해방 1주년 기념 우표

  8·15의 의미는 1945년부터 1946년까지의 1년간, 해방, 독립, 광복의 세 가지 모습으로 나타나고 있다. 해방 당시의 시위나 기념식에서 이들 개념은 혼용되었지만, 1946년 8·15는 '해방1주년'으로 규정되는 경우가 많았다. 이것은 해방 일주년 기념엽서나 기념우표의 발행에서도 잘 나타난다.[24]

  이 시기에 8·15가 가진 의미는 음악에서도 드러난다. 8·15와 직접 관련된 노래는 '조선의 대중들아 들어 보아라 우렁차게 들려오는 해방의 날을'로 시작되는 김순남 작곡의 '해방의 노래'가 있다.[25] '어둡고 괴로워라 밤이 길더니'로 시작되는 박태원 작사, 김성태 작곡의 독립행진곡도 이 무렵에 만들어졌다. 흔히 해방가로 알고 있는 이 노래는 당시 조선음악가동맹이나 음악평론가 박영근으로부터 일본 군가풍으로 작곡되었다고 해서 많은 비판을 받았다.[26] 이들보다 늦게 1948년에 만들어진 '흙 다시 만져보자'로 시작되는 광복절 노래는 정인보 작사, 윤용하 작곡으로

---

24) 조선일보사, 「사진으로 보는 감격과 수난의 민족」, 『月刊朝鮮』, 1988. 1(신년호 부록), 204쪽.

25) 이 노래는 朝鮮民衆新聞社에서 발행한 『朝鮮解放1年』(1946)의 첫 페이지에 실려 있다.

26) 이 노래는 1946년 5월에 발행된 박용구 편, 중등음악 임시교본에 실려 있다. 이에 관한 자세한 내용은 노동은, 「노래의 사회사」, 『사회와 사상』, 한길사, 1989. 6, 314~321쪽을 볼 것. 그 후 이 노래는 제작 당시의 비판의 맥락이 탈각되면서 1970년대 학생운동에서 농민가와 함께 가장 많이 불려졌다.

공식적인 의례음악으로 채택되었
다. 이외에 북한에서 통용되는
'8·15 해방가'도 있다. 이처럼
음악의 세계에서도 8·15는 해
방, 독립, 광복 등으로 다르게
명명되었다.

해방정국(1945~1948)에서
이렇게 혼용된 개념들은 기념일
투쟁을 통해 점차 이데올로기적
색채를 담은 것으로 변질되어간
다. 미군정은 1945년 10월 19
일, 일제의 경축일을 폐지하고
새롭게 축제일과 공휴일을 제정
했는데, 흥미롭게도 미국독립기
념일과 크리스마스가 새롭게 포
함되었다.27) 당시 민족적 기념
일은 좌우 진영 간의 헤게모니

사진 9. 1947년 8·15의 모습(이경모 1998)

사진 10. 헌법제정을 축하하는 꽃전차(1948. 7. 17)

투쟁의 대상이자 현장이었을 뿐 아니라 새로운 지배권력으로서의 미군정
이 정치·문화적으로 여기에 어떻게 개입하고 있는가를 보여주는 지표였
던 셈이다.

1946년 8월 15일의 상황은 미군정과 민족진영, 또는 좌우 간의 헤게
모니 경쟁과 정통성 논쟁의 양상을 보다 정확하게 보여준다. 8·15는 민
족 내부 간 갈등, 그리고 좌파와 미군정이 직접 충돌하는 계기가 되었다.
원래 민족 내부에서도 '해방 1주년'의 의미를 잘 알았기 때문에 8·15

---

27) 김광운, 「1945년 '8·15'에 대한 인식의 변화과정」, 『내일을 여는 역사』 8, 서해문집,
2002.

기념행사를 좌우 구분없이 거족적으로 치루어야 한다는 의식이 강했고, 미군정도 제2차 세계대전 종전 기념일, 또는 승전기념일로 의미있게 생각하고, 좌우를 아우르는 기념식을 준비하였다. 미군정청 주도의 8·15 해방 기념위원회는 서울역 광장에서 행렬대 약 5만, 관람자 약 30만 명이 참석하는 기념식을 계획하였다. 그러나 8·15가 다가오면서 조선공산당은 신전술로 불리는 좌익블럭 형성을 지향하여 정권을 군정으로부터 인민위원회로 넘기라는 요구를 하였고, 좌파를 대표하는 민전은 이른바 '민전 5원칙'을 발표하여 미군정에 반대하는 입장을 천명하였다. 결국 이들은 별도의 기념식을 거행하였다. 이런 점에서 1946년 8·15의 기념식이 분열된 것은 3·1절과는 달리 좌파의 책임이 더 컸다고 할 수 있다. 더구나 광주에서 나타나듯이 미군정과 화순탄광노동자들과의 물리적 충돌은 8·15의 기념투쟁의 방향을 보여주었다.

1947년 8·15는 미군정과 우파의 좌파에 대한 대대적인 공격이 이루어지는 시기여서 '해방 2주년'의 의미가 퇴색하였으며, 제대로 된 기념식조차 할 수 없는 상황이 되었고, 지역에 따라 부분적으로 분열된 기념식이 재연되었다. 사진 7은 전남 광주의 한 국민학교에서 열린 해방 2주년 기념식장의 모습인데, 여기에는 태극기와 성조기가 함께 게양되어 있었다. 그만큼 '미군정하 2주년 기념식'이 공식적인 영역에서 확립되어 있었음을 확인할 수 있다. 그러나 지하에서는 분단국가 수립을 향한 흐름에 반대하는 투쟁이 격렬하였다. 5·10선거를 거쳐 제정된 헌법을 공포한 1948년 7월 17일에도 이를 축하하는 의례적 장면들이 연출되었으며, 사진 8은 이런 의례가 태극기와 함께 자주독립만세라는 구호로 이루어졌음을 보여주는 것이다.

1948년 8월 15일은 해방 3주년이었지만, 동시에 남한에서는 정부수립일이었다. 이날의 기념식과 퍼레이드는 새로운 차원의 8·15의 의미를 만들어냈다. 해방이라는 관념에 모호하게 혼합되어 있던 독립이라는 관넘이 정부수립으로 구체화된 것이다. 이를 경축하는 기념식이 대규모로 이루어졌다. 그러나 분단국가 수립에 대한 지지가 강하지 않았으므로 자발적 경축보다는 동원의 요소가 강한 국가의례로서의 의미가 생겨났다. 이런 상황은 1949년 8·15에도 영향을 미쳤다. 이 기념일은 해방이나 광복보다는 정부수립 1주년으로 자리매김 되었다.

한국에서 국경일은 3·1절, 제헌절, 광복절, 개천절로 구성되어 있으며, 이는 1949년 10월 1일에 법률 53호로 공포된 '국경일에 관한 법률'에 의해 제도화되었다. 이들 중 개천절은 오랜 민족기원설화에 기원하고 있으며 한일합병 이전에 이미 기념일로 형성되어간 것이었고, 3·1절은 일제하에서 1920년부터 민족운동진영에서 뜻깊은 기념일로 형성된 것이다. 3·1운동은 민족정체성의 정립, 대중투쟁의 출발, 대한민국 임시정부 수립의 근원, 민족국가 건설의 토대로, 지속적으로 기념되었다.[28] 일제하에서 독립운동 진영의 가장 중요한 기념일은 3·1절이었다. 1919년의 '감격과 결의'를 잊지 않기 위하여 1920년부터 매년 기념되기 시작하였다. 일제하에 3·1절이 긍정적 기념일이었다면, 한일합병이 공포된 8월 29일은 국치일로 부정적 기념일이었다.[29] 이것은 국권상실을 반성하고 조국광복의 결의를 다지는 날로 "公恥, 共恨, 共憤, 共誓"의 날로 조선민족혁명당이나 대한민국 임시정부가 이를 기념하였다. 3·1절이라는 긍정적 기념일은 해방 이후 국경일로 확정되어 지속된 반면, 부정적 기념일인 국치일은 폐지되었다.

이에 비해 제헌절과 광복절은 1949년 이후 새롭게 형성된 것이다.

---

28) 한상도, 『한국독립운동과 국제환경』, 한울, 2000, 114~126쪽.

29) 또 하나의 부정적 기념일은 1905년 을사조약이 체결된 11월 7일이었다. 임정은 이날을 순국선열 공동기념일로 정하여 추모행사를 해왔다. 1963년부터 1969년까지 원호처에서 순국선열 기념일로 행사를 진행해 왔으나 법정 기념일에서 제외되었다. 1993년 순국선열유족회에서 법정 기념일로 제정할 것을 청원했으나 현충일과 중복된다는 이유로 거부되었다.

사진 11. 의병투쟁기의 태극기

사진 12. 광복군 기관지 '광복'

1949년 5월 국무회의는 국경일을 다시 제정했는데, 8·15는 '독립기념일'이었다. 이에 따라 1949년 8·15는 '독립1주년 기념일'로 치러졌다. 그러나 9월 21일 열린 국회의 법 제정회의에서 독립기념일은 '광복절'로 명칭이 수정되었다.30) 법 제정 당시인 1949년의 시점에서 보면 1945년 8·15일과 1948년 8·15일이 모두 기념할 만한 대상이었다. 전자가 일제의 지배로부터 해방된 것이라면, 후자는 남한 정부가 수립된 날이기 때문이다. 물론 이를 계기로 남한과 북한이 별도의 정부를 수립하여 분단국가체제가 확실하게 성립된 것이라 해도, 1949년 당시 정부의 입장에서 보면 자신의 탄생일이어서 매우 뜻깊은 것이었다. 그러나 국회에서는 이를 광복절로 결정하였다. 이는 당시의 제헌의회의 국회를 반영한 것에 틀림없지만, 정확한 경위는 분명하지 않다.

당시 '광복'이라는 용어도 해방이나 독립과 더불어 널리 사용되었다. 식민지 상태에서 '광복'은 이념적 지향과 관계없이 보편적으로 사용된 것이다. '광복'의 가장 원초적인 생각은 1906년 전남 구례에서 활동한 고광순 의병장이 사용한 태극기에 '不遠復'이라는 글자를 새겨 넣은 것에서 유래하는 것이다.31) 이로부터 광복과 이의 상징으로서의 태극기가 서로

---

30) 제헌절의 경우도 최초에는 헌법공포기념일로 제안되었다.

결합되기 시작하였다. 광복의 개념은 한일합병 직후 결성된 대한광복회나 1920년 대한민국 임시정부와 협의를 거쳐 성립한 서간도의 광복군사령부, 철혈광복단, 1936년의 조국광복회, 1940년 임시정부가 재조직한 광복군 등을 통해 지속되었다. 해방당시에 '광복'이라는 개념과 가장 친숙한 존재는 임시정부 산하에 설치된 한국광복군과 이들이 발간한 광복이라는 기관지에서 발견된다. 광복군은 1940년 창설되었고, 『光復』은 한국광복군 총사령부 정훈처가 1941년 창간한 광복군의 기관지였다. 『광복』은 광복군의 임무와 사업을 소개하고 독립운동의 실적을 소개-분석함과 아울러 독립운동의 이론 및 전략-전술을 研討하며, 중국의 대일 항전 전황을 소개하면서 강력한 한중합작을 주장하고 있다. 이것은 한국어본 뿐 아니라 중국어본도 발간하였는데, 이는 광복군의 초모공작과 함께, 사상이 다른 한인 군사단체의 흡수, 중국의 정당이나 군사지도자들에 대한 선전 등 여러 가지 목적을 가지고 있었음을 보여주는 것이다.

기념일 특히 국경일 제도는 근대 국민국가의 국민 만들기 프로젝트의 일부이다. 8·15를 포함한 국경일에는 공식적인 국민의례를 열게 되어 있으며, 이 안에 '순국선열과 호국영령'에 대한 묵념이 필수항목으로 포함되었다. 이런 의례를 통해 과거의 기억은 표준화되고 대중들은 국민으로 점차 만들어지게 된다. 그러나 광복절은 점차 역사를 만들어가는 의미보다는 단순한 의례로서의 의미가 커지게 된다. 특히 한국전쟁은 이런 경향을 강화시켰다. 1956년 광복절 특사제도가 처음 실행되었다. 군사쿠데타 이후인 1963년 광복절에도 대규모 사면복권이 이루어졌고, 이것은 점차 관행화되었다. 1980년 정권을 장악한 전두환 대통령도 광복절 대사면을 단행하였다.

광복절로서의 8·15를 가장 강력하게 지지하는 사회단체는 광복회이다. 광복회는 1965년 사단법인으로 조직되었는데, 이의 제도적 원천은

---

31) 이 태극기는 독립기념관 제2전시관에 전시되어 있다.

1962년 3월 1일 독립유공자 204명이 정부로부터 건국훈장을 받기 시작한 사실에 있다. 이해 4월 '독립유공자 등 특별원호법'이 제정되었고, 이들을 기초로 광복회가 창립되었다.

광복절 기념행사는 1970년 대통령이 참석하는 행사로 중앙국립극장에서 개최되기 시작하였다. 그러나 1974년 기념식장에서 대통령 부인 암살사건이 발생하면서 1975년부터 주빈이 국무총리로 바뀌었다가 1980년부터 다시 대통령이 참석하는 기념식으로 바뀌었다. 기념식 장소는 1970년대에 중앙국립극장이었으나 1978년부터 1986년까지 세종문화회관으로 바뀌었고, 1987년부터 1994년까지 새로 만들어진 독립기념관에서 기념식이 열렸다. 1995년에는 광복 50주년 행사로 세종로광장에서 5만 명이 참석하는 대규모 행사를 치렀다.

분단의 상황에서 광복절이 오랫동안 의례적 기념일로 지속되었지만, 그럼에도 불구하고 남북한에 공통되는 유일한 기념일이었기 때문에 남북 정치인들 간의 중요한 대화나 선언을 만들어내는 시간적 계기로 기능하였다. 남북대화나 제안들이 8·15를 매개로 진행된 것이 매우 많다는 점에서 잘 드러난다. 8·15는 남북한 모두에게 전체로서의 '민족'을 상징하는 기념일이자 기호였으며, 지속되는 8·15의 정치 이벤트는 이런 의미를 재생산하였다. 한국전쟁 후 8·15를 계기로 한 최초의 남북 간 경쟁은 1960년 북한의 '자유로운 남북총선거 실시를 통한 과도적인 연방제' 제안으로부터 시작되었다. 이에 대한 남한의 답은 1973년에야 이루어졌다. 광복절 경축사를 통해 박정희 대통령은 남북대화와 함께 남북한 유엔 동시가입을 촉구하였다. 이후 매년 광복절 경축사는 평화통일의 메시지를 담았다. 8·15가 의례적 기념일로부터 좀 더 많은 대중적 기초를 가진 교류의 날로 전환되는 것은 1990년 8·15였다. 이때 남북한을 아우르려는 1차 범민족대회가 이루어졌다. 이후 8·15는 주기적인 남북교류의 장이 되었다. 이런 점에서 8·15는 '일제로부터의 해방이나 정부수립을 기념하는 날'로부터 '남북교류와 통일지향적 태도를 다지는 날'로 의미가 전환되었다. 이런 전환은 남북한이 현재 분단체제하에 있다는 것을 인식하고 이를 극복하려고 노력하는 사람들에 의한 것이었다.

3. '독립'의 기념공간화

1) 독립기념관의 조성

한국현대사에서 8·15가 광복절이라는 기념일을 통해 주기적으로 그 의미가 재생산된다면, 몇 개의 중요한 기념공간을 통해서는 항상적으로 기억되고 그 의미가 재해석된다. 이런 공간적 기억장치들에서 가장 큰 비중을 차지하는 것이 독립기념관이다. 독립기념관은 1982년 7월, 일본 역사교과서의 한국사 왜곡을 계기로 설립되었다. 1970년대에 이루어진 일본 정치인들의 계속되는 '망언'에 이어 1982년 7월 일본 역사교과서에 나타난 한국사 왜곡 문제가 쟁점이 되자 국사편찬위원회는 일본교과서에서 왜곡 기술된 부분을 검토하여 발표하였고, 8월 중순에 이르러 교과서 왜곡에 항의하는 시민들의 항의집회가 계속되었다. 이런 상황에서 8월 하순에 기념관 건립을 위한 모임이 구체화되기 시작하였다.

해방 이후 최초의 독립 기념관 건립의 움직임은 1946년 2월 12일, 천도교 회의실에서 열린 기미독립선언 기념 전국대회준비위원회에서 표출되었다. 이어 1946년 8월 15일 해방1주년을 맞아 동아일보는 독립회관의 건립계획을 알리고 성원을 호소하였다. 그러나 이런 움직임들은 대체로 우익진영이 주도하고 있었으며, 격화되는 좌우대립 속에서 결실을 맺지 못하였고, 한국전쟁을 거치면서 사라졌다.

독립기념관의 설립에 관한 논의가 재개된 것은 1974년 무렵이었다.

당시 박정희 정권은 유신체제라는 권위주의적 독재체제를 강화하고 있었고, 이런 맥락에서 국민의식을 묶어낼 장치가 필요한 상황이었다. 국립중앙박물관에서 작성한 민족박물관 설립추진계획안에 따르면, 여의도에 10개의 상설관을 가진 기념관을 10개년 계획으로 추진하려고 하였다. 이 계획은 점차 구체화되어 1975년 9월 1일 대통령령 제8228호로 민족박물관 설립추진위원회 규정이 만들어졌다. 이 계획은 1980년에 이르러 부지를 여의도로 하느냐, 창경원으로 하느냐를 둘러싸고 2개안으로 분리되었다.

그러나 1982년 역사교과서 사건을 계기로 이 계획안은 크게 수정되었다. 이해 8월, 문화공보처는 민족박물관 설립계획안을, 문교부는 민족광복관 건립계획안을 별도로 작성하였다. 정부의 움직임과는 별도로 8월 27일, 예술원·광복회·한국신문협회·한국문화재보호협회·한국여성단체협의회·한국방송협회 등 여러 제도권 민간단체의 대표들이 모여 독립기념관 건립과 발기대회에 관하여 논의하였다. 이에 따라 8월 28일 55개 단체 대표들이 독립기념관 건립발기대회를 가졌고, 국민성금으로 이를 추진할 것을 결의하였다. 이에 따라 언론사들이 적극 나서서 성금을 모으는 작업이 시작되었다.32) 이때 만들어진 추진위원회의 업무추진계획에 따르면, 건립목적을 '외침을 극복하고 자존과 독립을 지켜 온 민족의 강인한 의지와 역량을 조명할 기념관을 전국민의 자발적인 힘의 결집으로 건립하여 국력배양과 국민정신 교육의 도량으로 삼고자 함'으로 규정하고, 추진방향으로 '1980년대의 국력을 상징하는 역사적 조영물'을 '1986년 완공을 목표로 국민성금 모금방식으로 추진'한다고 규정하였다. 건립추진위원회는 광복회 회장을 지낸 안춘생을 위원장으로 추대하였고, 부지는 이해 12월에 3·1운동의 상징적 인물인 류관순의 출신지인 충남 목천의 흑성산 산록으로 결정하였다.

---

32) 독립기념관 건립사 편찬위원회, 『독립기념관 건립사』, 독립기념관, 1988, 98~104쪽.

이런 목표와 업무추진계획이 매우 빨리 구체화될 수 있었던 데에는 일본의 교과서 왜곡이라는 외적 변수와 함께 당시 정당성 위기에 시달리고 있던 전두환정권의 이해라는 내적 변수가 결합되었기 때문이다. 이는 성금모금이나 부지확정과정뿐 아니라 당시 예정되어 있던 1986년의 아시아 경기대회 이전에 이를 완공하려는 건립목표연도의 수정에서 잘 나타난다. 1982년부터 1986년까지의 모금액은 492억원이었다. 전두환 정권은 모든 역량을 동원하여 기념관 건립사업을 추진하였다. 이후 언론을 통한 자원동원과 자료수집을 위한 홍보, 정부의 적극적 협조로 독립기념관 건립공사는 순조롭게 진행되었으나 완공을 앞둔 1986년 화재가 발생하여 부득이 완공을 1년 늦추게 되었다.

새로운 시설의 명칭은 수차례의 공청회를 통해 확정되었는데, 독립기념관, 광복기념관, 역사독립관 등 다양한 명칭이 논의되었으나 독립기념관으로 확정하였다. '독립기념관 및 독립공원 기본계획'에 따르면, '독립'은 민족적 자립, 자주민주국가의 건국, 선린국제사회의 일원이라는 3가지 복합적 의미를 지니는 것이었고, '독립기념'은 '독립성취과정에 대한 공감대 형성과 이를 바탕으로 한 바람직한 미래창출'을 위한 참여 에너지의 창출을 의미하였다.33)

독립기념관의 조영에서 우리가 주목해야 할 것은 상징물과 기념광장을 어떻게 조성하였는가와 함께 전시의 핵심 컨셉을 어떻게 잡았는가이다. 추진위원회에서는 이를 위하여 1983년 1월 해외 유사시설을 조사하였고, 3월에는 기본계획시안을 완성하였다. 초기에는 전시관은 15개의 상설전시와 기획전시를 하도록 기획되었지만, 1984년 3월, 전시 기본계획에서 13개 전시실, 6개 전시관으로 조정되었고, 해방 이후를 다루는 전시관을 추가하였다. 7전시관은 대한민국관으로 정부수립과 분단의 비극, 경제개발, 국력신장과 통일의지 등 3개의 하위전시실로 구성되었다. 전

---

33) 독립기념관 건립사 편찬위원회, 『독립기념관 건립사』, 185쪽.

시관에 관한 학술감리는 신용하 교수와 조동걸 교수가 담당하였다. 독립 기념관에는 이런 상설전시관 외에 원형극장과 야외조각, 옥외 전시물들 이 있다. 또한 '겨레의 집'이라는 중심건물과 함께 '겨레의 큰 마당'이라는 광장, 전시관, 통일 염원 동산, 겨레의 탑, 석상, 추모공간 등이 조성되 었다. 겨레의 집은 길이 126m, 높이 45m에 이르는 기와집으로 독립기 념관의 상징건물이다.

이런 과정을 거쳐 독립기념관법이 1986년 5월 9일 제종 공포되었고, 초대 독립기념관 관장으로 독립군 출신인 안춘생 위원장이 임명되었다. 독립기념관은 1983년 8월 15일 기공식을 가진 후 4년만인 1987년 8월 15일 준공과 함께 개관하였다. 이때 대규모 경축행사가 있었다.34) 개관 이후 보름간 무료 개관하였는데 무려 380만 명이 관람하였다. 독립기념 관 개관 후 1988년 광복절 기념식은 독립기념관 본관 겨레의 집에서 열 렸고, 이것은 1994년까지 계속되었다.35)

독립기념관 건립사는 개관의 역사적 의의를, 민족의 자주독립의지의 상징, 자주독립의 민족사적 전통의 재확인, 민족교육 도장으로서의 역할 기대, 독립운동사 자료의 보존과 연구, 민족통일국가 건설의 초석마련, 전 세계 반제국주의 운동과 인류공영의 이상 상징 등으로 요약하였다.36)

2) '독립공원'과 '서대문형무소 역사관'의 복원

독립기념관 다음으로 8·15와 관련된 중요한 기념관시설은 서울의 서 대문 독립공원과 서대문형무소 역사관일 것이다. 이곳은 독립문과 함께

---

34) 이 시기는 한국의 민주화운동이 최고조에 달한 시기였다. 이른바 6월 항쟁과 7~8월 노 동자대투쟁이 진행되고 있어서 독립기념관 개관행사에 대한 사회적 관심의 집중도가 떨 어진 상태였다.

35) 독립기념관의 조직은 출범시 180명 규모였으나 현재는 89명으로 축소된 상태이다.

36) 독립기념관 건립사 편찬위원회, 『독립기념관 건립사』, 480~483쪽.

서대문형무소(구치소)가 있던 곳으로 조선시대부터 오랜 역사적 장소성을 가진 곳이며, 특히 1890년대에 한국근대사의 중요한 상징공간이었으나 일제하에서 크게 훼손되고 변용된 공간이었다.

1987년 11월, 서대문구치소가 경기도 의왕으로 이전하자 서울시는 이를 어떻게 할 것인지를 서울시립대 연구팀에 의뢰하여 근린공원을 만들 것을 제안 받았다. 이에 대하여 1988년 서울대학교 신용하 교수팀은 이곳의 장소적, 역사적 의의를 살려 '서대문 독립공원'을 만들 것을 구상하였다.37) 독립문의 존재를 실마리로 하여 '서대문형무소의 시설일부를 보존하고 과거의 독립관이나 독립공원을 부분적으로 복원하는 '서대문 독립공원'안을 작성하였다. 이 안이 받아들여져 1992년 독립공원이 만들어졌고, 1996년에는 독립관을 복원하였다.

원래 이 지역은 조선시대 사대외교의 상징인 영은문과 모화관이 있었던 장소이다. 독립협회는 1896년, 영은문을 헐어낸 자리에 독립문을 세우기 시작하여 1897년 완공하였다. 독립문은 독립협회가 1896년부터 1897년 사이에 모금한 시민성금으로 지은 것이다. 이와 함께 폐쇄된 모화관을 개수하여 독립관을 세웠고, 또한 독립공원을 조성하였다. 이 독립공원은 탑골공원과 함께 한국인이 세운 최초의 근대적 공원이었다.38)

1897년 건립된 독립문, 독립관 그리고 독립공원은 이후 문명 독립국 건설을 향한 상징적 장소로 기능하였다. 신용하 교수는 안중근의 활동이나 1919년 3·1운동, 독립군들의 독립군가에서 이들이 상징적 장소로 활용되었음을 보여 주었다.39) 그러나 일제하에서 독립관은 헐어지고 독립공원은 폐지되어 민간인에게 불하되었다. 독립문만 1936년 경성부가

---

37) 신용하 외, 『구 서울구치소 보존대상시설현황 및 관련자료조사연구(1)』, 서울특별시, 1988.

38) 신용하, 『갑오개혁과 독립협회운동의 사회사』, 서울대학교 출판부, 2001, 374쪽.

39) 신용하, 『갑오개혁과 독립협회운동의 사회사』, 394쪽.

사적으로 지적하였다. 독립문은 1963년 서울특별시의 사적으로 지정되었고, 도로개설로 인하여 1979년 논란 끝에 현재의 자리로 70m정도 이전하였다.

서대문 구치소 건물들은 독립공원 조성계획에 따라 '역사적 의의'가 있는 건물들은 보존되고 나머지는 철거되었다. 원래 서대문 구치소는 1908년 경성감옥이라는 이름으로 지어진 것으로 당시에 급증하고 있던 의병 등을 체포하여 구금하기 위한 시설이었다. 1923년 서대문형무소가 되었으며, 1946년 경성형무소, 1950년 서울형무소로 이름이 변화되었고, 1961년 서울교도소, 1967년 서울구치소로 변화되었으며, 1987년 11월, 경기도 의왕으로 이전하게 된 것이다. 이전 당시 건물은 15개 동이었는데, 이 중 1915년에 건립된 10, 11, 12옥사, 1923년에 건립된 13옥사, 보안과 청사, 사형장, 담장, 1929년에 지은 9옥사를 보존하였다. 이외에 나병사도 보존하였다. 1916년에 건립된 여사는 지하 감옥으로 사용되다가 1934년 매립되었는데, 이곳은 '류관순 굴'이라는 이름으로 불렀다. 이런 역사적 의미를 중시하여 이를 복원하였다.

이런 과정을 거쳐 1992년 8월 15일 '서대문 독립공원'이 개원하였다. 새로 복원된 독립공원에는 순국선열 추념탑, 3·1독립선언 기념탑 등이 건립되었다. 3·1독립선언기념탑은 1963년 8월 15일 재건국민운동본부가 국민성금을 모아 탑골공원에 세운 것인데, 1979년 탑골공원 정비계획으로 철거되어 방치된 것을 1992년에 옮겨 세운 것이다.

그런데 1995년 지방자치제의 본격적인 실시와 더불어 '서대문 독립공원'은 그 관할권이 서울시로부터 서대문구로 이전되었다. 서대문구청은 여기에 포함된 구 서대문형무소 건물을 역사교육장으로 개조하기로 결정하고, 1995년 9월 기본계획을 세워 '성역화'사업을 추진하여 1998년 11월 서대문형무소 역사관으로 개관하였다. 이 역사관은 일제 지배하에 서대문형무소에서 '순국'하거나 투옥된 '애국지사들'의 행형기록 및 유물을 발굴하고 수집하여 전시하였는데, 이 기간에 전시주제와 내용을 둘러싸고 약 30회의 자문회의를 개최하였다. 특히 무엇을 전시할 것인가, 누구를 전시할 것인가를 둘러싸고 매우 많은 논의가 이루어졌다.

이 역사관은 구 보안과 청사를 개조한 것이다. 역사관은 지상 2층 지하 1층으로 1층은 '추모의 장'이라는 이름하에 기획전시실을, 2층은 '역사의 장'이라는 이름하에 민족저항실, 형무소역사실, 옥중생활실을 설치하였고, 지하 1층은 '체험의 장'이라는 이름으로 임시구금실, 고문실을 재현하였다. 그리고 구 중앙사와 공작사에는 서대문형무소 체험관을 만들었다.

이곳에서는 일제하 서대문형무소에 수감된 민족운동가들을 전시하는데, 전시될 수 있는 자격은 보훈처에서 인정한 1945년 이전의 민족운동가이면서 서대문형무소 수감기록이 남아있는 사람들이었다. 이 전시실은 1945년 8월 16일의 서대문형무소 수감자들이 출감하여 만세를 부르는 장면, 그리고 1945년 10월 10일 일본 고베의 오쿠보 형무소에서 출감한 조선인 수형자 4명의 앙상한 몸을 찍은 사진, 이렇게 2장의 사진으로 끝맺고 있다.

서대문 독립공원의 조성에서 흥미로운 것은 기억의 취사선택과 그 맥락이다. 독립문을 제외한 독립관이나 독립공원은 한국현대사에서 오랫동

사진 13. 서대문형무소 역사관

사진 14. 서대문형무소 전시 모습(위로)

안 망각된 것이었으므로, 서대문 독립공원은 많은 시민들에게 신축된 것으로 인식되고 있으나 이를 기획한 연구자들은 '복원'개념으로 접근하였다.

또 한 가지 흥미로운 것은 서대문형무소에 대한 기억의 문제이다. 이 시설이 가졌던 여러 이름 중 서대문형무소가 가장 널리 기억된 이름이라는 것은 이것의 이미지가 일제의 식민통치와 가장 강력하게 결합되어 있었다는 것을 의미한다. 실제로 이 시설에 구금되었던 사람들은 일반 형사범은 물론이고 일제하에서 민족운동가, 냉전체제 형성기의 '좌익', 그리고 군사독재 시절의 '민주화운동가'들로 바뀌어 왔지만, 억압과 고통의 상징으로 재현된 것은 일제 식민지통치기에 한정되었다. 서대문형무소는 1907년부터 1987년까지 한국에 있었던 대표적인 교도시설이지만, 서대문형무소 역사관은 '일제하 조선에서의 민족운동'만을 표상하는 박물관으로 재구성되었다. '서대문형무소와 직접 관련이 있는 순국선열' 중심의 전시라고 할 수 있다. 그 중에서도 실제로 서대문형무소에 수감되었던 사람들만을 전시함으로써, 몇 가지 중요한 범주들이 제외되는 결과를 낳았다. 첫째, 일제하에서 만들어졌던 다른 형무소의 역사를 어떻게 담을 것인가라는 문제를 남겼다. 둘째, 시기적으로 보면 1945년 이후의 역사가 제외되었다. 여기에는 분단체제와 연관되는 좌파적 정치범, 그리고 민주화운동기의 정치범들의 역사는 어떻게 전시할 것인가의 문제가 제기된다. 셋째, 일제하에서 활동한 사회주의 운동가들이 제외되었다. 넷째, 서대문형무소가 아닌 다른 시설에서 고초를 겪은 민족운동가들도 배제되었다. 다섯째, 일제하에서의 일반 형사범들의 전시 문제도 자연스럽게 사라졌다.

이런 전시 컨셉은 '일반 교정 박물관' 모델과 대비되는 것이며, '민주화운동 기념관 또는 사회주의 운동 역사관' 모델과도 구별되는 것이다. 현재의 전시책임자들은 1945년 이후의 서대문구치소의 역사를 전시대상에 포함시키는 방향으로 움직이기보다는 1945년 이전의 민족운동가들 중별로 알려지지 않은 인물들의 발굴에 많은 힘을 쏟고 있으며 1999년부터 2003년까지 매년 1회씩 이에 관련된 학술 심포지엄을 열고 있다.

서대문형무소 역사관의 주된 타겟은 한국의 청소년들로 역사교육의 현장으로서의 기능을 하고 있다. 부차적으로는 관람객 중 상당수가 일본인 관광객이라는 점에서 일종의 외교적 기능을 갖는다. 이곳은 서울 시내에 있어서 접근성이 뛰어날 뿐 아니라 어느 역사박물관보다도 현장의 시설을 잘 활용하였고 또 여러 가지 첨단 기법을 동원하여 당시의 모습을 아주 생생하게 보여주는 데 성공하였다. 이 때문에 관람객을 매일 평균 2,500명씩을 기록하여 독립기념관 못지않은 효과를 거두고 있다. 이것은 역사관이 가진 접근성 외에 현장성과 역사성이 기념관의 성공적인 운영에 중요한 요인임을 잘 보여준다.

이 역사관에 전시된 사람들은 1990년대에는 이처럼 매우 제한적이었으나 최근 민주화가 진전되면서 '보훈'대상에 일부 사회주의자들이 새롭게 포함되고 있다. 민족운동가/독립유공자의 개념이 확충되고 있으며, 이에 따라 전시대상이 약간씩 증가하고 있다. 그러나 서대문형무소 역사관이 일제하의 독립운동가들의 수난과 고통의 장소로 재현되었고, 해방이후의 기억은 지워졌기 때문에 지워진 기억 중 일부인 민주화운동기의 기억은 다른 맥락에서 재현되어야 한다는 요구가 발생하게 된다. 현재 논의되고 있는 가칭 민주화운동 기념관 설립계획은 이런 역사관의 재현의 경계로부터 시작된다.

3) 구 조선총독부 건물의 해체

해방 이후 조선총독부 건물만큼 오랫동안 보존과 해체의 논쟁에 휩싸였던 건물이 없다. 엄밀하게 말하면 현재의 서울에 '일제의 잔재'를 상징하는 건물은 이것 말고도 서울시청사, 한국은행건물, 서울역 등 매우 많지만 조선총독부 건물은 이런 일제 잔재를 상징하는 건물들의 대표격이었다. 정운현은 한국의 문화유산의 답사문화에서 잘 알려진 용어를 활용하여 이른바 '일제잔재 답사 1번지'를 구 조선총독부 건물로 지목하고, 이 건물이 일본인에게는 '추억과 자긍심'을, 한국인에게는 '치욕과 몰지각한 역사의식'을 안겨주고 있었다고 보았다.[40]

일제는 1905년 조선에 통감정치를 실시하면서 남산 왜성대를 통감부 건물로 사용하다가 한일합병이 된 2년 후인 1912년, 조선총독부 건물을 신축하기로 결정하고 그 부지를 경복궁의 입구로 잡았다. 경복궁은 조선 및 대한제국의 정궁이었다. 조선총독부는 대만총독부를 설계했던 노무라로 하여금 1914년 설계를 마무리시켰다. 그리고는 경복궁 일부를 헐기 시작하여, 1915년에는 이곳에서 조선물산공진회라는 박람회를 열었다. 조선총독부 건물은 1916년부터 건물을 짓기 시작하여 1926년에 준공하였다.[41] 이와 함께 경성부청도 1926년에 준공하였으며, 총독관저도 1937년에 착공하여 1939년에 준공하였다. 조선총독부의 건물이 가진 상징성으로 가장 많이 거론되는 것은 첫째, 이 건물이 경복궁을 가로 막고 있으며, 둘째, 건물 형태가 일(日)자 모양이어서 대(大)자 모양의 북한산, 그리고 본(本)자 모양의 경성부청과 함께 대일본(大日本)이라는 문자를 상징하며, 이것의 방향이 남산의 일본신사를 향하고 있다는 지적이었다. 이런 주장은 일본의 공간적 상징정치를 강조하는 것이다.

이 건물은 1945년 해방과 함께 미군정에 의해 접수되어 미군정청으로 사용되었는데, 1948년 8월 15일 남한 정부 수립 기념식이 여기에서 이루어졌고, 이후 중앙청으로 사용되었다. 그러나 1950년 한국전쟁의 과정에서 상당히 파괴되었고 내부가 불탔다. 이후 방치되었다가 1962년 박

---

40) 정운현, 『서울시내 일제유산답사기』, 한울, 1995, 26쪽.

41) 이에 관한 자세한 내용은 손정목, 「조선총독부 청사 및 경성부 청사건립에 대한 연구」, 『향토서울』 48, 1989을 볼 것.

정희 군사정권에 의해 복구되어 다시 중앙청(정부청사)으로 사용되었다. 1982년 과천에 정부청사가 새로 건립되면서 행정부가 이전하자 이 건물은 2년간의 보수를 거쳐 1986년부터 국립 중앙박물관 건물로 사용되었다.

이 건물의 존폐문제는 1950년대부터 시작되었다. 이승만대통령은 이의 철거를 검토하도록 했으나 경제적 어려움으로 인해 실행되지 않았다. 이 문제가 다시 논쟁으로 부상한 것은 1990년대 초반이다. 1989년 정부는 총독부 건물철거와 경복궁 복원계획을 세우기 시작하였다. 이런 계획이 알려지면서 조선총독부 건물 철거문제가 쟁점화되었다. 대한정책개발연구소는 1990년 7월 20일 "일제36년 식민통치 잔재 극복을 위한 문화대책"이라는 심포지엄을 통해 조선총독부 청사 이전과 경복궁 복원의 문제를 제기하였다.42) 1990년 12월 6일 동아일보는 "일제 잔재의 상징, 두고만 봐야하나"라는 제목하에 총독부 건물의 역사를 보도하였다.

1991년 1월 정부는 경복궁 복원사업을 시작하였는데 구 총독부 건물의 처리에 관한 의견이 서로 달라 논쟁이 학계나 언론계를 중심으로 시작되었다. 건축학계에서 서로 다른 의견이 집약적으로 나타난 것은 1991년 5월, 대한건축학회 회지인 『건축』 35-3을 통해서였다. 여기에서 철거, 이전, 보존이라는 세 가지 서로 다른 견해가 뚜렷하게 제시되었다. 여기에서 쟁점은 이 건물의 위치, 정치사적 의미, 건축사적 의미 등이었고, 이와 함께 경복궁의 복원문제도 함께 다루어졌다. 주남철은 민족정기의 확립차원에서 철거를 주장했지만, 김정동은 이 건물이 조선총독부 청사일 뿐 아니라 미 군정청, 대한민국 중앙청으로 기능했으며, 이 건물을 그대로 보존하면서 전철을 답습하지 않도록 하는 교훈적 의미에서 이 건물의 보존을 주장했고, 송민구는 일제 압정을 잊지 않기 위해 이축할 것을 주장하였다.43) 일본의 명치건축연구회는 이 건물이 동아시아에

---

42) 여기에서 이현희 교수는 조선총독부 청사의 철거를 '가시적 식민잔재 불식'으로 보았고, 윤장섭 교수는 경복궁의 미적 우수성을 강조하였다.

서 가장 우수한 건물이라는 점을 내세워 한국 정부에 보존을 요청하였
고.44) 이정덕도 이와 같은 논지로 보존을 주장하였다.45) 장홍기도 총독
부 건물 철거를 반대하는 글을 발표하였다.46) 신용하는 철거반대론과 총
독부 건물 활용론을 비판하면서 강력한 철거론을 주장하였다.47) 이런 논
쟁이 도달한 지점은 1조원에 이르는 비용 문제였고, 이에 따라 철거론은
다시 소강상태로 잠복하였다.

　조선총독부 건물의 철거논쟁은 1993년에 다시 본격화되었다. 1993년
출범한 김영삼 정권은 조선총독부의 철거를 통해 민족사의 정통성을 일
으켜 세우고, 이를 통해 '문민'정권의 정당성을 확보하려고 하였다. 이때
의 논의를 이끌어간 주체는 청와대 내의 참모들이었다. 이들은 한편으로
과거의 군사정부와의 차별성을 드러내고, 1995년이 광복 50주년, 1994
년이 서울 정도 600년이라는 점에 착안하여 정권의 정당성을 강화하는
상징적 국책프로젝트로 선정하였다. 이런 구상을 지지한 핵심세력은 광
복회 및 역사학자, 사회학자 등 민족주의 계열의 학자들이었다. 이때 쟁
점의 하나는 해체의 과정이었다. 당시 이 건물은 국립 중앙박물관으로서
의 기능을 하고 있었으므로, 박물관 소장품을 어떻게 할 것인가, 별도의
박물관을 짓고 난 후 해체할 것인가, 아니면 일단 해체하고 임시로 소장
품들을 분산시킨 후 나중에 박물관을 건립할 것인가였다. 여기에는 국립
박물관 신축 이전에 필요한 비용과 시간문제가 있었다.

　철거를 추진하는 인사들은 일제잔재 청산의 가장 적절한 기회인 당시

---

43) 김정동, 「조선총독부 청사 자존에 관한 제언―보존을 제안한다」 ; 송민구, 「구 조선총독
　　부 청사 철거문제―이축을 제안함」 ; 주남철, 「총독부 청사는 철거하여야만 한다」, 『건축』
　　35-3, 대한건축학회, 1991. 5.

44) 『韓國日報』, 1991. 6. 3.

45) 『韓國日報』, 1991. 6. 14.

46) 장홍기, 「총독부 건물 하나를 소화 못하다니」, 『月刊朝鮮』, 1991. 8.

47) 신용하, 「구 총독부 청사 철거해야 한다」, 『역사산책』, 1991. 11, 25～29쪽.

를 놓치면 해체 자체가 무산될 것이라는 위기감을 갖고 있었다. 그만큼 최초의 '문민'정권에 대한 기대가 크게 작용하였다. 이들은 6월 12일 공청회를 열어, 국립박물관의 유물 보관문제를 해결하기 위한 대안으로 당시 용산에 짓고 있던 전쟁박물관을 용도 변경하여 국립박물관으로 만들 것을 제안하였다. 이들은 한편으로 민족문화의 유산을 조선총독부 건물에 전시한다는 것의 부당성, 즉 1980년대 전두환정권의 결정에 대한 비판과 함께 다른 한편으로 전쟁박물관이 분단시대의 낡은 발상에서 나온 것이라는 논리를 만들어냈다. 이들은 "통일을 준비하고 민족의 화해를 도모해야할 시기에 전쟁박물관을 만들어 적대감을 고취하려는 것은 시대착오적인 발상"임을 강조하였다.48) 당시 여당이던 민자당에서는 이 전쟁기념관 용도 변경안을 수용하여 민족박물관으로 변경할 것을 검토하였다.49) 그러나 국방부 및 군출신 장성들의 강력한 반발에 부딪치자,50) 대통령은 6월 17일 이를 곧바로 무효화하였다. 이런 상황에서 위기감을 느낀 한국민족운동사연구회 등 9개 단체는 7월 9일 "민족정기 회복, 남북화해"를 연결시키면서 "전쟁박물관 건설계획 중지, 구 총독부 건물의 조속한 철거와 경복궁 복원, 국립박물관의 이전"을 내용으로 하는 성명을 발표하였다.51)

1993년 8월 13일 광복절을 이틀 앞두고 광복회, 한글학회, 한국선사문화연구소를 비롯한 11개 단체는 구 조선총독부 건물 철거 촉진위원회를 결성하였다. 광복절 행사를 계기로 대통령을 최종 설득하기 위한 것

---

48) 『東亞日報』, 1993. 6. 16. 이 당시 김영삼 대통령은 취임사에서 이념보다 '민족'이 우선한다는 강력한 민족주의적 메시지를 발표하고, 남북 정상회담을 추진하고 있었다.

49) 『東亞日報』, 1993. 6. 16.

50) 이 당시의 군부의 의견은 국방부가 발행하는 『국방소식』(1993. 7. 9)의 전쟁기념사업의 필요성에 관한 글에 잘 나타나 있다. 이에 따르면 최초의 전쟁기념관 건립구상은 1964년이었으나 재원 및 부지 문제로 진척되지 못하다가 1988년 육군본부 이전계획이 확정되자 전쟁기념관 건립계획에 착수하였다.

51) 『韓國日報』, 1993. 7. 10.

이었다. 최종 결정은 당시 대통령의 몫이었고, 이 과정에 광복회장과 신용하 교수가 깊숙이 개입하였다. 결국 1993년 8월 15일 철거가 결정되었다. 총독부건물과 함께 청와대 안의 구 총독관저도 철거가 결정되었다.52) 한 건설업자가 이 관저를 무료로 철거하여 다른 곳으로 이전하고 싶다는 제안을 하였으나 정부는 이를 거절하였다.53)

총독부 건물 우선철거방침이 결정되자 중앙박물관장은 새 박물관을 지은 뒤 철거해야 한다는 의견을 피력하였다. 철거촉진위원회는 결정 번복을 방지하기 위해 국민성금으로 철거비용을 마련하자는 제안을 하였다. 이들과 정부는 박물관 소장 유물을 임시로 보관할 장소를 물색하였다. 10월 27일에는 5천여 명의 서명을 통해 '새 박물관 신축 후 총독부건물 철거'를 주장하는 공개서한이 청와대에 전달되었다. 이에 대해 철거촉진위원회는 11월 1일 다시 조속철거, 국립중앙박물관 신축계획 확정을 요구하는 성명을 발표하였다. 문화체육부는 11월 5일 중앙박물관 임시이전 결정을 발표했는데, 이에 대해 한국고고학회는 11월 7일, 다시 '선 박물관 신축, 후 총독부 청사 철거'를 촉구하는 성명서를 발표하였다.

결국, "일제 식민지 통치의 상징인 조선총독부는 일제 잔재의 청산과 민족정기의 회복 차원에서 광복 50주년인 1995년 8월 15일부터 철거가 단행되었다." 조선총독부 건물은 철거된 후 일부 부재들이 독립기념관의 부재전시공원과 경복궁 내 부재 전시장으로 옮겨졌다. 독립기념관은 이를 활용하여 1998년 '조선총독부 철거 부재전시공원'을 만들었다. 여기에는 "침울한 역사의 장"이라는 팻말이 만들어져 있다. "독립기념관 전시공원의 기본적인 개념은 철거부재를 역사교육의 자료로서 활용 전시하되, 홀대하는 방식으로 배치하는 데 있다. 이에 따라 첨탑을 지하 5m의 깊

---

52) 요미우리신문은 '사라지는 조선통치의 유물'이라는 제목의 기사를 1993년 9월 7일 보도하였다.

53) 『東亞日報』, 1993. 8. 27.

사진 15. 해체된 총독부 잔해

사진 16. 부재공원의 설명

이에 매장하여 전시하는 형식으로 조성하였고, 독립기념관 주 건물의 서쪽에 위치시킴으로써 일제 식민지 시기의 진정한 극복과 청산이라는 점을 강조하고 있다."[54]

구 조선총독부 건물의 해체프로젝트의 가장 큰 특징은 첫째 이것이 한국현대사에서 지연된 일제 잔재 청산의 상징적 프로젝트로 간주되었다는 것, 둘째 건물의 성격 규정에서 나타나는 본질적 환원성, 셋째 경복궁 복원과 국립중앙박물관 이전과 연관된 복합성이라고 할 수 있다. 해방 직후부터 일제 잔재 청산은 주로 친일파 청산이라는 용어에서 나타나는 것처럼 인적 청산에 중점이 두어졌으나 이 프로젝트는 인적 청산 대신 상징적 건물 청산으로 이를 대신한다는 의미가 있었다. 두 번째 문제와 관련하여 말한다면, 이 건물이 해방 이후에도 미군정청 청사, 그리고 중앙청이라는 한국 정부 청사, 그리고 국립 중앙박물관으로 계속 사용되었지만, 해체논의에서는 최초의 규정이었던 조선총독부 청사라는 점만이 부각되었다. 이와는 대조적으로 경복궁은 봉건적 지배의 핵심 건물이었지만 논쟁의 과정에서 민족적 전통을 상징하는 자산으로 재규정되었다.[55]

---

54) 이 문장은 독립기념관에 있는 부재공원의 설명문에서 인용한 것이다. 이 공원의 설계자 문은 최만린이 맡았다.

55) De Ceuster K., 「The Changing Nature of National Icons in the Seoul Landscape」, 『The Review of Korean Studies』 3-2, 2000. 12.

이런 특성과 함께 왜 총독부 해체가 1945년으로부터 50년이 지난 뒤에야 이루어질 수 있었는가도 논의의 대상이 된다. 해방정국과 한국전쟁의 소용돌이가 남긴 유산의 극복은 어느 정도의 경제성장이 이루어진 후에야 비로소 가능하며 또 민주화의 이행이라는 국면과 강력히 결합되어 있다는 것을 보여주고 있다.

4. 기념공간에서의 8·15의 재현

오늘날 한국인들이 시각적으로 기억하는 8·15는 무엇인가. 어떤 장면이 8·15를 표상하는가. 독립기념관의 겨레의 집 안 벽에 걸려 있는 2점의 대형 사진은 8·15의 이미지를 단적으로 보여주며, 또 8·15의 기억을 재생산한다. 하나는 1945년 8월 16일 서대문형무소에 수감되어 있던 인사들이 석방되어 나오는 사진이다. 이 사진은 수감자들이 출소하면서 만세를 부르고 있다. 다른 하나는 1948년 8월 15일의 대한민국 정부 수립 기념식 사진이다. 이들은 독립기념관의 전시의 핵심 개념을 구성하고 있다. 전자가 해방이라는 이미지를 대표한다면, 후자는 독립이라는 이미지를 대표한다.

8·15가 해방이라는 이미지를 갖는 데 있어서 직접적인 근거를 제공한 시각적 자료는 이외에 '해방 조선'이라는 피켓을 들고 환호하는 군중들의 사진(사진 12), 그리고 또 하나의 형무소 출소 사진이다. 서대문형무소 역사관에서도 해방의 의미를 1945년 8월 16일의 서대문형무소 정치범 석방 사진과 함께 1945년 10월 10일 효고현(兵庫縣) 고베(神戶) 오쿠보형무소에서 찍은 4인의 모습을 보여주는 사진(사진 13)으로 표현하고 있다. 이 사진은 '해방된 조선인 수형자'라는 제목하에 수형자들의 바짝 마른 모습을 담고 있으며,56) 이들이 죽음 직전의 상태에 놓여 있었

사진 17. 해방조선을 환호하는 군중

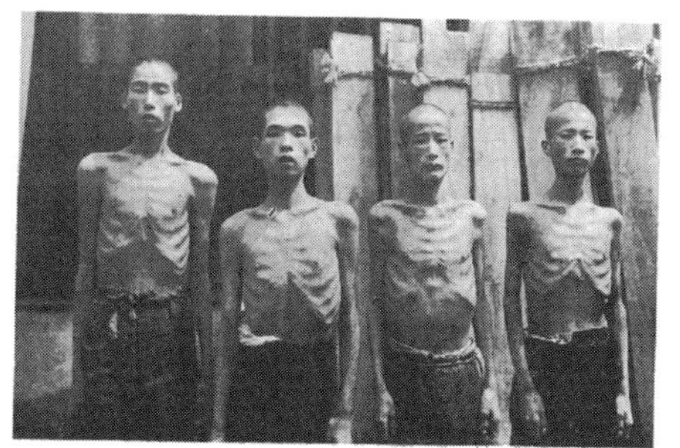
사진 18. 오쿠보형무소의 조선인들

음을 보여주는 것이다. 이 두 장의 사진은 8·15의 이미지를 '해방'으로 고정시키는 기능을 하기도 한다.

안우식은 '조선인의 8·15'[57]에서 13장의 사진으로 1945년 8월 15일부터 그해 말까지의 변화를 상징적으로 표현했는데, 이에 따르면 일본의 패전을 알고 기뻐하는 서울시민의 시위행렬,[58] 서대문형무소에서 출소한 정치범들의 환호,[59] 미군진주 후에 이루어진 아베총독의 항복문서 조인광경, 총독부광장의 일장기 강하식, 인천에 상륙하는 미군선발부대, 조선총독부 청사 앞의 미군진주와 서울시민 환영모습, 남산의 태극기 게양, 해방축하 시위 장면, 조선건국준비위원회 발족과 여운형의 사진, 김구 주석의 귀국, 임시정부 환영식, 그리고 남북을 가른 38선의 모습 등이다. 앞의 시위 장면에는 축 해방, 민주정권수립, 웰컴(미군), 조선독립 등의 구호가 적힌 플랭카드가 사용되었다.

---

56) 相川充弘 外, 『子どもたちの昭和史』, 大月書店, 1984, 217쪽.

57) 安宇植, 「朝鮮人の一九四五年」, 福島鑄郎 編, 『8·15終戰』, 新人物往來社, 1989. 이의 원문은 『역사독본』(1956. 8)에 실려 있다.

58) 설명에 따르면 8월 15일의 장면으로 되어 있고, 이 사진에는 독립만세라고 쓴 플랭카드가 보인다. 이것이 15일의 장면인지 16일의 장면인지는 불명확하다.

59) 이것은 8월 15일의 장면으로 설명되어 있으나 오류이다. 8월 16일의 장면이다. 이로 미루어 앞의 장면도 16일일 가능성이 있다.

좀 더 자세히 독립기념관에서 8·15는 어떻게 전시되어 있는가를 살펴보기로 하자. 독립기념관의 전시는 제1전시관에 민족전통관, 제2전시관을 근대민족운동관, 제3전시관을 일제침략관, 제4전시관을 3·1운동관, 제5전시관 독립전쟁관, 제6전시관 임시정부관, 제7전시관을 대한민국관으로 구성하였다. 독립기념관에서 8·15의 전시는 제7전시관(대한민국관)에 속하였다. 이 전시관은 전시 주제로 광복과 분단을 포함하고 있는데, 여기에 해당하는 전시 자료로 일제의 항복문서, 임시정부 및 연합군 환영준비회 취지서, 건국동맹 정강세목, 조선건국준비위원회 경고문과 전단, 대한민국 임시정부 정식추대문 등이 있다.60) 이어 반탁운동과 정부수립에 관련된 자료들이 전시되었다.

독립기념관은 전시 내용을 지속적으로 보완 수정하고 있다. 이런 수정 보완은 관람객으로부터의 여구나 비판을 수용하고 변화되는 역사관을 반영하는 것이다. 독립기념관의 전시에 대한 비판은 주로 두 가지 각도에서 이루어졌다. 하나는 사회주의운동의 역사가 배제되었다는 것이고, 둘째는 당대의 정권을 전시함으로써 정권 홍보관으로 전락한 것이 아닌가라는 의견이었다. 독립기념관의 전시에 관련하여 발생한 중요한 변화들은 1991년 작성된 '전시교체보완 기본계획서'에 따른 것이었다. 이 계획서는 각 전시관 모두에서 최초의 전시 컨셉을 보다 강화하였다. 이 지침에 따라 1994년부터 전시내용을 교체하기 시작하여 2004년에 완료하였다. 일제하의 사회주의나 무장투쟁에 대한 포용의 범위가 확대되었다. 제5전시관인 독립전쟁관에 동북항일연군과 조선의용대 등이 추가되었다.

보다 중요한 변화는 이 기본계획서의 구상을 벗어나는 것으로, 이 변화는 2000년의 전시도록과 2002년 전시도록을 비교하면 잘 알 수 있다. 제6전시관이 임시정부관, 제7전시관이 대한민국관이었는데, 변경된 전시관의 배치에서는 제6전시관이 사회-문화운동관으로 되었고, 제7전시

---

60) 독립기념관 건립사 편찬위원회, 『독립기념관 건립사』, 418쪽.

관이 대한민국 임시정부관으로 되었다. 즉, 일제하의 사회운동에 대한 전시를 강화하고, 1945년 이후의 전시를 생략한 것이다.

독립기념관의 전시에서 나타나는 특징은 현재의 한국 분단체제와 남북의 정통성 논쟁, 그리고 현대 한국사의 역대 정권들에 대한 평가의 문제가 짙게 드리워져 있다는 점이다. 분단체제로 인하여 사회주의운동이나 현재의 북한 정권과 연관되는 역사는 전시에서 배제되었다.61) 이것은 1945년 이전의 민족독립운동과 관련되는 문제일 뿐 아니라 1945년 이후를 전시하는 7전시관의 문제이기도 하였다.

1991년의 전시교체보완 기본계획서를 뛰어 넘어 7전시관 자체가 아예 대한민국관으로부터 임시정부관으로 바뀐 배경에는 '당대의 전시' 문제가 크게 작용하였다. 독립기념관은 5공화국하에서 만들어졌고, 7전시관의 대한민국관에는 1980년대 초반의 올림픽 유치나 전두환 대통령과 관련된 사진이 전시되었는데, 1980년대 후반의 민주화이행기에 관람객들이 자꾸 이를 훼손하였다. 또 1993년 김영삼 정부가 들어서면서 이전 정권이나 당시의 정부, 또는 대통령을 어떻게 전시할 것인가라는 어려운 문제에 봉착하고 있었다. 이에 따라 독립기념관 전시팀은 1945년 이후의 역사를 '평가되지 않은 현대사'로 보고 정치적 소용돌이로부터 벗어나기 위하여 '최소 전시' 전략으로 전환하였다.

대한민국 임시정부관의 구성과 배치에도 미묘하지만 중요한 변화가 감지된다. 이 전시관의 중요한 항목이 임정관련 중요 인물들의 밀랍 인형 전시였는데, 과거에는 이승만이 중앙에 배치되었으나 변화된 배치에는 김구가 중앙에 자리잡고 있다. 문화운동실에 있던 조선일보 윤전기 전시도 사라졌다. 이러한 변화는 민주화에 따른 현대사 평가의 변화를 반영

---

61) 2004년 6월 북한의 사회과학원 최진혁 팀이 독립기념관의 전시를 둘러보았으며, 이들은 '반쪽 전시'라는 코멘트를 하였다. 그러나 현재 북한의 혁명박물관도 마찬가지 문제를 안고 있다고 할 수 있다.

사진 19. 이승만중심의 임정요인 배치　　사진 20. 김구중심의 임정요인 배치

하고 있다.

1945년 8·15 이후의 역사는 전시 공간의 재구성에 따라 임시정부 요인들의 동향에 국한되었다. 7전시관의 6번째 전시가 "격동의 길, 대한민국 임시정부와 민족의 해방"으로 38선 표시 사진과 "축 해방", 그리고 "우리 정권 수립"이라는 피켓을 든 시위 사진이 전시되고, 7번째 전시로 미군이 일본으로부터 항복문서를 받는 장면, 임정요인들의 귀국 및 환영 식장면, 그리고 남북협상차 38선을 넘는 김구의 모습이 전시되었다. 마지막 8번째 전시는 "통일의 길, 민족통일과 한민족문화공동체 건설"이라는 미래의 과제 제시이다. 결국 건준 결성이나 이후의 8·15 기념식 장면, 또는 한국전쟁의 모습 등은 모두 생략되었다. 전반적으로 독립기념관의 전시에서 1945년 8월 15일의 이미지를 구체적으로 보여주는 사진은 소략하다. 1945년 8월 15일의 모습을 찍은 사진이 적기도 했고, 또 이념적 대립으로 인한 역사적 평가의 어려움이 여기에 작용했다고 판단된다.

5. 맺음말 : 8·15 기념의 특징과 한계

한국에서 8·15를 둘러싼 해방과 광복의 기억은 곧바로 이어진 전쟁과 독재, 민주화운동 등의 기억에 의해 부식되었기 때문에 오늘날 8·15에 대한 기억은 매우 소략하고, 파편화되어 있다. 한국에서 8·15의 기억은 해방이 된 지 40년이 지난 1980년대 중반에 이르러서야 새롭게 다듬어지기 시작하였다. 즉 1987년에 완공된 독립기념관은 8·15의 기억을 ‘독립’으로 붙들어 매는 공간적 거점이 되었으며, 1990년대에 이르러 구 조선총독부의 해체나 경복궁의 복원, 독립공원의 조성 등이 이루어졌다. 국민적 기억의 형성을 위한 체계적인 프로젝트는 결국 1980년대에 이르러서야 가능했던 셈이다. 이처럼 공간적 차원의 국민국가 형성 프로젝트가 뒤늦게 진행된 원인은 절대빈곤과 전쟁이 가장 큰 요인이지만, 이에 못지않게 남북의 분단이라는 요인이 크게 작용하였다. 민족분단으로 인해 독립운동과 8·15에 대한 기억의 재현이 정치적 긴장과 갈등의 영역에 놓여 있었다. 그럼에도 불구하고 동아시아에서 일본제국주의의 지배와 침략전쟁의 유산이 완전히 청산되지 않은 상황은 한국에서의 과거 독립운동, 민족해방투쟁의 기억을 회상하고 이를 재현하여야 한다는 요구를 재생산하는 존립근거이기도 하다.

전반적으로 한국에서의 독립과 해방의 기억을 재생산하는 기념공간이 군사독재가 완전히 청산되지 않은 1980년대에 만들어졌다는 점에서 종종 이런 기념관들이 내용상의 과도한 국가주의와 공간구성상의 권위주의로 특징지어진다는 지적을 받기도 한다. 이 때문에 민주화로의 이행과 더불어 또는 민주주의의 공고화에 따라 과거에 대한 전시방식과 내용이 지속적으로 수정되고 있다.

기념관에 각인되어 있는 8·15는 몇 개의 정형화된 장면들로 매우 단순하다. 이것은 1945년 8월 15일의 모습이라기보다는 8월 16일이나 17일의 장면들이다. 8·15의 이미지가 정형화되고 또 전체적으로는 모호한 것은 자주적 독립전쟁에 의한 해방이 아니라 연합국의 승전에 의한 해방이었다는 것, 그리고 해방이 자주적인 국민국가로 이어지지 않고 민족분단에 의한 분단체제로 이어졌다는 점 때문이다.62) 독립기념관이나 독립공원 등에 흐르고 있는 이념적 초석은 1890년대 후반의 독립협회와 독립문에서 찾아진다. 시간적 기념일로서의 8·15는 광복절이지만, 공간적 기념관들은 독립이라는 개념에 더 큰 비중을 두고 있다.

해방과 국가형성(정부수립)이 민족분단이었다는 점은 한국의 8·15를 부자유의 영역에 남아 있도록 했으며, 동시에 미래완료형의 틀 안에 올려 놓았다. 해방 이후 8·15는 단순히 과거의 일제로부터의 해방과 광복을 기념하는 것이 아니라 그때그때의 국제정치적 상황에서의 민족주의적 담론을 재생산하고 남북한 간 정치를 만들어가는 주기적 정치공간이었다. 민족운동과 연관된 중요한 기억의 처소들의 해체나 이전·신축 등, 기념공간의 정치는 항상 8월 15일에 이루어지고 있다. 분단되어 있는 북한과 공유하고 있는 유일한 기념일이 8·15이기도 하다. 북한은 8·15를 조국해방 기념일로 지정하여 기념하여 왔는데, 최근에 '광복'이라는 용어를 인정하기 시작하였다.

오늘날의 관점에서 8·15에 대한 기억은 1945년의 8·15에 한정되지 않고 이후의 8·15들에 대한 집합적 기억들로 가득차있다. 어쩌면 1945년 8·15에 대한 기억이 희미하고 모호한 것은 이후의 8·15에 대한 기억이 더 강렬하고 뚜렷했기 때문인지도 모른다. 이들의 모습에서 균형을 찾고, 또 1945년 8·15의 단순하고 정형화된 이미지로부터 벗어나 다양한 모습을 찾아내는 것 또한 민주화 이후의 과제일 수 있다. 이와 함께 우리는 8·15의 기억이 국제적인 문제임을 잊어서는 안 된다. 1945년 8·15는 한국의 탈식민화의 기점이지만, 동아시아 현대사의 기점이기도 하다. 한국·대만을 포함한 중국·사할린·일본을 포함한 동아시아는 제국/식민지체제로부터 새로운 냉전체제로 이행하기 시작하였다.

---

62) 이에 관한 언급은 독립기념관 10년사 편찬위원회, 『독립기념관 10년사』, 독립기념관, 1997, 96쪽 참조.

한반도에서는 1948년을 기점으로, 중국에서는 1949년을 기점으로 분단/냉전체제가 모습을 뚜렷이 드러냈다. 남한과 북한, 중국과 대만, 그리고 일본과 오키나와는 오랫동안 팽창되어가던 일본 '제국'의 급속한 해체 속에서 여러 층위로 분단되었다. 이런 급속한 정세의 변화 때문에 전전의 역사에 대한 올바른 청산은 미진하게 되었고, 오랫동안 지속된 냉전체제로 인하여 8·15의 기억은 국가별로 파편화되었다. 이의 참다운 의미를 공유하는 교류의 장은 별로 발전되지 않았다. 이런 점에서 21세기 동아시아의 평화를 위해서는 8·15의 기억이 국가에 의해 독점되지 않아야 하며 그 상이한 기억을 시민적 교류를 통해 수렴할 필요가 있다.

참고문헌

강수의 편, 『사진으로 보는 장흥 100년사』, 장흥문화원, 1996

국방부, 「전쟁기념사업」, 『국방소식』 24, 1993

김광운, 「1945년 '8·15'에 대한 인식의 변화과정」, 『내일을 여는 역사』 8, 서해문
집, 2002

김민환, 「한국의 국가기념일 성립에 관한 연구」, 서울대 대학원 석사학위논문,
2000

김정동, 「조선총독부 청사 자존에 관한 제언 — 보존을 제안한다」, 『건축』 35-3,
대한건축학회, 1991

노동은, 「노래의 사회사」, 『사회와 사상』, 1989. 6

독립기념관 10년사 편찬위원회, 『독립기념관 10년사』, 독립기념관, 1997

독립기념관 건립사 편찬위원회, 『독립기념관 건립사』, 독립기념관, 1988

독립기념관, 『독립기념관 전시품도록』, 2000

독립기념관, 『독립기념관 전시품요록』, 2002

문제안 외, 『8·15의 기억』, 한길사, 2005

문화체육부, 『국립중앙박물관 건립 및 소장유물의 안전관리와 이전방안』, 1993. 11

서대문형무소 역사관, 『전시도록』, 2004

서울시정개발연구원, 『서울시 도시경관 관리방안 연구(1)』, 1993

손정목, 「조선총독부 청사 및 경성부 청사건립에 대한 연구」, 『향토서울』 48,
1989

송민구, 「구 조선총독부 청사 철거문제 — 이축을 제안함」, 『건축』 35-3, 대한건축
학회, 1991

신용하 외, 『구 서울구치소 보존대상시설현황 및 관련자료조사연구(1)』, 서울특
별시, 1988

신용하, 「구 총독부 청사 철거해야 한다」, 『역사산책』, 1991. 11
신용하, 「독립문, 독립관, 독립공원의 건립과 변천」, 『향토서울』 59, 1999
신용하, 『갑오개혁과 독립협회운동의 사회사』, 서울대학교 출판부, 2001
아사노 도요미 해설(이길진 역), 『살아서 돌아오다－해방공간에서의 귀환』, 솔,
　　　2005
이경모, 『격동기의 현장』, 눈빛, 1989
이경모, 『이경모 흑백사진집』, 동신대 출판부, 1998
이병기, 『가람일기』 2, 신구문화사, 1976
이희승, 『딸깍발이 선비의 일생』, 창작과비평사, 1996
장홍기, 「총독부 건물 하나를 소화 못하다니」, 『月刊朝鮮』, 1991. 8
정근식, 「장흥에서의 정치투쟁」, 『역사와 현장』 1, 남풍, 1990
정운현, 『서울시내 일제유산답사기』, 한울, 1995
정호기, 『기념공간의 전형 ‘독립기념관’』, 희망세상, 2003. 8
조선일보사, 「사진으로 보는 감격과 수난의 민족」, 『月刊朝鮮』, 1988. 1(부록)
주남철, 「총독부 청사는 철거하여야만 한다」, 『건축』 35-3, 대한건축학회, 1991. 5
치스차코프 외, 『조선의 해방』(소련과학아카데미 동양학연구소 발행 1976), 국토
　　　통일원 조사연구실, 1988
총무처, 『국경일－법정 기념일의 연혁』, 1997
한국문화정책개발원, 『독립기념관 활성화방안』, 1988
한상도, 『한국독립운동과 국제환경』, 한울, 2000
한집디자인연구소, 『독립기념관 전시교체보완 기본계획서』, 독립기념관, 1991

高峻石, 『朝鮮 1945-1950 : 革命史への證言』, 三一書房, 1972
安宇植, 『朝鮮人の一九四五年』, 福島鑄郎 編, 8・15終戰, 新人物往來社, 1989
中根隆行, 『〈朝鮮〉表象の文化誌』, 新曜社, 2004
森田芳夫, 『朝鮮終戰の記錄』, 巖南堂書店, 1964
小西英一, 『豫科勤勞作業隊北鮮脫出記, 紺碧遙かに－京城帝國大學創立50周年記念
　　　誌』, 京城帝國大學同窓會, 1974
朝鮮民衆新聞社 編(水野直樹 譯), 『寫眞集 朝鮮解放1年』, 新幹社, 1994
相川充弘 外, 『子どもたちの昭和史』, 大月書店, 1984
池田 佑 編, 『大東亞戰史 8 朝鮮編』, 富士書苑, 1973
靖國神社遊就館, 『靖國神社遊就館－社寶と戰歿者の遺芳』, 1987

Connerton P., 『*How Societies Remember*』, Cambridge University Press, 1989

De Ceuster K., 「The Changing Nature of National Icons in the Seoul Landscape」, 『*The Review of Korean Studies*』 3-2, 2000. 12

Eber D. E. & Neal A.G., 『*Memory and Representation*』, Bowling Green State University Popular Press, 2001

권혁태

8·15는 어떻게 기억·해석되어 왔는가
- 대중만화를 통해 본 한국의 일본인식 -

1. 머리말

이 글에서는 전후 한국사회가 한국 현대사적 맥락에서 '8·15로 상징되는 일련의 흐름'을 어떻게 기억·해석하고, 이를 어떻게 재생산해 왔는가, 다시 말하면 8·15에 대한 기억의 형성과 그 재생산이 어떤 내용을 담고 있는가를 주로 대중만화를 통해 밝히고자 한다.[*]

여기서 말하는 8·15란 1945년 8월 15일 일본의 무조건 항복선언과 이에 따른 한반도의 '해방' 그 자체만을 의미하는 것이 아님은 말할 것도 없다. 여기서 말하는 8·15란 식민지경험, 해방, 분단과 전쟁이라는 일련의 흐름을 뜻한다. 따라서 주목해야 할 것은 식민지경험, 해방, 분단과

---

[*] 글의 집필, 자료수집 과정에서 성공회대학교 신문방송학과의 김창남 교수에게 적지 않은 도움을 받았다. 이 자리를 빌어 감사드린다.

전쟁이라는 연속되는 근현대의 흐름 속에서 이 흐름의 대항 축을 이루고 있었던 '일본'에 대한 기억이 어떻게 기억되고 재생산되었는가, 그 내용과 메커니즘을 밝혀내는 일일 것이다. 따라서 이 글에서는 8·15로 표현되는 한국 근현대 자체를 대중만화가 어떻게 다루고 있는가를 분석하는 것이 아니라, 한국 근현대의 흐름을 강하게 규정하고 있는 일본을 대중만화가 어떻게 묘사하고 있는가를 분석함으로써 8·15가 갖는 역사적 함의에 간접적인 실마리를 제공하고자 한다.

한국의 대중만화 속에 투영되는 '일본'이라는 소재는 아주 다양한 차원에서 발견할 수 있지만, 주로 다음 세 가지 차원에서 정리해 볼 수 있다. 하나는 해방 후 만화가들의 '감성'과 지적 편력을 식민지의 연속선상(＝일본 제국주의의 영향)에서 논의하는 방식이다. 이는 주로 해방 초기의 만화가들이 일본에서 교육받았을 뿐 아니라, 그들의 직업적 편력이 식민지경험으로부터 자유로울 수 없다는 데서 출발한다. 두 번째는 해방 후 한국의 대중만화가 동시대의 일본만화에서 받은 직접적인 영향의 문제이다. 이는 주로 표절이나 '베끼기' 현상뿐 아니라, 흔히 '폭력 혹은 에로 저질 문화'로 표현되는 일본의 대중문화가 한국문화의 '순결성'과 '건전성'을 오염시킨다는 차원에서 논의된다. 세 번째는 이른바 문화산업적 측면에서 일본만화가 한국 대중만화 산업의 경쟁력에 주는 영향의 문제이다. 이는 최근 일본 대중문화의 개방을 둘러싼 논의에서 쉽게 발견할 수 있다.

이 글에서 다루는 일본이라는 소재는 이와 같은 세 가지 차원과는 다소 다르다. 즉 한국 대중만화에 일본·일본인이 어떻게 묘사되고 있는가를 한국 근현대의 흐름 속에서 자리매김하려는 것이다.

냉전 해체 후 동아시아 3국은 새로운 평화공존의 길을 모색해야 하는 길목에 서 있다. 한국의 민주화와 남북관계의 변화, 일본의 급격한 우경화, 중국사회의 급격한 시장경제화라는 새로운 조건 속에서 미소대립을 전제로 한 기존의 냉전적 안보체제를 대신할 동아시아 독자의 공존체제 구축이 중요한 역사적 과제로 등장하고 있다. 그러나 공존체제 구축에 결정적인 걸림돌로 작용하고 있는 것은 여전히 역사인식의 차이이다. 따라서 중요한 것은 역사인식의 차이를 일단 극명하게 드러내고, 이를 '평화'와 '공존'이라는 틀 속에서 재해석 해냄으로써 역사인식의 공유와 연대를 위한 정지작업을 해나가는 일이다.

그러나 이와 같은 우리의 실천적 의지 혹은 당위론적 입장과 관계없이 더욱 심각한 문제는 동아시아 3국에서 각각 '탈역사화'(역사인식의 풍화)라는 현상이 사회적 현실로 진행되고 있을 뿐만 아니라, 이와 같은 현상이 역사인식의 차이를 증폭시키고 있다는 점일 것이다. '탈역사화'는 기존의 침략과 식민지와 전쟁이라는 '야만의 시대'를 경험한 세대의 고령화와 이에 따른 기억의 사회적 감퇴(개인의 망각과 이에 따른 집단적 망각), 그리고 망각을 촉진시키는 사회적 환경의 변화와 맞물려있는 것으로 보인다. 그리고 망각 작용은 망각의 사회적 폭력화(망각 세대에 의한 기억 세대에 대한 망각의 강요)로 나타난다. 따라서 우리는 무엇보다 동아시아 3국의 역사인식 차이와 탈역사화 경향을 '집단적 망각'의 한 현상으로 보아야 한다. 다시 말하면 역사인식의 쇠퇴(약화)를 사회적으로 진단할 단계에 와 있다는 것이다.

그러나 이 진단은 단순하게 역사의 중요성을 환기시키고 집단적 기억 되살리기의 당위성을 선언하거나 설파하는 것에 그쳐서는 안 된다. 왜냐하면 개인의 경험을 집단의 기억으로 전환시켜, 이를 바탕으로 역사인식을 형성시켰던 세대들이 후퇴함으로써 새로운 세대들에게 역사적 경험을 전하는 일종의 '전승 장치' 혹은 '기억 장치'가 다양해졌기 때문이다. '전승 장치' 혹은 '기억 장치'란 기존의 교과서와 같은 국가의 공적 제도를 포함해 박물관·기념관, 추도시설, 미디어(만화·신문·영화 등) 등을 말한다.

전승 장치로서 미디어가 갖는 성격은 매우 복잡하다. 이는 미디어의 범위와 성격과 관련되어 있다. 일반적으로 미디어는 영역이 매우 포괄적이고 다양하며, 또한 시계열적 접근이 용이하지 않다. 따라서 시계열적 접근이 용이한 미디어로 분석범위가 한정될 수밖에 없다. 미디어가 갖는 각각의 성격에 대해서도 충분한 주의를 기울여야 한다. 예를 들면 만화, 애니메이션, 영화, 가요 등은 시장적 조건에 제약을 강하게 받는 데 반해 신문, 방송 등은 높은 계도성과 풍자성을 전제로 한다. 또한 '대한 뉴스' 같은 국정 홍보물은 특정 정권의 정책적 지향점을 홍보하는 기능을 갖게 된다. 따라서 미디어 분석을 통해 일정한 결론이 도출된다고 해도 그 결론은 이와 같은 제약성으로부터 자유롭지 못하다.

이 글에서는 주로 1980~1990년대에 출간되어 사회적으로 주목을 받은 대중만화를 소재로 하여 그것에 나타난 '일본문제'를 주된 분석대상으로 삼는다.1)

2. '자력 해방'에 대한 비원과
 '강한 국가 · 강한 민족'에 대한 지향

대중만화가 8 · 15를 직접적으로 언급하거나 묘사한 경우는 필자가 아는 한 그리 많다고 볼 수 없다. 해방 직후에 『어린이 신문』에 발표된 김용환의 『복남이의 모험』에서는 외국 모험여행을 떠나는 '독립호'라는 배를 '육지든지 바다든지 맘대로 갈 수 있는 배'2)로 묘사하면서 해방공간에 대한 기대와 희망을 '열린 공간'의 '자유로움'이라는 형태로 담아내고 있다. 이와 같은 희망 섞인 해방에 대한 기대는 1960~1970년대의 대표적 만화가로 알려진 김종래가 1964년에 발표한 『조국(祖國)』3)에서도

---

1) 1980~1990년대 대중만화를 분석대상으로 삼는 이유는 현재 1970년대 이전의 대중만화를 체계적으로 열람할 수 없는 사정 때문이다. 따라서 이 글에서 언급하는 1970년대 이전의 대중만화는 부천만화정보센터에 소장되어 있는 자료이거나 부분적으로 열람한 자료이다.

2) 최 열, 『한국 만화의 역사』, 열화당, 1995, 85쪽에 실려 있는 만화의 일부에 의한다.

읽을 수 있다. 김종래는 학도병으로 끌려가 '소만 국경'에서 일본 패망을 예측하는 주인공의 독백을 통해 '조국'의 희망찬 미래를 다음과 같이 소개한다.

무너져라! 하루속히. 나만이 아니라 전 일본 전 국민들도 평화를 갈망하고 있다. (중략) (일본인들도) 비록 패전이라는 쓰라림을 겪더라도 침략자들이 이끄는 제국주의 일본은 무너지고 민주주의 일본의 탄생을 바라고 있을 것이다. 그리고 우리 조국 한국도 서광을 받고 독립하는 것이다. 압제의 굴레를 벗고 약진하는 것이다.

일본의 침략전쟁을 조선과 일본의 민족 간 대립이라는 형태로 보는 것이 아니라 일부 군부나 지도자의 탓으로 돌리면서 일본의 패전을 '새로운 일본의 탄생'과 '조국 한국의 서광', 그리고 약진 가능성으로 그려지고 있는 점이 매우 인상적이다. 해방은 '자유'이고, 이는 새로운 국가건설의 희망 그 자체인 셈이며, 따라서 일본에 대해서도 '민주주의'의 회복이라는 차원에서 묘사할 뿐이다. 그러나 이와 같은 기대와 희망으로 가득찬 묘사는 해방 이후에 전개되는 분단, 전쟁 등과 '새로운 비극', 다시 말하면 해방 후의 왜곡과정을 극대화시키기 위한 것이다.

1980년대 한국현대사를 의욕적으로 재구성한 것으로 평가받고 있는 허영만은 『오! 한강』(1987)에서 학생운동가의 입을 빌려 해방을 다음과 같이 말한다.

물론 애초의 잘못은 우리에게 있어! 일본에게 나라를 빼앗긴 것, 그리고 36년간 독립전쟁 한번 제대로 못 일으킨 것, 그거지. 결국 미국이 2차대전에서 승리하는 바람에 독립이 되었지만 사실 그건 독립이 아니었어! 미국이 우리에게 준 것은 독립이 아니라 새로운 형태의 식민지

---

3) 현재로서는 『조국』의 전체 내용은 알 수 없다. 본문에서 인용한 부분은 부천만화정보센터에서 펴낸 『국내 희귀 만화 모음집』 2(CD)의 일부에서 인용한 것이다.

정책이었을 뿐이지. 그러니까 이제야말로 놈들을 몰아내고 자주독립을
해야 한다 이거야.

또 항일무장투쟁을 그린 만화 『사자여 새벽을 노래하라』(1987)의 피
날레를 장식하는 부분에서 이현세는 다음과 같이 말하고 있다.

> 바로 우리가 싸워서 이기지 않으면 우리들의 해방도 없기 때문이다.
> 중국을 이긴 일본이 우리를 집어 삼켰듯이 우리가 없는 연합국의 승리
> 는 또다른 지배자를 안겨줄 뿐이라고 생각한다. (중략) 1945년 8월 6
> 일. 최초의 원자폭탄 '리틀 보이'가 히로시마에 투하됐다. 일본의 죽음
> 이었다. 이제 조선의 새벽은 오는 것일까? 8·15 해방은 우리 민족의
> 자주적인 독립역량에 의한 것이 아니라 2차대전 승전국의 전리품으로
> 취급되어 38도선 이북은 소련군이, 38도선 이남은 미군이 점령군의 성
> 격으로 각각 진주해 들어왔다. 남북 분단의 비극을 안고 다가온 한반
> 도의 해방이었다. 패전국인 일본의 영토가 갈라지는 대신에 한반도가
> 두 동강이가 난 것이다. 그것은 이미 한민족만의 외침이며 통곡이었다.
> 새벽은 아직도 너무나 멀리 있었다. (중략) 삼천리 강산은 두 동강이
> 요. 길 잃은 우리는 통곡만 한다.

여기서 해방은 진정한 해방이 아니라 분단의 시작인데, 해방이 '새로운
비극'으로 이어지게 된 것은 해방이 주체적으로 이루어지지 못하고 연합
국의 전리품으로 결과 되었기 때문이라는 인식이다. 다시 말하면, 김용환
이나 김종래가 말하는 해방이 일본의 지배에서 '벗어남'에 있었다고 한다
면, 허영만이나 이현세에게 해방이란 '벗어남'만의 문제가 아니라 '벗어나
는' 과정에서 얼마만큼 '자주성'이 관철되었는가의 문제일 것이다. 이와
같은 관점은 1980년대 한국 민주화운동의 성격과 그 성과를 반영하고
있는 것으로 보인다. 문제는 이와 같은 한국 근현대를 관통하는 현실과
정에서 '비자주성'을 만화 속에서 어떻게 풀어나가고 있는가이다.

1980년대를 대표하는 만화가로 알려진 이현세는 이와 같은 역사과정
을 '약한 국가·약한 민족'의 비극이라는 형태로 인식하고 있다. 이현세의

세계는 '약한 국가·약한 민족'에 대한 회한에 기초하고 있는 셈이며, 따라서 '강한 국가·강한 민족'에 대한 강한 지향으로 집약된다. 예를 들면 1982년에 출판되어 공전의 히트를 기록한 야구만화 『공포의 외인구단』에서 이현세는 주인공의 은인인 착하고 성실하지만 경제적으로 궁핍한 트럭운전사인 아버지에 대해 불만을 토로하는 아들의 입을 빌려 한국 근현대를 다음과 같이 증언한다.

> 무식해서 겪은 서러움! 나약해서 겪었던 분노! (중략) 우리나라 여객기가 소련기에 미사일을 맞았을 때 왜 그렇게 분개하셨지요? 적어도 내가 어른이 되었을 땐 그런 일을 당하고도 미국이나 일본의 눈치만 보고 있진 않겠다고 이를 악물었어요! (중략) 전 무엇보다 강자가 될 거예요!

한국 근현대의 비극은 '힘'이 지배하는 냉엄한 국제질서 속에서 '힘'을 키우지 못한 민족 내부의 책임이며, 무력한 '정의론'의 설파보다는 '힘'을 키워 냉엄한 국제사회 속에서 '강자'가 되는 것이 중요하다는 인식이다. 후술하는 바와 같이 1980~1990년대의 한국 대중만화의 세계에서 개인의 힘이나 국가민족의 힘이 중요한 키워드가 된 것은 바로 이 때문일 것이다. 즉 식민지, 분단으로 이어지는 한국 현대사의 굴곡은 기본적으로 '약한 민족·약한 국가'에 의한 것이며, 이는 당연히 '강한 국가·강한 민족'에 대한 비원이라는 형태로 귀결된다.

'강한 국가·강한 민족'에 대한 바람은 미래에 대한 규범적 가치의 문제로 끝나지 않고 일제 시기를 그려내는 방식에 역설적으로 투영되고 있다는 점에 주목해야 한다. '강한 민족·강한 국가'를 미래에 대한 규범적 가치로 설정하고, 이 가치체계에 서서 일제 시기의 민족해방운동을 그려내는 것이다. 한국 근현대의 불행(식민지화, 전쟁, 분단, 그리고 가난 등)의 원인을 외부세력의 개입을 자초한 '약한 국가·약한 민족'에서 찾고자 하는 이와 같은 역사관은 일제 시기에 조선민족의 저항을 강고하게 그려내려는 욕구로 연결된다. 일제 시기를 그린 많은 대중만화가 주로 강력한 무력투쟁이나 신출귀몰하는 반일독립투사의 활약을 주된 내용으로 하고 있는 것은 이 때문이다. 따라서 일제 시기를 소재로 한 대중만화는 대체로 다음과 같은 특징을 지닌다.

첫째로, 민족해방운동 중에서도 강력한 무장투쟁을 중심으로 일제 시기를 묘사하고 있다는 점이다. 군수를 지낸 인물이 의병조직에 실패하자 그 아들이 일제에 맞서 영웅적인 투쟁(만주의 마적인 무궁화단)을 전개한다는 일제하 독립투사의 이야기를 다룬 김종래의 『낙화』(1964)[4]나 북만주에서 독립과 해방을 위해 무장투쟁을 전개하는 독립운동단체의 활약을 그린 박광현의 『흑수단(黑手團)』,[5] 일본군으로 징집된 주인공이 필리핀 전선에서 일본군 포로가 된 미군병사를 구해주고 일본군을 무찌른다는 왕현의 『태평양의 불꽃』(1962)은 1960년대식 해석의 한 전형이다. 이와 같은 역사관은 그 이후에도 계승된다. 1930년대 의열단의 항일투쟁을 그린 박원빈의 『광야의 노래』, 『육혈포』(1996), 그리고 이현세의 『사자여 새벽을 노래하라』(1987), 이상세의 『아리랑』(2002)은 대표적인 사례이다.

특히 이현세의 『사자여 새벽을 노래하라』는 학도병 징집을 기피한 조선인들이 산 속에 들어가 무장투쟁을 전개하다가 체포되어 버마 전선에 일본군으로 강제 입영되어 전투하던 중 다시 탈영하여, 버마 독립운동세력과 연대해 일본군과 전쟁을 벌이면서 조국해방을 준비한다는 설정이다. 이 스토리의 전개 역시 '힘'에 의한 자력 해방의 가능성을 전제하고 있다.

이상세의 『아리랑』에서는 자력 해방에 대한 희망이 더욱 노골적으로

---

4) 최 열, 『한국만화의 역사』, 115쪽.

5) 부천만화정보센터에서 발행한 『국내희귀만화모음집』에 일부 수록.

표현된다. 양반 출신과 머슴 출신이 각각 우파독립운동과 좌파독립운동의 지도자로 성장한 후 양반 출신 지도자가 머슴 출신 지도자에게 조국 진공의 꿈을 위탁하며 "태극기를 앞세우고 일만군마 거느리고 내 조국의 땅에 쳐들어가 왜적을 쳐부순다. 이것은 비단 나의 꿈이 아니라 일제의 발굽에 짓밟힌 모든 백성의 꿈일 것이다"는 유언을 남기는 것은 좌우합작에 의한 조선의 '자력 해방'에 대한 현대 한국사회의 바람을 일제 시기를 통해 표현한 것이리라. 역사 속에서는 실제로 존재하지 않았던 좌우합작에 의한 자력 무장 해방의 가능성을 만화라는 매체를 통해 대리 실현시키고 있는 셈이다.

두 번째 특징은 항일무장투쟁의 정당성을 단순히 일본 대 조선이라는 민족 간 대립에 그치지 않고 항일무장투쟁을 지원·공감하는 다수의 비조선인을 등장시킴으로써 항일무장투쟁의 보편성을 획득하려 한다는 점이다. 『사자여 새벽을 노래하라』에서는 버마 반영독립투쟁과의 연대를 그려냄으로써, 이상무의 『흙바람』에서는 조선 항일무장투쟁에 공감하여 항일무장투쟁에 동참하는 중국 주둔 일본군 헌병대장의 두 아들을 등장시킴으로써, 그리고 이상세의 『아리랑』과 박원빈의 『마적』(1997)에서는 조선 해방운동에 동감하는 중국인 마적을 등장시킴으로써, 또 왕현의 『태평양의 불꽃』에서는 미군 병사를 등장시킴으로써 항일무장투쟁이 조선인만의 문제가 아니라 세계사적 보편성을 가진다는 점을 묘사하고 있다.

3. 재일조선인의 등장과 '대리 실현'6)

이와 같은 '비자주성'에 대한 회한은 만화 속에서 구체적으로 어떻게

---

6) 재일조선인에 대한 서술은, 한국 사회가 재일조선인을 어떻게 바라보고 있는가를 3개의 필터(반공, 개발, 일본)에 의한 '바꿔읽기'라는 차원에서 분석한 필자의 발표 논문을 부분 참고하였음을 밝혀둔다(권혁태, 「재일조선인과 '쟈이니치 쵸센진'」, 재일조선인 워크숍, 2003년 2월 15일).

해소되고 있는가? 해소의 방향은 다음과 같은 세 가지 방향에서 이루어지고 있는 듯하다.

하나는 재일조선인이라는 일종의 역사 '대리인'을 스포츠 영웅이나 '야쿠자'로 설정하고 이들과 일본 주류사회와의 대립과 '승리'를 통해 역사 속에서 발견되는 '비자주성'을 대리 해소하는 방식이다. 두 번째는 '힘'을 통한 철저한 응징을 통해 과거사 속에서 발견되는 '비자주성'을 미래 사회 속에서 '해소'하는 방식이고, 세 번째는 한국 자본주의의 경제적 성장을 통한 이른바 '극일적' 해소의 방식이다.

첫 번째인 재일조선인을 통한 '대리 실현'의 방식을 살펴보자. 대중만화의 일본 인식에서 빼놓을 수 없는 요소는 재일조선인의 등장이다. 재일조선인을 주인공으로 등장시키는 만화는 헤아릴 수 없을 정도로 많으며, 이는 1960년대 이래 일본을 소재로 한 대중만화의 일반적 성향이다. 일반적인 역사연구나 사회적 관심에 비추어볼 때 재일조선인을 소재로 한 대중만화가 적지 않다는 것은 아주 의외이다. 그런데 만화에 등장하는 재일조선인은 주로 뛰어난 스포츠 영웅이거나 야쿠자로 묘사되는 경우가 대부분이다.

수많은 차별과 좌절을 딛고 일어서는 재일조선인 스포츠 영웅을 그린 만화로는 권투 영웅을 다룬 박기정의 『도전자』(1964), 프로야구 선수를 다룬 이상무의 『한국인』(1981), 『그라운드에 부는 바람』(1984), 『깃발을 올려라』(1986), 재일조선인 격투기의 왕 최영의(崔永宜, 일본이름 大山培達)를 다룬 고우영의 『대야망』(1975)과 『바람의 파이터』(1994), 재일조선인 야구선수 장훈(張勳, 일본이름 張本勳)의 일대기를 다룬 허영만의 『질 수 없다』(1987), 역도산(力道山, 한국이름 金信洛)의 일대기를 다룬 방학기의 『피와 꽃』(1998) 등이 대표적이다.

또 재일조선인 야쿠자를 주인공으로 내세우는 만화로 손의성의 『동경4번지』(1965), 이상무의 『개살구』와 『전설의 영웅』, 손태규의 『강코쿠진』(2000), 강촌의 『강코쿠진』(1996), 최병열의 『태국기가 바람에 펄럭입니다』(2004), 김지원의 『데드라인』(2002), 이현세의 『남벌』(1993), 박원빈의 『시모노세끼의 용(龍)』(1989), 조명훈의 『국부(國父)』(2003) 등이 있다. 평범한 재일조선인의 일상사를 다룬 박기정의 『흰 구름 검은 구름』(1963년)이나 재일조선인 기업가의 복잡한 가정사를 그린 허영만의 『두 얼굴』(1987년)은 아주 예외에 속한다.

이같이 스포츠 영웅이나 야쿠자로 재일조선인을 묘사하는 것은, 재일조선인 상(像)을 일본 내에서 차별받는 존재로 식민지의 연속선에 묘사하면서 일본의 주류사회와 적대적 대립을 그리고 싶어하는 한국사회의 욕구 때문인 것으로 보인다. 이와 같은 욕구는 재일조선인 삶의 역정(일본과의 적대적 관계)에서 자신의 삶과 역사적 공통성을 찾고자 하는 기대로 연결된다. 이런 의미에서 보면 전후 한국사회에게 재일조선인이란 추상적인 일본관을 구체적인 현장 속에서 아무런 비용도 지불하지 않고 무료로 체험해볼 수 있는 일종의 '대일 시뮬레이션 게임의 주인공'이었을지도 모른다. 따라서 야쿠자나 스포츠 영웅으로 묘사되는 재일조선인은 항상 일본 주류사회의 '타협 없는' 전면 대결을 벌이는 고독하면서도 영웅적인 존재로 묘사되고, 또한 이들은 일본 식민지지배의 가장 심각한 피해자의 연장선상에서 그려진다.

조명훈의 『국부』에 등장하는 재일조선인 주인공의 할아버지와 할머니는 각각 강제연행과 정신대로 끌려온 사람들로 설정되어 있다. 이상무의 『그라운드에 부는 바람』에 나오는 주인공의 아버지는 조국광복을 위해 싸우다 일본인의 칼에 희생된 사람이다. 북한 만화에서 '역도산'의 일본 도항 배경을 일본경찰의 협박에 의한 강제연행으로 그리고 있는 점 또한 같은 이유로 볼 수 있다(주 8 참조). 다시 말하면 재일조선인은 여전히 '식민지'하에 있거나 또는 있어야만 되는 존재로 그려지며, 따라서 지금도 일본과의 타협 없는 '해방전쟁'을 '숙명적으로' 벌여야 하는 존재로 묘사된다. 이는 식민지화, 해방 과정 그리고 그 후의 역사전개에서 일본과의 비타협적 대결을 회피한 실제의 역사과정과 규범적으로 있어야 할 '역사적 순결성'(무력투쟁에 의한 '자력 해방'과 완전한 과거청산) 사이에서 느끼는 격차를 재일조선인을 통해 해소하고자 하는 욕구 때문일 것이다.

이와 같이 스포츠 영웅이나 야쿠자가 재일조선인의 표상기호로 등장하는 것은 일본사회의 차별을 국가로부터 버림받은 고립무원의 존재로서 철저히 힘의 논리로 설명하기 쉽기 때문일 것이다. 다음과 같은 예는 한국사회가 재일조선인을 어떻게 읽고자 하는가를 잘 보여준다.

> 일본 사람들은 조센징이라는 우릴 멸시하는데 야쿠자가 되면 그렇지 않아요. 야쿠자가 나타나면 머릴 숙이고 무서워하거든요. 『강코쿠진』

> 여기는 일본 땅이야. (중략) 우리는 쪽발이가 아니고 한국인이고. (중략) 이 땅에서 서러움 안 받고 살려면 주먹과 힘밖에 없다고 아버지가 그러셨어. 『국부』

> 여기는 일본 땅이고 나는 그들이 말하는 조센진인 이상 이 투쟁은 계속될 것이다. 강해지자! 강해지자! 외치며 미친 듯이 타이어를 두들겨댔다. 그것은 꿈 많은 야구지망생의 모습은 결코 아니었다. 멸시받는 한 조센진 소년의 처절한 몸부림이었다. 『질 수 없다』

> 억압받는 조센진 / 천대당하는 조센진. 내 몸에 찍혀진 결코 지울 수 없는 낙인 / 울어선 안 된다 / 싸울 때는 울어선 안 되는 것이다. (중략) 참아내는 것이다. 견디어내야 하는 것이다. 그렇다. 싸워서 이겨야 하는 것이다. 강해지자. 지렛대로도 끄떡없는 강한 힘을 기르자. 차돌처럼 단단해지자. 그래서 그들의 입에서 감히 경멸의 소리가 나오지 않도록 하자. 『질 수 없다』

> (교통사고로 한 팔을 잃은 재일조선인 야구선수) 전 한쪽 팔로 일본놈의 수모 속에 살아가느니 차라리 그렇게 안 되기 위해 노력하다 죽는 쪽을 택하겠습니다. 『공포의 외인구단』

　　내가 야쿠자가 된 이유는 단 하나. 이 일본을 내 힘으로 움직여보고
싶다는 것이지요.『데드라인』

　　(주인공인 재일조선인에게) 이 녀석은 억세져야 해. 한국인이면 더
욱 (중략) 멸시와 천대 속의 이 험한 세상을 살아가자면 잡초처럼 억
세져야 해.『개살구』

　위에서 묘사되는 재일조선인이란 일본사회라는 거대한 바다 속에 홀로
떠있는 고립무원의 섬이다. 이는 일본사회의 차별을 극대화시키는 형상
화의 한 기법이지만, 인상적인 것은 재일조선인 집단에 일본 주류사회를
대립시키는 방식이 아니라 일본 주류사회 속에서 철저히 고립되어 존재
하는 개인으로 묘사된다는 점이다. 따라서 재일조선인의 '홀로서기'란 재
일조선인이라는 집단의 자각을 통해서가 아니라 고립된 개인의 '힘'에 의
해서만 묘사되고 있다.

　이와 같은 묘사방식은 재일조선인 사회가 가지고 있는 비극적 상황을
더욱 부각시키는 효과를 지닌다. 이는 재일조선인이 식민지 시기의 연속
선상에 놓여있고, 또한 식민지 조선을 지배한 일본이 패전에도 불구하고
여전히 변하지 않고 있다는 인식에서 비롯된다. 따라서 이와 같은 고립
무원의 상황 속에 재일조선인이 택할 수 있는 길은 '힘'을 통한 홀로서기
밖에 없는 것이다. 그렇다면 이와 같은 재일조선인의 개인적 '홀로서기'와
'조국'의 접점은 어떻게 묘사되고 있는가?

　이현세의 『남벌』에서 고립무원의 재일조선인 주인공이 '조국'인 한국의
도움을 얻어 조선민주주의인민공화국과 힘을 합쳐 일본에 대항한다는 설
정은 개인의 '힘'을 통한 '홀로서기'는 오직 '조국'과 연결됨으로써 힘을 발
휘할 수 있다는 점을 보여주려는 작가의 의도에서 나타난 것일 것이다.

　이상무의 『한국인』에서 묘사되는 '조국 찾기'는 훨씬 더 구체적이다.
징용으로 일본에 끌려와 '차별과 학대 속에서 소같이 일해 기업을 일군'

아버지와 일본인 어머니 사이에서 태어난 두 아들. 큰아들은 철저히 일본인으로 행세하는 데 반해, 병으로 외롭게 죽어간 아버지에 대한 그리움으로 조선인으로서의 삶을 포기하지 않는 동생. 형제는 둘 다 일본에서 프로야구선수로 대성하지만 한국 야구 입단을 통해 귀국을 실현하는 것으로 정체성의 혼란을 극복한다는 내용이다. 오직 죽은 아버지에 대한 그리움만으로 일본 귀화를 거부하고 개인의 홀로서기에 성공한 동생은 어느 날 '조국'을 발견하고 개인적 동기에서만 조국을 인식해온 자신을 부끄럽게 여긴다. 이 과정은 총 11권으로 구성되어있는데, 1권 나는 한국인, 2권 의지의 한국인, 3권 불굴의 한국인, 4권 영광의 한국인, 5권 자랑스런 한국인, 6권 승리의 한국인, 7권 위대한 한국인, 8권 투지의 한국인, 9권 집념의 한국인, 10권 회생의 한국인, 11권 영원한 한국인이라는 권별 제목은 재일조선인의 정체성을 전후 한국사회가 어떻게 바라보고 있는가를 여실히 보여준다. 또 허영만의 『질 수 없다』에서도 주인공인 장훈이 모국 방문을 통해 '막연하게 생각되던 조국이니 민족이니 하는 추상적인 단어들에 대한 확실한 의미를 갖게' 만들어 주었다는 식의 설명이 곁들여진다.

이와 같은 점에서 보면 재일조선인을 그려내는 방식은 식민지지배의 연속－극심한 차별－개인의 의지－민족적 자각이라는 도식으로 정리할 수 있다. 개인적 수난은 오직 민족으로의 귀속을 필연화시키거나 혹은 민족적 자각을 극대화시키기 위한 일종의 배경으로서만 이해될 뿐이다.

따라서 재일조선인은 일상생활이 없이 오직 일본과 투쟁하기 위해 일본에서 살고 있는 투사로 그려지거나, 아니면 일본사회의 엄청난 차별에 굴하지 않고 한국인으로서 자긍심을 잃지 않고 성공한 인물로 그려진다. 이와 같은 구도는 특히 역도산이나 최영의를 극심한 차별 속에서도 한국인으로서 긍지를 잃지 않고 일본사회에서 성공을 거둔 민족의식으로 무장된 한국인으로 그려내는 것으로 연결된다. 이 과정에서 역도산의 장기인 가라테 춉과 최영의의 극진 가라테는 한국민족을 상징하는 '태권도'로 둔갑하게 된다.7) 재일조선인은 반일투사이거나 아니면 최소한 일본의 차별 때문에 병들어있는 비극적인 불쌍한 한국인이어야 하는 것이다.8)

그렇다면 식민지, 분단, 전쟁으로 이어지는 한국 근현대의 굴곡은 어떻게 해소되는 것으로 묘사되고 있나? 『국부』나 『남벌』에서 묘사되는 결말은 철저한 응징의 논리이다. 이 점이 두 번째 해소방식이다. 한국 근현대를 지배했던 '야만의 시대'는 철저한 '힘'의 논리에 의해서만 극복될 수밖에 없다는 설정이다. 예를 들면 『국부』에서는 러시아에서 수입한 핵무기를 이용, 다시 한반도를 침략하려는 일본에 대해 초인적인 힘을 지닌 주인공을 비롯한 재일조선인 2, 3세가 주축이 되어 일본과 무장투쟁을 전개해 홋카이도 지방에 '한얼국'이라는 별도의 재일조선인 국가를 건설한다는 내용이다. 『남벌』에서는 한국과 일본이 전면전쟁을 벌여 한·일간에 새로운 협정을 맺음으로써 새로운 관계가 설정된다는 결말이다.9)

---

7) 이러한 경향은 역도산을 반미·반일영웅으로 묘사하고 있는 북한에서 훨씬 더 현저하게 나타난다. 북한사회가 역도산을 어떻게 묘사하고 있는가에 대해서는 김남훈, 『역도산이 왔다』, 아이디오, 2003 ; 김진아, 「김일성이 총애한 북한의 영웅 역도산」, 『월간 사회평론 길』 95-2, 1995를 참조.

8) 물론 그렇다고 해서 항상 투쟁적인 재일조선인의 모습만을 읽어내는 것은 아니다. 재일조선인 소설가 이양지(李良枝)가 소설 『由熙』에서 한국 유학중인 재일조선인 유학생의 신경질적이고 신경쇠약증적인 모습에 하숙집 식구들이 당혹해하면서도 일정한 이해를 표시하는 것으로 그리고 있는 것은 재일조선인과 한국인의 상호 교감에 대한 작자의 기대라기보다, 유학생이 갈등하는 원인(아이덴티티)이 일본사회의 혹독한 차별에 있기 때문이라는 이 가족들(한국사회)의 시점, 즉 오직 '일본'이라는 국가로부터 차별이라는 코드를 통해서만 재일조선인을 해석하려는 한국사회를 말하고 싶었기 때문이리라.

9) 『남벌』에 등장하는 '한·일 신협정'은 현대 한국사회가 일본과의 관계에서 어느 부분에 갈증을 느끼고 있는가를 잘 보여주고 있다. 그 내용은 ① 기존 한일협정 폐기, ② 과거 한반도 침략에 대한 일본 측의 철저하고도 명백한 사과, ③ 재일조선인의 법적 지위 보장과 정신적 물질적 피해에 대한 보상, ④ 정신대 배후에 대한 철저 규명과 즉각적 배상, ⑤ 명성왕후 시해 배후의 철저 규명과 교과서 명기, ⑥ 외국인 등록제 전면 폐지, ⑦ 임진왜란 이후 약탈문화재의 전면 반환, ⑧ 독도를 한국영토로 인정할 것, ⑨ '일본해'의 '동해' 표기, ⑩ 자위대의 대폭 축소 등이다(『남벌』 5, 305쪽). 이와 같은 이현세의 민족주의적 경향에 대해 김창남은 "단순하고 소박하며 그래서 엄청 과격한 민족주의 정신"이라고 지적한다(김창남, 「영웅 없는 시대의 영웅신화, 이현세의 까치」, 곽대원 외, 『한국만화

그리고 이러한 결말은 다음과 같은 역사적 의미를 부여함으로써 역사적
정당성을 확보하려 한다.

절대 강대국들에 의해 약소국들이 철저히 유린을 당하여도 세월이
지나면 잊고 용서해야 한다는 것인가? 아니다! 아니다! 우리는 결코
그와 같은 누를 범하지 않을 것이다. 아무리 세월이 지나도 역사의 죄
악은 반드시 응징되어야 한다. 그리하여 역사의 죄악은 반드시 단죄를
받게 된다는 것을 교훈으로 삼아야 한다. 『국부』

1592년 선조대왕께서 도읍을 버리고 멀리 함경도까지 도피행을 해
야 했던 치욕적인 역사 이래 400년 만에 한·일 역사의 새로운 시대,
힘의 시대가 열린 것이다. 『남벌』

온순하고 착하기만 했지 힘이 없어서 언제나 당하기만 했던 내 나
라의 역사의 굴욕을 느꼈기 때문이다. 또다시 남의 나라에 조공을 바
치며 눈치를 살피는 속국이 되지 않기 위해선 또다시 남의 나라 천황
의 제단에 강제 참배를 당하고 개 끌리듯 끌려가 귀한 목숨까지 뺏기
는 식민지 국가가 되지 않기 위해서 바르고 착하게만 살기에 앞서 무
엇보다 강해야 하는 것이다. 『공포의 외인구단』

이와 같은 파국적 대결을 통한 '응징'만이 그려지고 있는 것은 아니다.
1980년대 이후 수도 없이 등장하는 이른바 기업만화는 한국 자본주의의
비약적 성장을 배경으로 한 것이지만, 자본주의의 비약적 성장을 배경으
로 한 기업을 통한 '극일론'적 성격의 만화도 그 한 흐름일 것이다. 이 점
이 세 번째 해소 방식이다. 허영만의 『아스팔트 사나이』는 한국 자동차
기업의 세계시장 석권과정을 그리는데, 일본을 대표하는 혼다 자동차 사
장과 미국을 대표하는 포드 자동차가 한국인 주인공 앞에서 무릎을 꿇고
패배를 시인하는 장면은 극일론에 바탕을 둔 민족주의의 클라이맥스이

의 모험가들』, 열화당, 1996, 84쪽).

다. 허영만의 이와 같은 경향에 대해 '자기도취에 빠진 민족주의의 한계'
라는 지적이 있는 것처럼, 그의 대표작 『오! 한강』이 통일문제를 다룬
일종의 민족주의의 내부 지향이라고 한다면, 『아스팔트 사나이』는 민족
주의적 외부 지향의 극단적 형태일 것이다.10)

4. 맺음말

　이상 살펴본 바와 같이 한국의 대중만화에는 현실 역사 속에서 전개되
어온 '비자주성'이라는 '회한'을 재일조선인 영웅을 통한 대리 실현, 파국
적 미래관에 입각한 철저한 '응징', 그리고 한국 자본주의의 성장을 배경
으로 한 '극일론'과 같은 세 가지 경로를 통해 해소하려 하고 있으며, 이
과정에서 일본은 민족주의라는 규범적 가치를 실현시키기 위한 일종의
대항 축으로 묘사된다. 이와 같은 대중문화의 일본인식은 한·일 교류를
국가가 독점·조절하고 있는 조건하에서 과거사의 기억을 동시대의 한국
사회가 어떻게 가공·기억·전승하려 했는가를 여실히 보여준다. 따라서
대중만화 속의 일본이란 현대 한국사회의 지향점을 '일본'이라는 창을 통
해 보여주고 있는 셈이다. 이와 같은 관점에서 보면 위에서 말한 대중만
화 속에 나타나는 일본관은 역사적 체험이 동시대의 국가적 발전과정이
나 사회적 맥락에 적합한 형태로 가공되거나, 혹은 가공된 정보를 개인
의 기억과 체험에 의해 다시 재가공 되는 과정을 통해 형성되어 왔다고
볼 수 있다.11)

---

10) 김이랑, 「민족주의자의 꿈과 현실, 허영만」, 곽대원 외, 『한국만화가의 모험가들』.

11) 만화 속에 '일본'이라는 소재가 단골로 많이 등장한 이유가 반드시 만화가 개인의 역사
　　인식의 결과라기보다는 만화 심의를 통과하는 데 가장 적합한 소재였기 때문이라는 이
　　현세와 허영만의 증언이 있다(만화평론가협회, 『우리만화 가까이 보기』, 눈빛, 1995). 결
　　국 심의제도가 국가의 대중계도의 방향성을 보여주는 것이라고 한다면, 이 증언은 국가
　　의 '일본인식'의 틀을 간접적으로 보여주는 하나의 증거라고 볼 수 있을 것이다.

그러나 최근 이와 같은 흐름에 일정한 변화가 생긴다. '개방화시대'가 진행되고 정보화가 급속하게 진전함에 따라 한·일 교류에 소요되는 인위적 장벽의 높이가 낮아지고 교류 비용이 급속히 낮아지면서 무차별적인 교류가 게릴라식으로 각 분야에서 확대됨에 따라 기존의 일본관과 '충돌'할 가능성이 현실화되고 있다. 다시 말하면 8·15라는 역사적 흐름 속에 갇혀있던 일본관과 개인의 체험을 통한 일본관 사이에 긴장관계가 생긴다는 것이다. 이러한 경향은 한국사회에서 나타나는 젊은 세대의 탈역사화·탈정치화·개인화 추세와 맞물리면서 더욱 증폭되는 것처럼 보인다. 예를 들면 김수용의 『힙합』(1997)에서는 일본·일본인은 선진국·선진국 주민으로만 묘사되고 역사적 맥락은 일종의 액세서리로 등장할 뿐이다. 또 재일조선인은 한국말과 일본말을 다 구사할 수 있는 '바이링걸 키드(bilingual kid)'로 묘사된다.12) 이 같은 경향은 극단적인 대립을 전제로 하고 '과잉 민족의식'으로 무장된 1990년까지 대중만화의 현상에 대한 일종의 반동으로 보인다. 문제는 이와 같은 국가나 역사로부터 '벗어난', 개인과 개인과의 만남을 전제로 한 '새로운 일본론'이 어떤 미래를 상징하고 있는가 일 것이다.

---

12) 이 밖에도 윤인완의 『아일랜드』(1997)나 김지원의 『일본으로 간 고교 4년생』(2000) 등에서는 '역사와 무관한' 개인의 체험에 바탕을 둔 일본을 그려내고 있다. 또 1990년대 중반의 일본사회를 그려낸 강철수의 『밤사쿠라』(1996)도 부분적으로는 역사의 '무게'를 언급하고 있지만, 전체적으로는 한국과 일본의 만남을 현대적인 개인과 개인의 만남을 통해 희화화하고 있을 뿐이다.

참고한 작품

강철수, 『밤사쿠라』, 1996

강촌, 『강코쿠진』, 1996

고우영, 『대야망』, 1975

김수용 『힙합』, 1997

김지원, 『데드라인』, 2002

김지원, 『일본에 간 고교 4년생』, 2000, 2001

박기정, 『흰구름 검은 구름』, 1963

박원빈, 『광야의 노래』, 1996

박원빈, 『마적』, 1997

박원빈, 『시모노세키의 용』, 1989

박원빈, 『육혈포』, 1996

방학기, 『피와 꽃』, 1998

방학기, 『바람의 파이터』, 1994

손태규, 『강코쿠진』, 2000

윤인완, 『아일랜드』, 2001

이상무, 『개살구』, 2000

이상무, 『그라운드에 부는 바람』, 1984

이상무, 『깃발을 올려라』, 1986

이상무, 『내 아들아』, 1985

이상무, 『전설의 영웅』, 1991

이상무, 『코리아 타운』, 1984

이상무, 『한국인』(후에 『현해탄 너머』로 개작)

이상무, 『화신(火神)』, 1991

이상무, 『흙바람』, 1991

이상세, 『아리랑』, 2002
이현세, 『공포의 외인구단』, 1983
이현세, 『남벌』, 1993~1995
이현세, 『사자여 새벽을 노래하라』, 1987
조명훈, 『국분(國父)』, 2003
최병렬, 『태국기가 바람에 펄럭입니다』, 2004
허영만, 『두 얼굴』, 1987
허영만, 『아스팔트 사나이』, 1991
허영만, 『오! 한강』, 1987
허영만, 『질 수 없다』, 1987

전재호

8 · 15와 한국정치 :
대통령 기념사를 통해 본 8 · 15

1. 머리말

근대 국민국가에서 국가기념일(또는 국경일)은 특정 국가를 다른 국가와 구별 짓는 시간적 경계선으로서 시간의 차원에서 한 국가를 상징하는 역할을 한다.[1] 그것은 국가가 주기적으로 국민들에게 국민정체성을 상기시키기 위해 고안해낸 것이다. 따라서 국경일 중에서도 국가탄생일은 가장 중요한 의미를 갖는다.

그런데 대한민국의 국가탄생일은 1948년 8월 15일이지만, 8 · 15를 기념하는 광복절은 1948년 8 · 15뿐 아니라 1945년 8 · 15도 함께 기

---

1) "시간적인 측면에서 특정 민족국가를 다른 민족국가와 분리해 주는 것은, 동질적이고 공허한 시간 속에 가끔씩 고정되어 있는 '신성한 시간'으로서의 국가기념일이다"(김민환, 「한국의 국가기념일 성립에 관한 연구」, 서울대 대학원 사회학과 석사학위논문, 2000, 15~16쪽).

념한다. 이는 1945년 식민지로부터의 해방이 바로 독립 또는 정부수립을 가져오지 못하고 1948년 8·15에야 대한민국이 건국되었기 때문에 발생한 현상이다.[2] 이러한 해방과 독립의 불일치는 정부 수립 초기 8·15를 국경일로 지정하는 과정에서 혼란을 발생시켰다. 1949년 5월 24일 국무회의는 8월 15일을 '독립기념일'로 지정하여, 8월 15일을 '대한민국 독립 1주년 기념일'로 치렀다. 이는 1945년 해방되었지만 1948년까지 3년간 '독립'을 이루지 못했고 1948년에야 독립했다는 현실을 반영한 것이었다. 그러나 1949년 9월 21일 국회 본회의는 정부가 제출했던 '독립기념일'을 1945년 8월 15일 해방의 의미를 포함하는 '광복절'로 수정하였다.[3] 이는 광복절을 통해 해방과 독립을 일치시키려는 의도를 지닌 행위였다. 이로써 광복절은 해방을 의미하는 1945년 8·15와 독립을 의미하는 1948년 8·15를 모두 포괄하는 기념일이 되었다.

그러면 해방과 독립을 포함하는 한국의 8·15는 어떤 정치적 의미를 갖고 있는가? 첫째, 식민지로부터의 해방을 의미하는 8·15는 당연히 제국주의에 대한 적대감인 '반일'(反日)적 성격을 갖고 있다. 둘째, 독립을 의미하는 8·15는 세계적인 냉전의 심화와 남한 내 좌파 세력들의 반대를 무릅쓰고 대한민국 정부를 수립했다는 사정으로 인해, 반공(反共)적 성격을 갖게 되었다. 셋째, 1948년 대한민국 정부 수립은 좌익과의 투쟁에서 승리인 동시에 그들의 방해로 인해 한반도 전체를 통괄하는 정부를 수립하지 못한 실패라는 이중적 의미를 갖고 있다. 따라서 8·15는 통일 지향적 성격을 갖게 된다. 결국, 한국에서 8·15는 반일·반

---

2) "독립은 민족의 자주권을 되찾아 자주 국가를 수립하는 것을 지칭할 것이고, 해방은 제국주의로부터 벗어나는 것을 포함하여 일제의 구속이나 억압, 부담 따위에서 민중이 자유로워지는 상태를 뜻할 것이다. 광복은 일제에 빼앗겼던 주권을 다시 찾았다는 추상적 의미로 사용된다"(김광운, 「1945년 '8·15'에 대한 인식의 변화 과정」, 『내일을 여는 역사』 8, 2002, 83~85쪽).

3) 김광운, 「1945년 '8·15'에 대한 인식의 변화 과정」, 85쪽.

공·통일 지향성이라는 여러 정치적 의미를 갖게 되었다.

그러면 한국정치사에서 8·15가 지닌 이러한 의미들이 어떻게 표출되는가? 이 글은 역대 대통령의 8·15 기념사를 통해 8·15의 의미를 살펴본다. 한국의 역대 대통령들이 8·15를 어떻게 인식했으며, 기념사에서 무슨 내용을 이야기 했는지 살펴본다. 8·15는 가장 중요한 국경일이기 때문에 대통령들은 8·15 기념사에 큰 비중을 두고 국가적으로 중요한 내용을 발표하였다. 따라서 8·15 기념사를 고찰하는 것은 한국 현대사의 핵심적인 흐름을 보여 줄 것이다. 이 글이 다루는 시기는 1948년 초대 이승만 대통령부터 2002년 김대중 대통령까지 총 55년이다. 그러면 지난 55년 동안 한국의 역대 대통령들이 8·15 기념사에서 무슨 내용을 이야기했는지 살펴보자.

2. 역대 대통령의 8·15 기념사

1) 이승만 대통령

해방 이후 많은 정치인 및 정치세력들이 8·15 기념사를 발표했지만, 대통령 기념사는 1948년 대한민국 정부 수립과 함께 시작되었다. 초대 대통령이었던 이승만은 8·15 기념사에서 어떤 내용을 다루었는가? 이 시기는 정부수립기(1948~1949), 한국전쟁기(1950~1953), 한국전쟁 이후의 시기(1954~1959), 그리고 민주당 정부의 시기(1960)로 구분하여 살펴본다.

(1) 정부수립기(1948~1949)

'해방 3주년 기념사'로 명명된 1948년 8·15는 대한민국 정부 수립

기념일이었기 때문에 해방과 함께 '대한민국의 탄생'이라는 의미가 새롭게 부가되었다. 기념사의 주 내용은 새로운 나라가 '자강전진'(自彊前進)하고 '침략'당하지 않도록 전 국민이 '합심협력'(合心協力)하고 '분투매진'(奮鬪邁進)할 것을 요청하는 것이었다. 따라서 해방의 의미보다는 새 정부의 과제와 국민에 대한 당부만을 담고 있었다. 여기서 주목할 만한 내용은 대한민국이 '자치 자주'할 수 있고 '대내외의 모든 장애와 풍파파란(風波波爛)을 다 저지'하며, '침략주의에 유린'당하지 않을 능력을 세계 우방들에게 보여야 한다는 것이다. 이는 국민들의 분발을 촉구함으로써 남한만의 단독정부 수립을 강행한 미국과 남한 정치세력의 결정이 정당하다는 점을 세계 우방에게 과시하려는 의도를 지니고 있다.

1949년 8·15 기념사는 '정부수립 일주년 기념사'라는 제목에서 볼 수 있듯이 해방의 의미보다는 정부수립 이후 1년에 집중하였다. 이승만은 "민국의 안전과 기초 확립에 많은 진전이 있었다"[4]고 평가하면서 지난 1년을 '경제적 재건설', '국제관계', '민주주의의 발전', '공산당과의 투쟁'으로 나누어 자세히 설명하였다. 여기서 주목할 점은 우선, 분단 상태 아래서의 광복은 불완전하다는 인식이다. 이는 역으로 완전한 광복을 위해서는 통일이 필요하다는 논리로 연결된다. 광복으로부터 통일의 당위성을 추론하는 이 논리는 이후 8·15 기념사에서 지속적으로 등장하는 중요한 담론이 되었다.[5] 다음으로 이승만은 공산주의자들과의 전쟁을 예측하고 이 전쟁은 자유를 위한 세계적 전쟁이 될 것이기 때문에 다른 나라가 당연히 도와야 한다고 주장하였다.[6] 이는 한국전쟁 이전에 이미 이

---

4) 김광섭 편, 『李大統領訓話錄』, 중앙문화협회, 1950, 30쪽.

5) "우리 광복의 기념을 축하하는 기쁨은 이북동포들이 우리와 같이 다시금 완전히 합동되기 전에는 충분한 기쁨이 못될 것입니다"(김광섭 편, 『李大統領訓話錄』, 37쪽).

6) "우리가 싸우게 된다면 우리 싸움은 즉 세계 모든 자유민들의 싸움을 싸우는 것입니다. 세계적 자유의 전쟁을 우리가 생명을 걸고 싸우느니만치 모든 세계에 대해서 우리를 후원할 직책이 있다는 것을 주저치 않고 말하는 바입니다"(김광섭 편, 『李大統領訓話錄』, 40쪽).

승만이 한반도 내 전쟁 발발 가능성과 그 이후의 상황 전개를 예견하고 있었다는 점을 보여준다. 이러한 정세 판단에 기초해 그는 전쟁 전에 이미 '북진통일'을 주장하였다. 북진통일론은 단순히 남한군 단독으로 북한을 점령하는 것이 아니라 전쟁이 자본주의 세력과 공산주의 세력의 전면전으로 확장될 것이고, 이 과정에서 한반도에 외국군이 참전하여 한국군을 도와줄 것이며, 그렇게 되면 통일이 가능할 것이라는 판단에서 나온 것이다.

결국 정부수립기 8·15 기념사는 해방의 의미보다는 대한민국 정부의 수립과 안정에 대한 내용을 주로 다루었다. 주목할 점은 1949년 처음으로 광복과 통일을 연결시키는 논리가 등장했다는 점이다.

(2) 한국전쟁 시기(1950~1953)

한국전쟁 기간이던 1950년~1953년의 기념사는 대부분 한국전쟁과 관련된 내용을 다루고 있다. 첫째, 이승만은 한국전쟁이 자유세계를 공산화시키려는 소련의 계획에 의해 시작된 것이라고 주장하였다.[7] 그에게 이 전쟁은 "세계 대세의 피할 수 없는 형편"으로 그 목적이 세계 평화를 위한 것이다. 곧 한국전쟁은 "우리의 자유를 위해 싸우는 동시에 모든 자유국가들과 함께 세계평화를 위해서 싸우는 것"이고 '공동원수국가'들을 물리치는 것이 세계평화의 시작이며, 이를 통해 자유국가들의 집단안전보장이 진전될 것이라는 것이다.[8] 그렇기 때문에 "세계 모든 문명한 나라들이 군사와 물질과 성심으로 참전"했다고 역설하였다.[9] 또한 이승만은 "공산군의 난리를 만나서 얼마동안 곤욕을 보는 것은 우리뿐만 아니라

---

7) "공산당의 전략가들은 한국을 택해서 저의들의 세계를 정복하려는 계획을 여기서 시험해 보기로 작정한 것입니다"(『大統領李承晩博士談話集』, 公報處, 1953, 98쪽).

8) 公報處, 『大統領李承晩博士談話集』, 60쪽.

9) 公報處, 『大統領李承晩博士談話集』, 38쪽.

거진 세계 모든 나라가 다소간 당하는 것인데 한 나라가 당하는 환란을 위해서 세계 모든 나라가 일제히 일어나서 싸우게 되는 것은 우리나라에서 비로소 처음 되는 일이므로 우리도 싸워야 할 것"이라고 국민들에게 전쟁 참여를 독려하였다.10)

이러한 주장은 이승만이 한국전쟁의 성격을 남한과 북한의 전쟁이 아닌 소련의 세계 공산화 전략에 따라 일어난 '국제전'임을 강조하고 있다는 사실을 보여준다. 한국전쟁에 대한 이러한 시각은 일면 타당해 보이지만, 다른 측면에서는 북한의 전면적인 침략을 인지하지 못했을 뿐 아니라 전쟁 초기 일방적으로 패퇴한 남한 정부의 책임을 면하려는 의도와 북한을 소련의 종속국으로 간주함으로써 남한만이 한민족의 대표자라는 점을 과시하려는 의도를 내포하고 있는 것으로 보인다.

둘째, 1951년 기념사에서 이승만은 독립민주국을 공포한 1919년(기미년)의 선언이 "국민의 평등과 자유를 보장하는 제도를 세운다는 자유사상"11)에 기초한 것이고, 현재는 상해정부가 반도 남단에서 실현된 것이라고 지적함으로써 대한민국의 정통성을 이념적으로는 자유주의로, 역사적으로는 상해임시정부에서 찾고 있다. 또한 그는 "독립대한민국정부를 수립한 것은 국제연합이 제일 먼저 실질적으로 성취한 업적"12)이며 국제연합이 선언한 목적을 성취하기 위해서는 공산주의자들을 한반도에서 몰아내고 통일정부를 수립해야 한다는 점을 강조하였다.

그런데 휴전 성립 직후 발표한 1953년 '독립절 기념사'에서는 거의 전 내용을 휴전 반대와 앞으로 진행될 제네바 정치회담이 실패할 것임을 주장하는 데 할애하고 있다. 이승만은 휴전회담을 '유화정책'으로 정의하면서, 휴전은 "우리 민족을 결정적으로 분할 배반하는 것이오 또 장구하고

---

10) 公報處, 『大統領李承晩博士談話集』, 39쪽.

11) 公報處, 『大統領李承晩博士談話集』, 59쪽.

12) 公報處, 『大統領李承晩博士談話集』, 97쪽.

공정한 세계평화의 기초를 말살 식히는 것"이며 공산당은 "다시 크게 준비해서 침략을 더 확장"할 것이라고 주장하였다. 따라서 그는 "하로바삐 북진하여 사경에 빠진 우리 이북동포들을 구원해서 생사를 같이"해야 한다고 강조하였다.13) 이를 통해 그는 UN과 미국이 주도한 휴전에 대한 반대와 북진 통일의 정당성을 강조했던 것이다.

마지막으로 1951년 광복절 기념사에는 주목할 만한 내용을 담고있다. 그것은 이승만이 자신의 정치 행위를 정당화시키는 것이었다. 그는 "대통령을 국민이 직접 투표선거"하고 "국회의 단원제를 상하양원제로 변경"해야 한다고 주장하였다. 그러면서 "나는 대통령의 지위를 보유하고 있자는 의도는 추호도 없고 오직 민국의 장래를 위해서 민주주의를 확고히 보장하자는 것만이 내 주장"이라고 주장하면서 개인적 권력 장악 의도를 감춘다.14) 그러나 이승만이 1952년 '부산정치파동'을 통해 대통령 직선제 개헌을 강행하고, 1952년 대통령에 재선되었던 사실을 고려할 때, 이러한 주장은 전혀 정당성이 없는 것이었다.

결국 한국전쟁 시기 8·15 기념사는 해방의 의미보다는 한국전쟁을 주로 다루었다. 특히 전쟁의 국제적 성격과 통일정부 수립을 강조하였다. 이는 국민들에게 한국전쟁이 공산주의 침략에 대한 자유주의의 수호라는 명분을 제시함으로써 반공의식을 고취시키고 자신에 대한 지지를 확보하려는 의도를 보여준다.

(3) 한국전쟁 이후 시기(1954~1959)

1954년 이후 8·15 기념사는 그 내용에서 이승만이 제3대 대통령에 당선되기 이전과 이후의 시기로 뚜렷하게 구분된다. 1954년과 1955년의 기념사는 북진통일과 평화공존 반대 등 반공주의적 내용이 주를 이루

---

13) 公報處, 『大統領李承晩博士談話集』, 136~138쪽.

14) 公報處, 『大統領李承晩博士談話集』, 61쪽.

었던 반면, 1956년 이후의 기념사는 반공 관련 내용이 축소되고 자신의 집권기 상황에 대한 서술이 증가하였다.

1954년 기념사에서 이승만은 북진통일의 열망을 강하게 표출하였다. 그는 "이북이 철장막에 쌓여있고 생명의 혈맥이 끊어져가는 중"15)이기 때문에 8·15를 '진정한 해방일'로 인정할 수 없다고 주장하였다. 그렇기 때문에 공산군을 우리 강토에서 몰아내야 하며, 이를 위해 UN에게 남한만의 단독행동을 허락하라고 촉구하였다. 그는 북한과의 전쟁을 '십자군전쟁'과 비유하면서 휴전이 지속된다면 결국 미국을 포함한 모든 자유국가들이 공산화될 것이라고 주장하였다. 곧 이승만은 자신의 북진통일 주장을 단지 한반도의 평화만이 아닌 세계 평화와 연결시켜 정당화하는데, 이는 국민들에게 북진통일이 세계 평화에 기여한다는 긍지를 심어줌으로써 국민들의 지지를 이끌어내기 위한 것이었다. 따라서 이승만에게 "8월 15일은 우리의 참다운 해방과 우리가 다 원하는 진정한 평화를 위해서 공헌하자는 것을 맹서하는 날"이다.

1955년 기념사에서도 이승만은 철저한 반공 논리에 근거하여 미국 아이젠하워 대통령의 평화공존 정책을 비판하고 있다. 그는 "지금 세계의 가장 큰 문제는 공산침략을 어떻게 조치할 것인가"로서, 그 해결책으로 "모든 정복된 백성들의 자유를 다시 회복해"야 한다고 주장하였다.16) 또한 그는 "현상유지하자는 평화는 행할 수도 없고 되지도 않을 것"인데, 그 이유는 "공산자들이 저의부터 이것을 지키지 않을 것"이고 "지금 공산당들이 냉전에서 희망한 이상의 성공을 하고 있기" 때문이라고 주장하였다. 따라서 이승만은 1948년 8월 15일 "우리 모든 동족을 다 해방시키지 않고는 잘 살지 않겠다는 주의를 맹서"했기 때문에 평화공존주의를 받아들일 수 없다는 점을 명확히 천명하였다.17)

---

15) 公報室, 『大統領李承晩博士談話集(2)』, 1956, 45쪽.

16) 公報室, 『大統領李承晩博士談話集(2)』, 77~79쪽.

그런데 1956년 이후 기념사에는 국제정세를 내세워 북진통일을 정당
화하는 논리가 축소되고 대신 이승만 자신이 거둔 성과를 다룬 내용들이
증가하였다. 1957년 기념사에서 이승만은 우리가 북한과 싸운 이유를
"우리민국의 독립과 자유권을 회복하고, 남북을 통일해서 우리 강토를 찾
으며 우리 동포와 같이 살겠다는 것"이라고 주장하였다.18) 또한 그는 전
쟁으로 파괴된 나라를 재건하여 현재 비약적으로 발전하고 있으며 곧 자
급자족 경제를 이룰 수 있다고 공언하였다. 그리고 소련의 북한 점령과
일본의 재점령 욕망 등 현재 한반도 주변 상황이 남한에 비우호적이라고
정의하면서 국민들에게 한층 결심과 용맹으로 분투할 것을 요구하였다.

1958년 기념사에서도 전쟁에 대한 논의가 대폭 축소되고 지난 10년
을 평가하면서 국민들에게 장밋빛 미래를 제시하였다. 이승만은 공산침
략자들과의 전쟁에서 "민중이 용감과 담력을 세계에 보여주었다"는 점을
칭찬하고 지난 5년 동안 국방력을 강화하고 공업의 기초를 세웠다고 평
가하였다. 또한 "통일과 공화적이고 독립적이며 또 평화적으로 흥왕되어
나가는 안전한 민국을 만드는 것이 우리 앞에 놓인 광대한 사업이며 이
사업을 위하여 다 같이 공헌할 것을 다시 결심해야 될 것이고, 우리나라
는 완전히 통일이 되며 따라서 공화주의와 자유정신과 세계의 정의를 확
립하는 성공을 이루게 될 것"이라고 주장하였다.19)

1959년 기념사에서는 한국의 긴급 과제가 통일이지만, 세계의 대세
상 더 기다려야 한다고 평가한 후, 그동안 정권이 이룬 치적을 자랑하였
다. 이승만은 그동안 군사상 공산군 침략에 우려하지 않을 정도가 되었
고, 경제상 장래에 동양에서 남과 경쟁할 만한 모범국이 될 것이며 국제
상 친선이 날로 증강되고 있다고 주장하였다. 또한 국민들에게 앞으로

17) 公報室, 『大統領李承晩博士談話集(2)』, 82~83쪽.

18) 공보실, 『대통령리승만박사담화집』, 1959, 47쪽.

19) 공보실, 『대통령리승만박사담화집』, 68쪽.

더욱 공헌해서 큰 성공을 이루도록 결심해 나갈 것을 부탁하였다.

결국, 한국전쟁 직후 기념사는 북진통일을 강조했지만, 1950년대 중반 이승만이 3선에 성공하고 미국의 평화공존 정책에 따라 더 이상 북진통일이 불가능하게 되자, 기념사는 전후 국방력 강화와 공업의 기초 수립과 같은 발전을 강조하는 방향으로 변화하였다. 이는 이승만이 비현실적인 북진통일을 포기하고 자신의 치적을 통해 정권을 안정시키려 했다는 점을 보여준다.

(4) 민주당 정부의 시기(1960)

이승만 정부 시기와 달리 1960년 8·15는 국민들의 민주화에 대한 높은 기대 속에서 제2공화국이 출범한 날이었다. 따라서 윤보선 대통령은 해방으로 찾았지만 이승만 정권에 의해 빼앗겼던 자유를 4·19 혁명이 다시 되살렸다는 점을 강조하였다. 특히 그는 8·15 해방이 우연한 것이 아니라 애국동포와 선열들의 항쟁운동에 대한 보답이라는 점을 강조하였다. 또한 무대책으로 인해 6·25 사변을 겪고 독재 정치 때문에 4·19 학생혁명이 일어났다는 사실을 지적함으로써 이승만 정권을 비판하였다. 그리고 지금의 현실은 이승만 정권이 저질러놓은 상처와 공산주의자들의 침략 야욕으로 불안한 상황이기 때문에 정부와 국민이 신뢰하고 양심과 지혜를 다하여 부강을 이룰 것을 국민들에게 부탁하였다.[20]

결국, 1960년 기념사는 애국선열의 독립운동으로 인해 8·15가 가능했고, 8·15의 중요한 의미는 4·19와 마찬가지로 자유라는 점을 지적하였다. 이는 8·15에서 해방의 의미를 거의 강조하지 않았던 이승만과는 대조적인 점이다.

---

20) 『동아일보』, 1960. 8. 16.

	8·15의 의미	기념사의 주요 내용
정부수립기 (1948~1949)	대한민국 정부 수립(1948), 불완전한 광복이기에 통일 필요 (1949)	신 국가의 자강전진을 위한 국민들의 분투매진, 전쟁 발발 가능성 및 북진통일 주장
한국전쟁기 (1950~1953)	자유사상에 기초한 독립민주국, 통일정부 수립(1951)	소련의 세계 적화에 맞선 모든 자유국가의 연합 전투 강조, 국민들의 전쟁 참여 독려, 공산주의자에 대한 승리로 통일 정부 수립, 휴전 반대 및 북진통일 정당성 강조, 대통령 직선제 정당화
한국전쟁 이후 시기 (1954~1959)	북한의 해방, 나아가 세계 평화(1954), 독립과 자유권 회복, 남북 통일(1956), 통일, 공화, 독립, 평화 홍왕(1957)	북진통일의 필요성 강조, 미국의 평화공존 정책 비판, 전후 자급자족적 경제 건설 등 자신의 성과 강조, 국민들의 공헌 부탁
민주당 시기 (1960)	자유 회복(1960)	해방은 선열의 항쟁운동에 대한 보답, 이승만 정부 비판, 새 정부에 대한 협력 강조

2) 박정희 대통령

민간 정부인 민주당 정부를 군사쿠데타로 무너뜨리고 권력을 장악한 군부 권위주의 정권인 박정희 정권은 8·15 기념사에서 어떤 내용을 다루었는가? 이 시기를 군정기(1961~1963), 제3공화국 시기(1964~1972), 제4공화국 시기(1973~1979), 그리고 과도기(1980)로 구분하여 살펴본다.

(1) 군정 시기(1961~1963)

군정 시기 8·15 기념사는 주로 군사쿠데타의 정당화, 혁명과업, 서구 민주주의에 대한 비판을 다루었다. 첫째, 박정희는 군사쿠데타를 통해 민주당 정부를 실각시키고 정권을 장악하였기 때문에 태생적으로 정통성을 지닐 수 없었다. 따라서 박정희는 앞선 정권을 폄하함으로써 자신의 쿠데타를 정당화하였다. 곧 1961년 기념사는 해방 이후의 한국 정치사를 부정적으로 묘사하였다. 박정희는 해방 후 정치가들의 무능은 북한의 남침과 부정부패 및 경제적 쇠잔과 도의적 퇴폐만을 양성했고 마침내 "국기마저 흔들리기 시작"[21]했기 때문에 이러한 국가적 위기를 극복하기 위해서는 군사쿠데타가 필요했다고 주장하였다.[22] 물론 해방 이후 한국 정치사가 이승만의 권위주의적 통치로 얼룩졌던 것도 사실이지만, 그는 4·19를 통해 표출된 국민들의 민주주의에 대한 열망과 같은 긍정적 측면을 언급하지는 않았다.

둘째, 박정희는 1961년 '빈곤으로부터의 완전한 해방'과 '북한동포를 해방시킬 수 있는 실력 배양'이라는 두 가지 혁명과업을 제시하였다. 그리고 이를 위해 국민들은 "희생적 정신을 발휘하여 근로 역행 사회봉사와 상호협조로서 국가재건사업에 총력을 집중"해야 한다고 주장하였다.[23] 그런데 이를 정당화시키기 위해 박정희는 혁명과업의 완수와 애국선열과 지사의 숭고한 정신, 또는 해방의 환희와 희망을 연결시켰다. 1962년 기념사에서 그는 "애국선열과 지사의 숭고한 정신을 계승하여 온 국민은 희생적 정신을 발휘하여 … 17년 전의 감격의 열매를 거두어야 할 것"이며 "혁명과업의 완수만이 해방되던 날의 환희와 희망을 실현하는 유일한 길"이라고 주장하였다.[24] 이는 애국선열, 해방 등의 중요한 민족적 상징을

---

21) "이식한 의회정치와 부패한 정치인들은 파쟁과 이권과 감투싸움에 영일이 없는 나머지, 사회정의를 한없이 어지럽혀 야박한 사고만이 漫하였던 것입니다"(대통령비서실, 『박정희대통령연설문집 : 군정편』 1, 1973, 28쪽).

22) "혁명과업의 수행만이 민족적 흥망의 기로에 선 조국을 구출해 낼 수 있는 유일하고도 최종적인 길이었다"(대통령비서실, 『박정희대통령연설문집 : 군정편』 1, 277쪽).

23) 대통령비서실, 『박정희대통령연설문집 : 군정편』 1, 29쪽.

24) 대통령비서실, 『박정희대통령연설문집 : 군정편』 1, 278쪽.

통해 자신들의 '혁명과업'을 정당화하고자 했음을 보여준다.

셋째, 민정이양을 앞둔 1963년 기념사에서 박정희는 한국의 풍토와 생리에 맞지 않는데도 불구하고 서구 민주주의 제도를 그대로 이식해서 많은 부작용이 일어났다고 주장하였다.25) 비록 그가 '자유민주주의'라는 표현을 사용했지만, 그가 실제 원했던 것은 "정치의 안정과 행정의 능률"이지 자유민주주의의 실현은 아니었다.26) 그의 이러한 사고는 1963년 가을 대통령 선거 시기 '민족적 민주주의'라는 구호로 이어졌으며, 1970년대 초 유신체제를 정당화하는 '한국적 민주주의'로 발전되었다. 이는 박정희가 이미 군사쿠데타 초기부터 (유신체제에서 확실하게 드러난) 민주주의를 부정하는 사고를 갖고 있었다는 점을 보여준다.

마지막으로 군정기에 박정희가 8·15를 어떻게 사고하였는지를 살펴보자. 박정희는 "경제건설은 자립 독립의 요청"(1961), "혁명과업의 완수만이 해방되는 날의 환희와 희망을 실현하는 유일한 길"(1962), "경제적 자립을 통한 빈곤으로부터의 해방이야말로 … 민족자주독립의 완전한 길인 것입니다."(1963) 등으로 8·15를 표현하였다. 곧 8·15의 두 가지 의미인 해방과 독립을 경제자립과 동일시하였다. 이는 군사정부가 해방과 독립이라는 민족적 상징을 이용하여 자신들이 추진하는 경제건설을 정당화하고자 했음을 보여준다.

⑵ 제3공화국 시기(1964~1972)

이 시기 8·15 기념사에서 박정희는 경제발전, 삼선개헌, 한일국교정상화와 국군의 베트남 파병 등 자신의 정치, 경제, 외교 정책과 북한 및

---

25) "미숙한 정치풍토 위에 일방적으로 이식된 한국의 민주주의는 허다히 왜곡 남용되어 고질화된 정치적 침체와 빈곤만을 초래"(대통령비서실, 『박정희대통령연설문집 : 군정편』 1, 483쪽).

26) "경제의 비약적 발전을 위하여서는 정치의 안정과 행정의 능률이 가장 절실한 것입니다"(대통령비서실, 『박정희대통령연설문집 : 군정편』 1, 484쪽).

통일 관련 정책을 주로 다루었다. 이 시기는 1968년을 전후로 내용에서 많은 차이를 보이므로 1968년을 기준으로 나누어 살펴보자.

1964년~1967년 기념사에서 박정희는 첫째로 '조국근대화'와 '민족중흥'으로 표현되는 경제발전을 지속적으로 강조하였다. 그는 1964년 기념사에서 오늘날 한국이 직면한 모든 불안과 혼돈이 '가난'에 연유하고 있기 때문에 가난에서 벗어나 민생을 향상시키는 일이 가장 시급한 과제라고 주장하였다. 그러면서 "혁명은 불편과 진통을 수반하였으되 … 공업화의 토대는 상당한 진척으로 구축되어 가고 있기" 때문에 "오늘의 시점에서 우리의 모든 힘을 생산과 건설에 집결"시켜야 한다고 주장하였다.[27] 1966년 기념사에서는 그동안의 경제발전을 전면에 내세웠는데, 이는 자신의 경제 정책이 성공했음을 과시함으로써 국민들의 지지를 제고시키려는 의도 때문이었다.[28]

둘째, 박정희는 군정 시기와 마찬가지로 '정치 일반'을 부정적으로 묘사하였다. 그는 "정쟁이나 부질없는 질시·반목으로 빚어지는 무위와 도로의 비생산적 병폐를 기어이 뿌리 뽑아 협조와 융화의 새로운 기운을 바로 세워야"[29] 한다거나, 또는 "우리 정치인들의 낡은 버릇을 고쳐야"[30] 한다고 지적하면서 기성 정치를 비판하였다. 이는 생산과 건설부문에서와 같이 효율성을 기준으로 정치를 재단하는 논리로써, 국민들에게 정치를 비효율적이고 불필요한 것으로 인식시키는 효과를 낳았다.

셋째, 박정희는 한일국교정상화와 월남파병이라는 자신의 정책을 옹호

---

27) 대통령비서실, 『박정희대통령연설문집 : 제5대편』 2, 1973, 162쪽.

28) "근면, 검소, 저축으로 거짓 없는 참된 민족의 힘을 증산, 수출, 건설에 총집결했던 우리의 노력은 차츰 그 보람찬 결실을 거두어 가고 있습니다. 우리를 염려하고 걱정해주던 여러 우방국민들은 이제 한국은 불가능을 가능한 것으로 만들었다고 찬양하고 있습니다"(대통령비서실, 『박정희대통령연설문집 : 제5대편』 2, 749쪽).

29) 대통령비서실, 『박정희대통령연설문집 : 제5대편』 2, 162쪽.

30) 대통령비서실, 『박정희대통령연설문집 : 제5대편』 2, 427쪽.

하였다. 1965년 기념사에서 그는 중공의 세력 팽창 등 공산주의의 침략
행위를 분쇄하기 위해 자유우방의 단합된 힘이 필요하다는 논리를 제시
하였다.31) 또한 1966년 기념사에서도 베트남 참전은 "국가 이익을 최대
한으로 확보하려는 우리들의 결단"이며 그 결정이 국가에 매우 유익한 결
과를 가져왔다고 주장하였다.32)

넷째, 박정희는 '선건설 후통일' 논리를 주장하였다.33) 그는 1966년
기념사에서 통일을 "제2의 광복"으로 지칭하면서 "우리는 먼저 통일의 주
체자가 우리 자신임을 자각하여 그 중간목표인 자립경제건설에 박차를
가하고, 민주역량을 배양하며, 국제적인 유대를 강화하여 세계정세를 유
리한 방향으로 이끌어 가는 데 총력을 경주해야 한다"34)고 주장하였다.
또한 그는 1967년에도 "적극적으로 우리의 자주적인 경제건설과 민주역
량의 배양을 통한 국력증강의 과정에서(통일을-인용자) 추구"해야 하며
"아직 통일의 적기는 아니"라고 주장하였다. 결국 선건설 후통일론은 현
단계에서 통일보다 경제건설이 더 시급하고 중요한 과제라는 논리였다.

다음으로 1968년 이후 기념사에서 다루어졌던 내용들을 살펴보면 첫
째, 1968년 1월 북한 게릴라들이 청와대를 습격하고 미 정보함 푸에블
로호가 피랍되는 등 한반도에 긴장이 고조되자, 박정희는 국방력 강화를
중요한 국가 목표로 제시하였다. 따라서 1968년 기념사에는 "싸우면서

---

31) "국제적 연관을 벗어난 한국만의 안전이나 번영이 있을 수 없다는 자각 위에서 자유진
   영 결속에 전진적 참여 자세를 취해야 할 것"(대통령비서실, 『박정희대통령연설문집 : 제5
   대편』 2, 427쪽).

32) "월남전을 유리하게 전환시키고, 월남국민에게 희망과 용기를 북돋아 준 우리 국군장병
   들의 상승의 무용과 따뜻한 선무활동은 공산침략자들의 공포의 대상이 되고, 온 자유민
   의 격찬의 대상이 되고 있습니다"(대통령비서실, 『박정희대통령연설문집 : 제5대편』 2,
   749쪽).

33) "현재의 국내외정세와 제반여건을 감안할 때, 통일조건이 성숙되는 데는 우리의 절실한
   염원에도 불구하고, 상당한 시일을 요한다"(대통령비서실, 『박정희대통령연설문집 : 제5
   대편』 2, 750쪽).

34) 대통령비서실, 『박정희대통령연설문집 : 제5대편』 2, 750쪽.

건설하고, 건설하면서 싸우자” 또는 “하루빨리 조국 근대화를 이룩하고 공산주의와 대결하기 위한 『힘』을 축적”35)해야 한다는 내용이 등장하였다. 이는 이 시기부터 국방력 강화('자주국방태세의 확립')가 경제발전('국가개발계획의 성공적인 완수')과 같은 위상의 국가목표가 되었음을 보여준다.

둘째, 1969년 공화당의 삼선개헌 추진으로 야당, 지식인, 대학생들의 반대운동이 격렬히 전개되자, 박정희는 기념사에서 “국가의 안보와 국기의 안정”이 “우리들의 지상 과제요, 모든 것 이전에 지상 명령”36)이라고 주장하였다. 또한 그는 “이제 여야의 정치 지도자를 비롯하여 사회 각 방면에 긍한 일체의 지식인들은 물론, 우리 국민 전부가 국가를 위한 공동 책임이라는 일점에 집결하여 … 역사적 과업 수행에 즐거이 나서지 않으면 안 될 것”이라고 주장하였다.37) 이는 북한의 남침 대비를 주장하는 것처럼 보이지만, 실제로는 삼선개헌을 정당화하고 삼선개헌 반대운동을 비판하는 것이다. 이런 이유 때문에 1969년 기념사는 유난히 애국심을 강조하고 '민족 총역량 결집'을 호소하였다.38)

셋째, 1970년 박정희는 군사쿠데타 이후 그동안 자신들이 이룬 성과를 강조하고 2000년 한국의 좌표를 제시하였다.39) 그는 2000년이 되면 국토통일이 되고, 한국이 강력한 민족국가, 풍요한 선진 복지 국가, 그리고 세계사의 주류에 당당히 참여하고 기여할 것이라고 주장하였다.

---

35) 대통령비서실, 『박정희대통령연설문집 : 제6대편』 3, 1974, 261쪽.

36) 대통령비서실, 『박정희대통령연설문집 : 제6대편』 3, 539쪽.

37) 대통령비서실, 『박정희대통령연설문집 : 제6대편』 3, 538쪽.

38) “우리의 선열들이 나라 사랑하는 마음(으로) … 민족의 해방을 가져왔고 우리들도, 다만 나라 사랑하는 마음, 그것 하나 가지고서 … 우리 자신의 자체 방위·자체 성장을 도모함으로써 우리 자손들에게 영광스런 유업을 넘겨주어야 할 것”(대통령비서실, 『박정희대통령연설문집 : 제6대편』 3, 538쪽).

39) “민족적 자각이 응결하여 잠자고 있던 생명력과 창조력에 점화되고 민족중흥의 전진 대열을 정비한 역사적 전환점을 이룩한 것이 바로 지난 60년대였습니다. 그로부터 8~9년, 우리들은 조국 근대화 과업을 위해서 온갖 노력을 기울여 왔으며, 많은 성과를 거두었습니다”(대통령비서실, 『박정희대통령연설문집 : 제6대편』 3, 808쪽).

또한 그는 평화 통일은 힘의 배양을 전제로 하기 때문에 통일노력은 1970년대 후반에나 본격화할 수 있을 것이라고 주장하였다.

그러나 1971년이 되자 박정희는 북한에게 평화통일 제의를 수락하고 무력과 폭력 포기를 촉구하였으며, 자신은 적십자사의 인도적 남북회담을 지원할 것을 천명하였다.40) 또한 1972년에는 "해방의 감격을 통일의 감격으로 승화시킬 것"을 주장하면서 북한이 남북적십자회담과 7·4 남북공동성명을 성실히 이행하기를 기대하였다. 이러한 변화는 당시 세계적인 데탕트 흐름이 남북관계에 영향을 주었음을 보여주는 것으로, 남북 화해 움직임은 국민들의 폭발적인 지지를 불러일으킴으로써 삼선개헌과 1971년 대통령 부정 선거로 인해 추락되었던 박정희에 대한 지지를 만회시키는 계기가 되었다.

넷째, 삼선개헌 반대운동이 전개되었던 1969년부터 박정희는 '민족 총역량 결집'(1969), '민족의 단결'(1970),41) '민족의 총화'(1971),42) '대동단결'(1972)43) 등을 강조하였다. 물론 그는 쿠데타 초기부터 국가주의적 사고를 갖고 있었지만, 1972년 유신체제를 선포했다는 점을 고려할 때, 삼선개헌을 전후한 시기에 이런 국가주의적 주장을 노골적으로

---

40) "북괴에 대해 지금이라도 늦지 않았으니 우리의 평화 통일 제의를 하루속히 수락하고, 무력과 폭력을 포기할 것을 거듭 촉구하면서, 평화 통일만이 우리가 추구하는 통일의 길임을 다시 한번 중외에 천명하는 바입니다"(대통령비서실, 『박정희대통령연설문집 : 제7대편』 3, 1975, 35쪽).

41) "민족의 단결, 힘의 집중, 그것은 정녕 민족중흥의 성패를 좌우하는 열쇠입니다. 우리의 당면 과제인 자립 경제와 자주 국방을 이룩하는 것도 민족의 단결이며, 민족의 염원인 국토 통일을 성취하는 것도 우리의 단결된 힘입니다"(대통령비서실, 『박정희대통령연설문집 : 제6대편』 3, 811쪽).

42) "지금 우리에게는 그 어느 때보다도 민족의 총화와 『자유 민주주의 민족 주체 세력』의 굳은 형성이 요청되고 있습니다. … 조국의 통일을 가져오기 위해서는, 먼저 자유민주주의 사회에 살고 있는 『우리의 총화』가 그 무엇보다도 중요하게 선행되어야 한다는 것"(대통령비서실, 『박정희대통령연설문집 : 제7대편』 4, 36쪽).

43) "우리에게 가장 절실하게 필요한 것은 파쟁과 낭비와 방종이 아니라, 성실과 능률과 애국심을 바탕으로 하는 국민적 대동단결입니다"(대통령비서실, 『박정희대통령연설문집 : 제7대편』 4, 264쪽).

강조한 것은 우연이 아니었다.

마지막으로 제3공화국 시기 박정희가 8·15를 어떤 의미로 사용했는지를 살펴보자. 초기 박정희는 "나라를 도로 찾은 기쁨과 감격은 그 후『잘사는 나라』『부강한 나라』로 만드는 길에 직결되지 못했다는 사실"(1964), 해방에 대한 회한이 "아직도 자주, 민주, 자립의 번영된 조국이 아니"(1965)라는 점을 지적하면서 군정기와 마찬가지로 해방을 경제발전과 연결시키고 있었다. 그러나 1966년부터 그는 "제2의 광복이 조국의 통일이며 북한 동포의 해방", "제2의 광복은 남북통일"(1968), "해방은 민족의 자유를 뜻하는 것"(1969), "민족의 진정한 광복은 조국 통일이 이룩되는 날 비로소 구현되는 것"(1972)이라고 주장하면서 광복을 통일과 연결시킨다. 이는 경제건설에 대한 자신감을 바탕으로 박정희가 국민들에게 자신이 주도하는 계획대로 쫓아가면 통일이 가능할 것이라는 환상을 심어주는 효과를 가져왔다.

(3) 제4공화국 시기(1973~1979)

유신체제 선포 이후 박정희는 기념사에서 유신체제의 정당성, 국력배양, 국론단결 및 북한과 관련된 내용을 주로 다루었다. 먼저, 박정희는 남북대화와 평화통일을 내세워 유신체제의 도입을 정당화하였다.44) 그는 유신체제를 "민주주의의 참된 가치를 우리의 문화전통과 현실여건에 가장 알맞게 재정립하고, 비능률과 낭비를 제거하여 민주제도가 더욱 효율적으로 운영될 수 있도록 내부체제를 정비 강화"한 것이라고 강변하였다.45)

둘째, 이 시기 박정희는 기념사에서 광복을 통일과 연결시키고, 통일을 국력배양과 연결시키는 논리를 강조하였다.46) 또한 새마을 운동과 깨

---

44) "남북대화의 적극적인 전개를 뒷받침하기 위해『10월유신』을 단행하여『평화통일』을 헌법의 기본 정신으로 정립하였습니다"(대통령비서실, 『박정희대통령연설문집 : 제8대편』5(상), 1976, 125쪽).

45) 대통령비서실, 『박정희대통령연설문집 : 제8대편』5(상), 125쪽.

끗하고 능률적인 국가운영이 국력배양의 활력소이며, 국력배양을 위해 국민 각자는 "투철한 국가관과 강력한 자주의식을 견지하고, 근면과 인내로써 맡은 바 직분을 충실히 수행해야"47)한다고 주장하였다.

셋째, 이러한 논리의 연장선상에서 박정희는 국민정신과 사회기강을 강조하였다. 1978년 그는 "우리의 당면목표는 국력배양을 가속화하여 하루빨리 부강한 국가를 건설하는 일입니다. … 그러나 부강한 국가가 되기 위해서는 경제자립과 자주국방도 중요하지만, 더욱 중요한 것은 건전한 국민정신과 사회기강의 확립"48)이라고 주장하였다. 다시 말해 그는 국민정신, 사회기강의 확립, 그리고 국론집약이 국력을 배양하여 부강한 국가를 만들기 때문에 통일의 전제 조건이라는 것이다. 이런 사고에 근거하여 그는 유신체제에 반대하는 사고와 행동이 국력배양, 곧 평화통일의 길을 방해한다는 논리를 주장하였다. 따라서 그는 국력배양과 평화통일을 위한 최상의 체제인 유신체제를 반대하는 행동을 '반국가적인 행동'으로 간주했던 것이다.

넷째, 유신체제 수립 직후인 1973년 박정희는 민족적 신뢰를 조속히 회복하고 북한과 함께 UN에 가입하는 것을 반대하지 않는다고 말했지만, 북한을 국가로 인정하지 않는다고 분명히 선언하였다. 이는 그가 더 이상 남북대화에 연연하지 않았다는 점을 보여준다.49) 남북대화가 중단된 1974년에도 그는 북한에게 상호불가침협정을 체결하자고 제의하는 동시에 북한을 "동족의 분열과 무력남침만을 획책"한다고 비난하였다.

---

46) "8·15 광복의 진정한 의의는 통일조국의 건설에 있으며, 그 참뜻을 구현하는 길은 국력배양에 있습니다. … 우리 모두 통일에 대한 열망을 국력배양의 의지로 승화시켜서 총화된 단결력과 불퇴전의 용기로 이 위대한 전진을 계속해 나아갑시다"(대통령비서실, 『박정희대통령연설문집 : 제8대편』 5(상), 126쪽).

47) 대통령비서실, 『박정희대통령연설문집 : 제8대편』 5(상), 126쪽.

48) 대통령비서실, 『박정희대통령연설문집 : 제8대편』 5(상), 336쪽.

49) 심지연, 『남북한 통일방안의 전개와 수렴』, 돌베개, 2001, 65쪽.

1976년에는 체제 경쟁에서 남한이 승리했다고 결론내리면서 북한이 "종국에는 국민으로부터 외면당하고 도전받게" 될 뿐 아니라 붕괴할 것이라고 주장하였다.[50]

다섯째, 박정희는 1977년 '1980년대 초 일인당 국민총생산 1,500불과 수출 2,000불 달성'이라는 목표를 제시하고, 앞으로 4, 5년간이 매우 중요하기 때문에 현재의 성과에 만족하지 않고 더 부지런히 국력배양을 가속화하는 것이 필요하다고 주장하였다.

마지막으로 유신 시기 박정희가 8·15를 어떤 의미로 사용했는지를 살펴보자. 유신 시기 내내 그는 광복의 참뜻이 민족의 자주와 독립이며, 우리 세대의 시대적 사명은 평화롭고 번영된 통일 조국의 실현이라고 주장하였다.[51] 곧 그는 진정한 광복의 의의가 조국의 평화통일, 더 나아가 민족사적 정통성을 이어 나가면서 부강하고 통일된 자주독립국가를 건설하여 인류의 발전에 적극 기여하는 것이라고 주장하였다.[52]

결국 박정희는 기념사에서 군정기와 제3공화국 초기에는 군사쿠데타의 정당성과 경제발전의 중요성을, 1960년대 중반에는 경제발전의 성과와 한일국교정상화 및 국군의 베트남 파병 등 정책의 정당성을, 후반에는 삼선개헌의 정당성과 북한의 도발 비난 및 통일 방안을, 그리고 유신 시기에는 유신의 정당성과 국력배양 및 북한 비난 등과 같은 내용을 주로 다루었다. 또한 그 과정에서 8·15의 의미를 1960년대 중반까지는 경제자립, 부강한 나라 및 번영과, 1966년부터는 조국의 통일 및 북한동포의

---

50) "과연 어느 체제가 국민이 더 잘 살 수 있고 민족의 전통을 지키며 항구적인 번영을 이룩할 수 있는 우월한 체제인가에 대한 결론은 이미 났다고 나는 봅니다. … 계속해서 남침전쟁노선을 추구한다면, 정치, 경제, 사회 등 모든 면에서 파국을 자초하여 북한공산체제는 멀지 않은 장래에 결국 와해될 것으로 내다보고 있습니다"(대통령비서실, 『박정희대통령연설문집 : 제8대편』 5(상), 77쪽).

51) 대통령비서실, 『박정희대통령연설문집 : 제8대편』 5(상), 143쪽.

52) "8·15 광복의 진정한 의의는 조국 통일의 건설에 있으며, 그 참 뜻을 구현하는 길은 국력배양에 있다"(대통령비서실, 『박정희대통령연설문집 : 제8대편』 5(상), 126쪽).

해방과, 1970년대에는 평화롭고 번영된 통일 조국의 실현 및 자주독립국가 건설과 동일시하였다. 곧 그는 기념사에서 자신이 선택한 유신체제가 국력 배양을 통한 조국의 평화통일을 지향한다는 점을 보여주려 하였다.

3) 과도기(1980)

1980년 8·15 대통령의 기념사는 1979년 12·12 신군부의 군사쿠데타 이후 실권 없던 대통령이었던 최규하에 의해 발표되었는데, 여기서는 8·15 해방과 건국의 의의를 다루지 않은 대신 당시의 불안한 국내외 정세와 이에 따른 사회의 안정과 질서 및 국민정신 함양을 주로 다루었다. 우선 국제적인 긴장고조와 북한의 직간접 침략 격화라는 상황에 대처하기 위해 "국가보위를 확고히 하고, 사회의 안정과 질서를 유지하면서 국민생활의 안정과 경제성장의 지속"할 것을 강조하였다.53) 다음으로

표 2. 박정희 대통령 시기

	8·15의 의미	기념사의 주요 내용
군정기 (1961~1963)	경제건설, 혁명과업 완수 빈곤으로부터의 해방	해방 후 정치사 부정적 평가, 국가재건사업 강조, 한국적 토양에 맞는 민주주의 재건
제3 공화국 시기	전기 (1964~ 1967) 잘사는 나라, 부강한 나라 자주, 민주, 자립의 번영된 조국 조국통일, 북한동포해방	조국근대화, 민족중흥, 경제발전, 정치일반의 부정적 묘사, 한일국교정상화와 월남파병 옹호, 선건설 후통일론
	후기 (1968~ 1972) 자립경제건설, 국력증강 남북(국토, 조국) 통일 민족의 자유회복(북한동포 해방)	국방력 강화, 애국심 강조, 민족 총역량 결집, 민족의 단결, 민족의 총화 강조, 북한에 대한 평화통일 제의
유신체제 시기 (1973~1979)	민족의 자주와 독립, 평화롭고 번영된 통일 조국의 실현	유신체제 정당화, 통일을 위한 국력배양 강조, 건전한 국민정신과 사회기강 강조, 북한 비난, 1980년대 초 국민총생산 1,500불과 수출 2,000불 달성 전망 제시
과도기(1980)	의미 언급 없음	사회 안정과 질서 및 국민정신 함양 강조

53) 대통령비서실, 『최규하대통령연설문집』, 1981, 248쪽.

국민들도 당면한 난국극복과 조국의 번영된 미래를 개척하기 위해 건전한 국민정신을 함양할 것을 요구하였다. 또한 남북대화를 위한 그간의 노력을 설명한 후 북한에게 동족에 대한 무력사용의 포기를 공식선언할 것을 제안하면서 자신은 남북대화의 재개를 위해 현실적이며 성의 있는 태도를 지속할 것이라고 주장하였다. 결국 최규하가 명목상으로만 대통령이었다는 사실을 고려한다면, 이 내용은 당시 신군부의 현실 인식을 반영하는 것이라고 볼 수 있다.

4) 전두환 대통령

박정희와 마찬가지로 군사쿠데타를 통해 정권을 장악한 신군부는 군부권위주의 정권이라는 점에서 박정희 정권과 다르지 않았다. 그러면 전두환의 8·15 기념사는 어떤 내용을 다루었는가? 이 시기는 1983년 말 학원자율화 조치를 기준으로 전기(1981~1983)와 후기(1984~1987)로 구분하여 살펴본다.

(1) 전기(1980~1983)

전두환은 불법적인 군사쿠데타와 광주민주화운동 유혈 진압을 통해 정권을 장악하였기 때문에 8·15 기념사에서 제5공화국 수립의 정당성을 강조하지 않을 수 없었다. 또한 자신의 민족적 정통성을 강조하기 위해 독립기념관 건립과 통일에 대한 내용을 주로 다루었다.

첫째, 전두환은 자신의 불법적 집권을 정당화하기 위해 이전 시기를 부정적으로 평가한다. 1981년 그는 해방 이후 각 분야의 숱한 시행착오가 우리의 전진을 느리게 했고 국민화합의 기반 조성을 저해했으며 국권을 튼튼히 다지는 데 결정적 위해 요소로 작용했다고 평가하면서, 이러한 "방황과 혼돈을 떨어버리고 새로운 도약을 이룩하고자 하는 국민적 의지는 우리의 역사에 길이 빛날 제5공화국을 탄생토록 하였던 것"이라고 주장하였다.54) 곧 해방 이후의 각 분야에서의 시행착오(또는 방황, 혼돈)와 국민들의 새로운 도약 의지라는 추상적이고 모호한 근거를 통해 제5공화국의 탄생을 정당화하였다.

그런데 이러한 논리는 민주당 정권의 무능을 근거로 5·16 군사쿠데타를 정당화한 박정희의 논리에 비해서 설득력이 매우 약하였다. 이는 박정희 정권과 자신을 차별화할 근거가 거의 없었기 때문이었다. 전두환은 1981년 기념사에서 '국가적 과제'를 제시했는데, 이는 박정희 정권이 줄곧 주장하던 목표들과 거의 다르지 않았다.55) 따라서 그는 박정희 정권의 실정을 노골적이고 공공연하게 비판하지 못하고 모호한 표현을 사용할 수밖에 없었다.

그럼에도 불구하고 자신의 집권을 정당화하기 위해서는 박정희와의 차별성을 제시해야 했기 때문에 전두환은 '대통령 단임제=평화적 정권교체=민주주의'라는 논리를 제시하였다. 그는 3선 개헌과 유신체제 수립을 통한 박정희의 장기집권을 대놓고 비판하지 못한 채 "좌절의 최대 원인은 정권의 평화적 교체가 차단된 데 있다"고 말하면서 자신은 "평화적 정권교체를 헌법상 철저하게 보장"할 것이라고 주장하였다.56) 다시 말해, 자신은 박정희와 달리 7년 단임제 대통령이 될 것이기 때문에 자신의 집권은 정당하다는 점을 강변하였다.

그러나 '대통령 단임제=평화적 정권교체'라는 논리가 민주주의를 보장하는 것은 아니었다. 제5공화국 헌법에 규정된 대통령 단임제는 여당과 야당의 평화적 정권 교체를 의미하거나 그것을 보장하지도 못할 뿐 아니

---

54) 대통령비서실, 『전두환대통령연설문집』 1, 1982, 218쪽.

55) "국가를 부강하게 하고 국권을 튼튼하게 다지기 위한 오늘의 국가적 과제는 평화적 조국통일을 완수하고 산업화를 촉진하며 민주화를 실현하는 일입이다"(대통령비서실, 『전두환대통령연설문집』 1, 218쪽).

56) 대통령비서실, 『전두환대통령연설문집』 1, 220쪽.

라, 대통령만 바뀌는 정권 교체도 그것만으로는 민주주의를 의미하는 것
이 아니었기 때문이다.

이렇게 '평화적 정권교체=민주주의' 논리를 통해 집권을 정당화했던
전두환 정권은 8·15와 통일도 민주주의와 연계시킨다. 그는 광복절을
'세습왕조통치로부터의 해방'(1982),57) 또는 '국권회복과 민주출항의 신
기원'(1983) 등으로 평가하고, 통일은 북한 주민에게 민주주의를 경험하
도록 만들기 위해 필요한 것이라고 주장하였다.58)

그러나 이렇게 민주주의를 강조한 전두환은 다른 한편에서는 '국내적인
단합' 또는 '국민화합'을 강조하였다. 그는 조선이 일본 식민지가 된 것은
국력이 약하고 국내적인 단합을 기하지 못했기 때문이라는 논리를 내세
워 국력신장과 평화통일을 위해 국민화합을 굳게 다져야 한다고 주장하
였다. 물론 민주주의와 국민화합을 동시에 주장하는 것이 모순은 아니다.
하지만 그가 집권 기간 내내 언론·집회·결사의 자유 등 민주주의의 가
장 기본적인 조건들을 허용하지 않은 채 민주화운동을 탄압했다는 점을
고려할 때, 진정 그가 원했던 바는 저항하지 않는, 곧 '순종하는 국민들
의 화합'이었다.

둘째, 전두환은 그동안 8·15 기념사에서 거의 등장하지 않았던 반일
(反日)적 내용을 다루었다. 1983년 기념사에서 그는 독립기념관 건립운
동 1년은 "민족화합의 일대승리이자 민족자존의 위대한 궐기였을 뿐 아
니라, 바로 제2의 광복운동"이라고 평가하였다. 또한 "이 역사적인 기공
식을 민족저력의 도약대로 하여 굳건한 민족사관과 국민화합을 지켜 국

---

57) "8·15는 우리가 한국인으로서의 명맥을 다시 되살린 날이면서 동시에 국민이 나라의
    주인이 되는 민주주의 인으로 새롭게 태어난 날이라고 하겠습니다"(대통령비서실, 『전두
    환대통령연설문집』 2, 1983, 126쪽).

58) "국토의 반 저쪽에 있는 우리의 형제들은 민주주의의 진정한 즐거움이 무엇인지를 경험
    하지 못한 채 오늘에 이르고 있습니다. … 극복의 길은 … 조국의 민주적 통일을 실현
    하는 것입니다"(대통령비서실, 『전두환대통령연설문집』 2, 127쪽).

력신장과 조국통일의 새로운 광복을 이룩하는 노력을 가일층 강화해 나가야"한다고 주장하였다.59)

그런데 독립기념관 건립은 전두환이 전혀 의도하지 않았던 정책으로 1982년 국민들의 반일감정에서 유래한 것이었다. 국내에서는 1982년 6월경부터 일본의 역사 교과서에서 조선 관련 내용이 왜곡되어 있음이 알려지면서 반일감정이 고조되었다. 당시 전두환 정권은 일본으로부터 수십억 달러의 경제협력자금을 빌릴 예정이었기 때문에 이 문제에 대해 미온적으로 대응하였다. 그러나 국민들의 비판 여론이 높아지자 일본과의 외교 교섭을 중단하는 한편, 국내 여론을 무마시키기 위해 '극일'(克日)을 내걸고 독립기념관 건립을 위한 범국민모금운동을 시작하였다.60) 그 결과 1983년 8·15 독립기념관 건립이 시작되었다. 이는 전두환이 독립기념관 건립운동을 통해 국민들의 반일감정을 정치적으로 이용했음을 보여준다.

셋째, 전두환은 이전 대통령들과 마찬가지로 기념사에서 통일을 강조했고 북한에 대해서는 비난과 동시에 대화를 제의하였다. 1981년에 그는 자신이 평화통일을 위해 '1·22' 및 '6·5' 제의를 했지만 북한이 "번번히 이를 거부함으로써 반평화·반통일·반민족의 자세를 버리지 않고 있다"고 비난하면서도, "북한을 대화의 탁자로 끌어내기 위하여 모든 성의와 역량을 아끼지 않을 것"이라고 주장하였다.61) 그 후에도 그는 북한을 비난하면서도 '남북한 최고책임자 회담'(1982)과 '남북이산가족' 문제의 해결(1983)을 촉구하였다. 그러나 1980년대 초는 전 세계적으로 냉전이 강화되고 있던 시기였기 때문에 이런 제안에 대해 북한이 호응하리

---

59) 대통령비서실, 『전두환대통령연설문집』 3, 1984, 106쪽.

60) 일본교과서바로잡기 운동본부, 『문답으로 읽는 일본교과서 역사왜곡』, 역사비평사, 2001, 118~119쪽.

61) 대통령비서실, 『전두환대통령연설문집』 1, 219쪽.

라는 것은 기대하기 힘들었다. 그럼에도 불구하고 전두환이 지속적으로
이런 제안을 했던 것은 국민들의 통일 열망을 이용하여 취약한 정통성을
보완하려는 의도 때문이었다.

마지막으로 전두환은 8·15를 어떤 의미로 인식하였는지를 살펴보자.
기념사에서 식민지로부터 해방과 역사상 최초로 민주주의 정부를 수립한
사실을 강조하였다.62) 그는 8·15의 역사적 의미를 '이민족의 압제로부
터의 해방'과 '세습왕조정치로부터의 해방'이라고 지적했고, 광복에 대해
서는 그것이 아직 미완성이기 때문에 통일을 이루어야 한다고 주장하였
다.63) 따라서 "광복의 참다운 의미는 조국통일을 성취하고 번영의 선진
국을 건설하는 위대한 새 역사 개척의 소명에 있다"고 주장하였다.64) 이
는 8·15에 대한 그의 사고가 박정희와 다르지 않음을 보여준다.

(2) 후기(1984~1987)

집권 후 자신감을 갖게 된 전두환은 1983년 12월 '학원자율화 조치'를
실시하면서 최소한의 정치적 개방을 시작하였다. 이에 따라 집권 후기부
터 그는 8·15 기념사에서 주로 자신의 '치적', 평화통일, 북한, 그리고
국내 정치와 관련된 내용을 주로 다루었다.

첫째, 전두환은 1984년부터 기념사에서 자신의 치적을 자랑하며 자신
감을 표명하였다. 그는 "민족적 정통성을 계승하고 국민적 의지를 결집하

---

62) "오늘은 겨레가 이민족 통치의 예속에서 해방된 뜻깊은 기념일입니다. 따라서 오늘은 겨
    레의 긍지를 회복하고 자주독립을 다짐한 영광의 날로 길이 빛나야 할 것입니다"(대통
    령비서실, 『전두환대통령연설문집』 1, 216쪽). "오늘은 우리 역사상 처음으로 국민이 국
    정의 주인이 되는 민주주의 정부를 출범시킨 지 서른 네 돌이 되는 날"(대통령비서실,
    『전두환대통령연설문집』 2, 123쪽).

63) "8·15는 우리가 한국인으로서의 명맥을 다시 되살린 날이면서 동시에 국민이 나라의
    주인이 되는 민주주의 인으로서는 새롭게 태어난 날" 위의 책, 126쪽. "조국통일은 8·
    15의 반토막 광복을 진정한 광복으로 완성하는 겨레의 숙원입니다"(대통령비서실, 『전두
    환대통령연설문집』 1, 218쪽).

64) 대통령비서실, 『전두환대통령연설문집』 3, 105쪽.

여 불과 4년도 못 되는 짧은 기간에 새 역사 도약의 튼튼한 토대를 쌓아 올렸다"고 주장하면서, "인류 최대의 제전인 88올림픽 대회를 주최"한 사실과 자신이 "일본을 우리 겨레를 대표하여 최초로 공식 방문"하게 되었다는 사실을 강조하였다.65) 1985년과 1986년에도 그는 "인류최대의 제전인 88올림픽을 개최하게 됨으로써 세계의 진운에 공헌하는 위치에 서게 되었다"66)거나 "대한민국은 … 올림픽이라는 인류 최대의 제전을 개최하는 세계사의 중심국가로 부상 … 우리는 이제 민족의 번영을 달성하는 주체일 뿐만 아니라, 세계평화와 인류발전에 기여하는 주역"이라고 주장하면서 자신이 올림픽 개최에 성공했음을 강조하였다.67)

둘째, 전두환은 평화통일 문제를 언급하면서 북한을 비난하는 동시에 대화를 제의하였다. 그런데 흥미로운 점은 그가 광복으로부터 '주체의식'과 '자주'라는 개념을 사용하여 북한을 비난한다는 것이다.68) 그는 자신의 남북대화 노력이 "민족의 문제를 민족 자주적으로 해결하기 위한 것"이었는데 북한이 외면했다고 비난하고 북한이 올림픽 단일팀 구성을 위한 체육 회담을 거부한 것에 대해서는 1984년 로스엔젤리스 올림픽에 다른 사회주의 국가들과 함께 불참한 것을 연계시켜, "타민족의 올림픽 불참 의사를 추종하여 유산시키는 외세의존적 자세"라고 비난하였다.69)

---

65) 대통령비서실, 『전두환대통령연설문집』 4, 1985, 139~140쪽. 그러나 반일감정이 고조된 시기에 일본을 방문하는 행위를 정당화하기 위해 '민족자활의지의 실천'이라는 궁색한 표현을 사용한다. "과거 우리 민족에게 고통을 안겨준 가해자였던 일본을 우리 겨레를 대표하여 최초로 공식 방문하게 된 것도 우리의 평화와 번영의 터전을 자주적인 노력과 주체적인 역량을 개척해 나가는 민족자활의지의 실천에 그 참뜻이 있는 것입니다"(대통령비서실, 『전두환대통령연설문집』 3, 141쪽).

66) 대통령비서실, 『전두환대통령연설문집』 5, 1986, 139쪽.

67) 대통령비서실, 『전두환대통령연설문집』 6, 1987, 174쪽.

68) "광복의 참뜻은 자주와 독립이며 그것을 확보하는 길은 드높은 민족자존과 튼튼한 주체의식을 행동지표로 삼아 실천하는 데 있습니다. 자주와 주체의식의 행동지표는 무엇보다도 남북한이 동족으로서 평화와 통일을 이룩해 나가는 데 있어 실천되어야 할 제1의 가치인 것입니다"(대통령비서실, 『전두환대통령연설문집』 4, 141쪽).

69) 대통령비서실, 『전두환대통령연설문집』 4, 141쪽.

반면 1985년에는 남북 이산가족문제와 경제 분야에서 대화가 이루어지고 있었던 사정으로 인해 비판의 강도를 약화시키고 남북한의 정상적인 관계를 여는 데 필요한 제반사항을 토의하여 해결하자고 제의하였다. 그 중에서도 남북상호불가침 조약 체결을 강조하면서 이를 위해 남북의 불필요한 외교적 경쟁과 대결을 지양하고 국제무대에서 상호 협력할 것도 제안하였다.

셋째, 전두환은 민주화운동이 치열하게 전개되자 1980년대 중반부터 기념사에서 민주화운동 세력을 비판하였다. 그는 자신들이 "진정한 민주주의 토착화의 확고한 의지가 있는 국정주도세대"라고 주장하면서, "지금은 민주에 대한 부질없는 논란을 할 때가 아니라 그 실천에 정진할 때"라고 주장하였다. 또한 "불안과 혼란의 악순환은 이러한 우리의 노력에 후퇴를 가져올 뿐 아니라, 자유민주주의의 터전 자체를 파괴할 수 있다"고 경고하였다.70)

한편, 6월 민주화운동으로 인해 민주화에 대한 기대가 높아졌던 시기에 발표된 1987년 마지막 기념사에서 전두환은 민주화에 대한 내용을 다루었다. 그는 "자유민주주의의 새로운 발전을 이룩하기 위해서 우리는 화합의 정신으로 갈등을 해소하고 성숙한 분별력으로 민주와 개방의 원리를 실천해 나가야할 것"이며, "국민 모두가 침착한 자세로 안정과 화합의 바탕을 굳게 다지면서 욕구와 주장을 합리적으로 조정해 나가야만 우리의 국운은 계속해서 뻗어갈 수 있는 것"이라고 주장하였다.

마지막으로 전두환의 8·15에 대한 인식을 살펴보면, 이전(전기)과 다르지 않다. 그는 1984년 기념사에서 광복의 참뜻이 자주와 독립이며, 그것을 확보하는 길은 드높은 민족자존과 튼튼한 주체의식을 행동지표로 삼아 실천하는 것, 곧 분단을 극복하고 통일을 이룩하는 것이라고 주장하였다.71) 1985년에는 광복의 소명을 자주와 독립, 그리고 통일과 번영

---

70) 대통령비서실, 『전두환대통령연설문집』 5, 141~142쪽.

표 3. 전두환 대통령 시기

	8·15의 의미	기념사의 주요 내용
전 기 (1981 ~1983)	식민지로부터의 해방과 민주주의 정부 수립, 이민족의 압제와 세습왕조통치로부터의 해방(1981, 1982), 조국통일 성취와 번영의 선진국 건설(1983)	7년 단임제＝평화적 정권교체＝민주주의 논리 강조, 국내적인 단합/국민 화합 강조 독립기념관 건립운동의 의의, 통일 및 대북제의 및 비난
후 기 (1984 ~1987)	자주와 독립, 통일(1984) 자주와 독립, 통일과 번영(1985) 자주와 독립의 민족국가, 자유와 평등의 민주국가, 복지국가의 실현(1986)	88 올림픽 개최, 일본 공식 방문 등 자신의 치적 강조, 평화통일을 위한 남북 회담 및 이산가족회담 제의, 민주화운동 세력 비판, 국민화합 및 민주화

으로, 1986년에는 진정한 광복과 민족 및 개인의 참다운 해방에 도달하는 길은 자주와 독립의 민족국가, 자유와 평등이 보장되는 민주국가, 그리고 구성원 모두가 인간답게 살 수 있는 복지국가의 실현이라고 정의하였다. 곧 그는 8·15의 역사적 의미를 통해 통일된 자주·독립의 민족국가, 자유·평등의 민주국가, 복지 국가의 실현이라는 현재적 과제를 제시하였다.

결국 전두환은 8·15 기념사에서 군사쿠데타를 통한 자신의 불법적 집권을 정당화하는 내용, 국민들에게 제5공화국 수립의 차별성을 강조하는 내용, 독립기념관 건립·일본 방문·올림픽 유치 등 주요한 사건을 통해 자신의 통치를 정당화하는 내용, 자신의 통일 노력을 과시하기 위해 북한에게 제안한 내용, 그리고 자신의 퇴진을 요구하는 민주화운동세력에 대한 비난 등을 다루었다. 이 과정에서 그는 자신이 광복의 참뜻인 평화통일을 위해 노력하고 있다는 점을 강조하였다.

---

71) 대통령비서실, 『전두환대통령연설문집』 4, 141쪽.

4) 노태우 대통령

노태우는 국민의 자유로운 민주 선거에 의해 선출되었지만 군부권위주의 세력의 후계자라는 한계를 갖고 있었다. 따라서 그는 그들과의 차별성을 부각시키기 위해 8·15 기념사에서 전두환과 차이가 나는 내용을 다루었다. 기념사에서 그가 주로 다룬 주제는 통일과 북한, 민족적 자신감과 긍지, 그리고 민주주의와 민주화 세력 비판과 관련된 내용이었다.

첫째, 노태우는 사회주의권 개혁·개방 및 체제 전환이라는 시대적 흐름에 따라 임기 동안 북방정책을 비롯하여 북한에게 다양한 대화 및 평화통일 방안을 제의하였다. 7·7 선언("민족자존과 통일 번영을 위한 특별 선언")을 발표한 1989년 8·15 기념사에서는 김일성 주석에게 '남북한 당국 최고책임자 대화'를 제의했고, 1989년에는 '남조선 적화통일' 노선 포기, 일체의 대남도발 테러행위와 우리에 대한 전복기도 중단, 그리고 북한 동포의 자유와 인권 보장을 요구하였다.

동구 사회주의 국가들이 붕괴되고 한소 정상회담이 진전된 1990년에는 9월로 예정된 '남북고위급회담'에 대한 기대, 남북정상회담의 조속한 실현, 남북 간 무력 사용 포기 선언, 그리고 불가침협정 체결을 제의했고, 1991년에도 남북관계의 정상화 및 진전을 요구하고 남북고위급회담에 대한 기대를 표명하였으며 북한 특정 지역에 합작공장 건설, 관광·지하자원 공동 개발, 남북의 제3국 공동 진출 등을 제의하였다. 마지막으로 1992년에는 2월 남북한 기본합의서와 비핵화선언이 발효됨으로써 남북관계가 대결과 불신에서 '화해와 협력'의 새 길로 들어섰다고 평가한 후, 남북 정보 개방과 왕래 촉진, 핵개발 의혹 해소, 이산가족 고향방문사업 정례화와 그 장소로 특정 지역 개방, 그리고 경제협력의 본격적 추진을 주장하였다.

노태우가 기념사에서 북한과의 관계 및 통일 문제에 가장 많은 비중을 둔 것은 1980년대 중반 이후 소련과 동구 사회주의 국가의 개혁·개방이라는 국제적 요인과 87년 민주화 이후 통일운동의 활성화라는 국내적 요인에 기인한 것이다. 노태우는 태생적인 정통성 시비와 함께 실정(失政)으로 인해 지지기반이 약화되자, 국제적인 변화의 흐름을 이용하여 공세적인 통일정책을 전개함으로써 돌파구를 찾으려 하였다. 이러한 노태우의 제안에 대해 북한 역시 국제적인 고립에서 기인한 위기 탈출의 필요성 때문에 호응하였다. 그 결과 1991년 남북한이 UN에 동시 가입하고 1992년 '남북 사이의 화해와 불가침 및 교류·협력에 관한 합의서'와 '한반도의 비핵화에 관한 공동선언'이 체결됨으로써 노태우의 대북 정책은 일정 정도 성과를 거두게 된다.

둘째, 노태우는 기념사에서 '민주주의 새 시대'나 올림픽 등을 소재로 국민들에게 지속적으로 민족의 발전에 대한 긍정적인 상(象)을 제시하였다.[72] 1988년에는 올림픽이 우리 겨레에게 무한한 자신과 긍지를 심어 줄 것이며 선진국으로 뛰어오르는 도약대가 될 것이라고 주장하면서 "우리의 유구한 역사를 통해 우리가 이렇게 세계 앞에 당당히 우뚝 선 적은 없었"다고 말하였다.[73] 1989년에는 올림픽이 동서남북의 세계가 한마당에 모인 인류화합의 대축제였다고 평가하면서, "우리가 땀흘려 이룩한 이 성취는 세계 모든 개발도상국에게 희망과 용기를 주는 발전의 본보기"가 되었다고 주장하였다.[74]

1990년대 들어서도 노태우의 메시지는 마찬가지 내용이었다. 즉 1990년에는 20세기 후반을 '위대한 성취의 시대'로 만들었기 때문에 "이

---

72) "우리는 독재와 정통성 시비로 얼룩진 파란 많은 지난 시대를 청산하고 진정한 민주주의의 밝은 시대를 다함께 열어 가고 있습니다"(대통령비서실, 『노태우대통령연설문집』 1, 1989, 187쪽).

73) 대통령비서실, 『노태우대통령연설문집』 1, 188쪽.

74) 대통령비서실, 『노태우대통령연설문집』 2, 1990, 212쪽.

세계 누구도 이제 우리를 힘없는 민족으로 넘보지 못하고, 한국은 세계 무대에서 새롭게 떠오르는 한 중심국가가 되고 있다"고 주장하였다.75) 1991년에는 지난 4년간 민주주의의 새로운 시대를 열었기 때문에 이제 국민적 합의 위에 안정의 기반이 굳건해졌고, 지금 국민들의 생동감과 자신감은 충만하며 약소민족으로써 세계의 중심에 우뚝 섰다고 주장하였 다.76) 1992년 기념사에서도 해방 이후의 역사를 "민주·번영이 넘치는 한민족의 통일조국을 실현해 나가는 위대한 역사"였다고 서술하였다.77) 또한 집권 마지막 해인만큼 국민들에게 비관주의와 냉소주의를 경계하고 긍지와 자신감으로 민족의 위대한 시대를 열 것이라는 낙관적인 전망을 제시하였다.78) 이는 해방 후의 역사를 매우 부정적으로 서술했던 이전 대통령들의 기념사와는 매우 대조적인 모습이다. 물론 박정희나 전두환 이 기념사에서 자신들의 치적을 자랑했던 데 비해, 노태우는 1987년 민 주적 선거로 당선이 되었고 북방정책이나 대북 관계가 개선되었던 만큼 민족의 긍지를 자극할 수 있는 소재가 보다 풍부했다고 볼 수 있다.

셋째, 노태우는 기념사에서 '6·29선언'으로 한국에 민주주의가 열린 것으로 주장하면서 자신에 대한 도전 세력을 비판함으로써 자신을 한국 민주주의의 수호자로 자리매김하려고 하였다.79) 그는 1988년 민주주의 의 진전을 방해하는 두 가지 도전을 지적하는데, 그것은 "하나는 폭력혁 명으로 우리의 자유민주주의체제를 전복하여 계급독재체제를 세우겠다는 세력이며, 또 다른 하나는 욕구와 갈등의 무분별한 분출로, 애써 이룩한

---

75) 대통령비서실, 『노태우대통령연설문집』 3, 1992, 428쪽.

76) "우리 근대사에서 지금처럼 나라에 생동감이 넘치며 국민 모두가 자신감에 충만했던 때 는 없었습니다"(대통령비서실, 『노태우대통령연설문집』 4, 1992, 429쪽).

77) 대통령비서실, 『노태우대통령연설문집』 5, 1993, 367쪽.

78) "겨레의 수난으로 시작한 20세기를 성취와 보람으로 매듭지어 한민족의 위대한 시대를 열 것입니다"(대통령비서실, 『노태우대통령연설문집』 5, 370~371쪽).

79) "'6·29 선언'으로 오랜 권위주의 통치를 청산하고 자유의 활력에 넘치는 민주주의 시대 를 열었습니다"(대통령비서실, 『노태우대통령연설문집』 5, 367쪽).

민주주의의 틀을 위협하고 있는 사회일각의 현상"이다. 전자는 학생운동을 비롯한 반정부 세력을 지칭하는 것이며, 후자는 노동운동을 비롯하여 그동안 억눌렸던 사회 각 계층의 민주화 투쟁을 지칭하는 것이다. 그는 그들이 올림픽을 방해할 것을 걱정하면서 단호한 조치를 취할 것이라고 주장하였다.

1991년에도 노태우는 상해 대한민국 임시정부가 민주공화국을 선포한 것을 근거로 대항 세력의 주장을 비판하였다.[80] 그 과정에서 자신의 정부가 '진정한 민주주의 시대', 곧 1987년 민주화 이후에 등장했기 때문에 정통성이 있다는 논리를 내세운다.[81] 이는 1991년 '5월 투쟁'을 주도했던 대항세력을 '계급혁명에 바탕하여 나라의 정체성까지도 부정'한다고 비난함으로써 자신의 실정에 대한 비판을 반공이데올로기를 통해 약화시키려는 논리였다.

마지막으로 8·15에 대한 노태우의 인식을 살펴보면, 그는 1988년 8·15를 일제 식민통치의 굴레를 벗어난 해방의 날이자 이 땅에 처음으로 민주공화국을 세운 날이라는 사실을 강조하고, 미완의 광복을 완성하기 위한 당면 과제는 번영된 통일조국을 이룩하는 것이라는 점을 강조하였다.[82] 이후에도 "겨레 모두의 존엄이 보장되는 자유로운 나라, 민족의 자주와 자존이 온 세계에 빛나는 번영하는 나라, 그리고 민족사의 소망을 실현해 줄 통일된 나라",[83] "자유·평등·평화·행복이 넘치는 나

---

80) "우리 사회 일각에 우리 역사를 비뚤게 보고 왜곡하는 시각이 자리잡아 왔습니다. 시대착오적인 계급혁명론에 바탕하여, 나라의 정체성 자체까지도 부정하는 주장이 일부 젊은 세대를 현혹하고 있습니다"(대통령비서실, 『노태우대통령연설문집』 4, 1992, 433쪽).

81) "민주공화국을 선포한 상해 대한민국임시정부를 계승한 이 나라의 정통성은 이제 세계와 역사 속에 더욱 확고하게 정립되었습니다. 진정한 민주주의의 시대와 함께 정부의 정통성도 바로 섰습니다"(대통령비서실, 『노태우대통령연설문집』 4, 434쪽).

82) "번영된 통일조국을 이룩하는 것만이 우리 민족사의 진정한 정통성을 되찾아 미완의 광복을 오늘에 완성하는 길입니다"(대통령비서실, 『노태우대통령연설문집』 1, 192쪽).

83) 대통령비서실, 『노태우대통령연설문집』 2, 216쪽.

라",84) "7,000만 우리 겨레가 한 울타리 속에서 자유와 행복을 누리는 날",85) '선진·통일' 등 긍정적 가치가 실현된 나라를 통해 광복을 정의하고 있다.

그런데 노태우의 8·15 인식은 통일을 광복의 완성으로 인식한다는 측면에서 이전 대통령들과 같지만, 그들과 달리 통일이라는 현실적 목표와 함께 '자유·평등·평화·행복' 등 인간 사회가 추구하는 바람직한 가치를 광복과 연결시켰다는 점에서 차별성을 보인다. 이는 노태우가 권위주의 시대의 대통령과 달리 민주적 선거를 통해 선출된 대통령이었기에 자신감을 가질 수 있었다는 점, 그리고 그의 집권 초기에 '3저 호황'이라는 경제적 번영을 누렸다는 점에서 기인한 것으로 보인다.

결국 노태우는 기념사에서 통일과 대북 문제에 가장 많은 관심을 기울였고, 다음으로 한국의 발전상을 강조함으로써 국민들에게 자신감과 긍지 및 미래에 대한 희망을 주려 하였다. 반면 집권기에 일어났던 수많은 국내 정치적 쟁점은 거의 다루지 않았다. 이는 국제적인 냉전 와해의 분위기에서 북방정책 및 북한과의 교섭이 성공했다는 점, 1987년 민주화의 결과 선출된 대통령이라는 점, 그리고 심각한 경제적인 위기에 빠지지 않았다는 점 등을 반영한 것으로 보인다.

6) 김영삼 대통령

김영삼은 1960년 이래 최초의 문민 대통령이었기 때문에 8·15 기념사에서 주로 문민정부의 의미, 한국의 높아진 국제적 위상, 자신이 추진하는 정책들을 다루었고, 특히 북한 및 통일 문제에 가장 많은 비중을 두었다.

---

84) 대통령비서실, 『노태우대통령연설문집』 3, 432쪽.

85) 대통령비서실, 『노태우대통령연설문집』 4, 434쪽.

첫째, 김영삼은 1993년 자신이 4·19 이후 최초의 '문민' 대통령이라는 점을 강조하면서, 자신의 정부가 임시정부의 정통성과 민주화운동의 정신을 계승했다고 주장하였다.86) 또한 1994년에는 상해 임정 청사를 복원하고, 애국선열들의 유해를 고국 땅에 모셨다는 사실을, 그리고 1995년에는 옛 총독부 건물과 총독 관사를 철거하고 1,400여 분의 애국선열을 새로 독립유공자로 모심으로써 식민잔재를 깨끗이 하고 민족정기를 회복하려 했다는 점을 강조하였다.87) 1995년에도 "과거 침략행위와 식민지 지배에 대한 진정한 반성"을 촉구하는 등 일본에 대해 과거 역사의 올바른 인식이 중요하다는 점을 지적하였다. 이는 시마무라 요시노부 신임 일본 문부장관의 망언 등에서 비롯된 국민들의 반일 감정을 반영한 것이다.

김영삼이 이렇게 문민정부와 임시정부 또는 독립운동을 연결시키면서 반일(反日) 담론을 이용한 것은 이전 정권들과 자신의 차별성을 드러내기 위해서였다. 경제발전에서 정통성을 찾았던 이전 정권들과 달리, 그가 민주화운동에서 자신의 정통성을 찾는 논리 역시 마찬가지 이유에서였다. 이렇게 차별성을 드러내려한 이유는 그가 군부 권위주의 세력의 정당인 민자당의 후보로써 대통령에 당선되었다는 점 때문이다. 그는 자신이 임시정부와 민주화운동의 후예라는 사실을 강조함으로써 군부 세력과의 차별성을 드러내려 했던 것이다.

둘째, 김영삼은 기념사에서 지속적으로 한국의 높아진 국제적 위상을 강조함으로써 국민들에게 자부심을 불어넣으려 하였다.88) 1993년에는

---

86) "새 문민정부는 이 같은 임시정부의 빛나는 정통성을 이어받고 있습니다. … 민족의 역사는 바로 서야합니다. 민족의 자존심은 회복되어야 합니다. … 겨레의 빛나는 독립운동과 우리 국민의 자랑스런 민주화 운동 정신을 이어받고 있다"(대통령비서실, 『김영삼대통령 연설문집』 1, 1994, 369~369쪽).

87) 대통령비서실, 『김영삼대통령연설문집』 3, 1996, 366쪽.

88) "이제 한반도는 세계의 변방이 아닙니다. 세계의 중심은 아시아태평양 지역으로 옮겨지고 있습니다. … 우리 민족이 새로운 세계문명 창조에 적극 기여할 때입니다"(대통령비

"오직 우리만이 올림픽에 이어 엑스포를 주최하는 나라"이며, "금세기 안에 선진국에 진입하고 통일을 이룰 것"89)이라고 주장했고, 1994년에도 우리 민족이 광복, 민주주의, 한강의 기적을 이루어내었기에 "민주와 번영이 넘쳐흐르는 통일조국, 신한국을 기필코 창조"할 것이며, "새로운 세계 문명의 중심에 우뚝서게 될 것"이라고 주장하였다.90)

1995년에는 '세계 11위의 경제대국'이자 '세계의 당당한 중심국가'가 되었음을 강조하면서 "세계의 중심에 우뚝서는 일류국가로 만드는 것이 민족사적 소명"이라고 강조하였다.91) 또한 1996년에도 "이제 세계 11위의 경제력과 국민소득 1만 달러의 나라"가 되었으며 "열흘 전, 애틀랜타 올림픽에서도 우리는 민족의 저력을 다시 한번 확인"했고, "우리나라의 위상이 이렇게 높아진 것은 역사상 유례가 없는 일"이라면서 "세계의 중심에 우뚝 선 일류국가, 한민족의 위대한 시대를 우리 손으로 창조하자"고 제안하였다.92) 집권 마지막 해인 1997년에는 "오늘 우리는 다가오는 세기에 반드시 위대한 한민족의 시대를 열 수 있다는 희망과 자신에 차 있다"고 평가하고 "희망의 새 세기에는 통일된 조국, '위대한 한민족 시대'가 우리 앞에 펼쳐지게 될 것"이라는 희망을 피력하였다.93)

셋째, 김영삼은 다른 어떤 주제보다도 통일과 북한 문제를 가장 많이 다루었다. 그는 선열들이 세우려 했던 '민주 공화국'이 분단된 조국이 아니었다는 점을 지적하면서 통일조국의 당위성을 강조하였다. 그런데 주목할 점은 1994년 그가 통일 한국의 이념 체제로서 자유민주주의를 천명하면서 흡수통일의 가능성을 배제하지 않았다는 점이다.94) 그는 세계

서실, 『김영삼대통령연설문집』 1, 371쪽).

89) 대통령비서실, 『김영삼대통령연설문집』 1, 371쪽.

90) 대통령비서실, 『김영삼대통령연설문집』 2, 1995, 331쪽.

91) 대통령비서실, 『김영삼대통령연설문집』 3, 365쪽.

92) 대통령비서실, 『김영삼대통령연설문집』 4, 1997, 380~381쪽.

93) 대통령비서실, 『김영삼대통령연설문집』 5, 1998, 245~248쪽.

적인 체제 대결에서 사회주의가 실패했기 때문에 자유민주주의로 통일하는 것이 당연하며, 흡수통일을 원하지 않지만 통일이 예기치 않은 순간에 갑자기 닥쳐올 수 있기 때문에 대비해야 한다고 주장하였다.[95]

한편 북한에 대해서는 비난과 동시에 대화를 모색하였다. 1993년에는 북한의 핵무기 개발 의혹 해소, 남북 기본합의서의 실천, 상호방문과 서신교환, 판문점 이산가족 면회소 설치, 경제협력 등을 강력히 주장하였다. 1994년에는 북한의 연방제 통일방안에 대한 부정적인 입장을 재확인하는 한편, 경수로 지원 방침과 경제협력 가능성을 제시하고 대남 적화전략 포기, 인권 개선, 이산가족 문제 해결, 남북 기본합의서와 한반도 비핵화 공동선언의 즉각 이행, 남북한 상호 비방 중지, 군사적 대결 종식을 위한 군사적 신뢰 구축 등을 요구하였다. 1995년에는 "한반도 평화체제 구축문제는 반드시 남북 당사자 간에 협의, 해결되어야 한다"는 기본원칙을 재천명하고 남북기본합의서와 한반도 비핵화 공동선언 존중, 평화체제 구축을 위한 관련 국가들의 협조 촉구 등을 제시하였다.[96]

집권 후반기인 1996년 김영삼은 기념사의 절반 이상을 남북관계에 할애하면서 남북관계의 돌파구를 마련하려는 모습을 보인다. 그는 "지난 해 1,900억 원에 달하는 엄청난 규모의 쌀을 아무 조건 없이 북한에 지원"한 것이 "민족사의 긴 안목으로 보면 획기적인 의의"를 갖는 일이 될 것이라 주장하면서, 북한에게 '한반도 평화와 남북 간 협력을 위한 우리의 입장'을 제시하였다.[97] 그는 북한의 불안이나 고립을 원하지 않고 있으

---

94) "통일은 계급이나 집단 중심의 이념보다도 인간 중심의 자유민주주의가 바탕이 되어야 합니다"(대통령비서실, 『김영삼대통령연설문집』 2, 327쪽).

95) "우리는 점진적이고 단계적인 통일을 희망하고 있습니다. 그러나 통일은 예기치 않은 순간에 갑자기 닥쳐올 수도 있습니다. 우리는 모든 가능성을 점검하고 충분히 준비해야 합니다"(대통령비서실, 『김영삼대통령연설문집』 2, 330쪽).

96) 대통령비서실, 『김영삼대통령연설문집』 3, 366쪽.

97) 대통령비서실, 『김영삼대통령연설문집』 4, 383쪽.

며, 일방적인 통일도 원하지 않는다는 점을 분명히 함으로써 흡수통일에 대한 북한의 의구심을 해소하려 하였다. 또한 북한의 경제난 해소를 위해 남한이 취할 수 있는 조처를 구체적으로 열거하면서, 북한에게 4자회담 참여를 독려하는 모습을 보인다.

마지막 해인 1997년 김영삼은 기념사에서 획기적인 대북 제의 없이, 단지 지난 4년간의 남북관계를 정리하고 평화정착 및 북한 식량난 해결을 위한 기존 원칙을 다시 강조하였다. 여기서 그가 제시한 '한반도 평화 정착을 위한 4대 원칙'은 북한의 무력 포기, 남북 상호 존중, 신뢰 구축, 상호 협력이었다. 또한 대북 경수로 지원 사업 추진, 4자 예비회담 개최 등을 예로 들면서, "지난 4~5년간 때론 좌절도 없지 않았지만 민족사의 긴 안목에서 볼 때 남북관계는 분명 진전을 이루어가고 있다"고 재임 중 대북정책에 스스로 후한 평가를 내렸다.[98]

넷째, 김영삼은 1993년에는 기념사에서 자신이 추진하는 정책의 의미와 정당성을 주장하였다. 그는 '신한국'을 지향하는 '제2의 광복운동'을 추진하고 있으며 그 사례로 금융실명제와 공직자 재산공개의 중요성을 강조하였다.[99] 주목할 점은 그가 '제2의 광복운동', '민족사의 복원', '애국심' 등 민족주의적 담론을 동원하여 자신의 정책을 정당화했다는 점이다. 특히 식민 잔재의 청산과 민족정기의 복원을 강조함으로써 그동안 8·15 기념사에서 거의 다루어지지 않았던 반일 담론을 부활시켰다.

마지막으로 8·15에 대한 김영삼의 인식을 살펴보자. 그는 1993년 기념사에서 8·15의 의미를 언급하지는 않지만, 자신이 추진하는 여러

---

98) 대통령비서실, 『김영삼대통령연설문집』 5, 246쪽.

99) "우리는 지금 '제2의 광복운동'에 나서고 있습니다. 변화와 개혁이 바로 그것입니다. 부정부패로부터의 해방입니다. 전도된 가치관과 나태로부터의 해방입니다. 무질서로부터의 해방입니다. 그리하여 깨끗한 정부, 튼튼한 경제, 건강한 사회를 이룩해 나갈 것입니다. 민족구성원 모두가 넘치는 자유로 웃고, 풍요한 생활로 흐뭇해하며, 인간다운 존엄한 삶을 누리는 통일조국을 이룩해 나갈 것입니다. 이것이 '신한국'입니다"(대통령비서실, 『김영삼대통령연설문집』 1, 369쪽).

정책이 '제2의 광복운동'이며, 통일이 광복운동의 대단원이라고 주장하였다. 또한 문민정부가 정통성을 이어받은 임시정부가 자유, 평등, 인권이 보장되는 민주 공화국을 건설하였다는 점을 강조하면서 민족의 역사를 바로 세우고 자존심을 회복시켜야 한다고 주장하였다. 이후에도 '제2의 광복' 또는 참다운 '광복의 완성'을 "민주와 번영이 넘쳐흐르는 통일조국, 신한국",100) "남북의 민족성원 모두가 자유와 번영을 누리는 통일국가를 건설하는 것",101) "민주와 번영으로 세계를 앞서가는 선진국가, 정신적 가치와 도덕성이 존중되는 문화국가, 세계의 평화와 번영에 기여하는 통일국가",102) "자랑스런 '통일국가', 세계에서 앞서가는 '일류국가'"103) 등으로 규정하였다.

김영삼 역시 노태우와 마찬가지로 광복을 통일이라는 현실적 목표와 함께 민주, 번영, 평화 등 추상적인 목표로 정의하였다. 그런데 주목할 점은 그가 제시한 목표들이 노태우가 제시한 것보다 현실성을 띠었다는 점이다. 그의 '세계화', '세계일류국가' 등의 목표는 국민들을 다시 경제발전에 동원하려는 의도를 지닌 것이었고, 통일조국, 통일국가라는 목표는 1990년대 중반의 북한붕괴론 또는 흡수통일론과 연결되면서 상당한 설득력을 갖기도 하였다. 따라서 그가 제시한 목표들은 구호의 추상성에도 불구하고 당대의 현실과 맞물리면서 현실성을 띠었다는 특징을 갖고 있다.

결국, 김영삼은 기념사에서 통일과 북한 문제에 가장 많은 관심을 표명하고 국민들에게 자부심과 희망을 주려하였다. 그가 통일과 북한 문제를 많이 다루었던 이유는 물론 북한의 핵 문제가 한반도에 긴장을 높였고, 북한이 식량 부족 및 경제 침체로 위기에 처했으며, 김일성 주석이 사망

---

100) 대통령비서실, 『김영삼대통령연설문집』 2, 331쪽.

101) 대통령비서실, 『김영삼대통령연설문집』 3, 365쪽.

102) 대통령비서실, 『김영삼대통령연설문집』 4, 381쪽.

103) 대통령비서실, 『김영삼대통령연설문집』 5, 249쪽.

하는 등 다양한 요인에 의한 자연스러운 결과였다. 동시에 독일의 통일 및 경제발전에 따른 남북한 국력의 압도적 격차에 따른 결과이기도 하였다.

7) 김대중 대통령

한국 정치사에서 최초로 여야의 정권 교체를 달성한 김대중 대통령은 8·15 기념사에서 남북관계를 많이 다루었지만, 가장 많은 비중을 둔 것은 매년 당면한 국정운영 관련 내용이었다. 따라서 먼저 그가 연도별로 국정과 관련하여 어떤 내용을 다루었는지 살펴보자.

1988년 김대중은 평화적 정권교체를 통해 탄생한 '국민의 정부'가 외환위기를 극복하기 위해 그동안 기울인 노력을 긍정적으로 평가하고 "국가의 나아갈 방향을 새로이 정립하고 나라의 기강을 바로세우며 민족의 재도약을 이룩하기 위해 국민 모두가 동참하는 '제2의 건국'" 추진이 필요하다는 점을 제시하였다.104) 또한 새로운 국정철학으로 '민주주의와 시장경제의 병행발전'과 자유·정의·효율의 3대 원리를 제시하고, 참여민주주의와 시장경제의 완성, 세계주의와 지식기반국가의 실현, 신노사문화의 창조와 남북 간의 교류·협력 촉진 등 '제2의 건국'을 계획하고 추진하기 위한 국정운영의 6대 과제를 제시하였다. 이처럼 1998년 기념사는 대부분 국정운영 관련 내용을 다루고 있다.

1999년에는 새천년을 앞둔 20세기의 마지막 경축일이었기 때문에 지난 민족사를 돌아보고 새천년의 미래에 대해 논의하였다. 우선 지난 100년을 평가하면서는 특히 자신과 관련된 1997년의 정권교체와 외환위기 극복을 강조하였다. 또한 집권 후 외환위기 극복과 남북교류의 진전이라는 약속을 지킨 반면, 내각책임제 약속을 지키지 못했음을 해명하였다.

다음으로 임기 중반의 국정운영 방향을 제시하였다. 첫째, 선거제도의

---

104) 대통령비서실, 『김대중대통령연설문집』 1, 1999, 425쪽.

개혁, 선거공영제 강화, 본회의 중심의 국회 등의 정치개혁 방안과 인권
법 제정, 인권위원회 설치, 국가보안법 개정, 통합방송법, 민주유공자보
상법, 의문사진상규명특별법, 비영리 민간단체 지원법 등 개정 및 제정,
대통령 직속 반부패특별위 구성 등 인권과 민주주의를 증진시키는 법률
의 제정·개정 추진을 제시하였다. 둘째, 중산층과 서민 중심의 개혁적
국민정당, 인권과 복지를 중시하는 정당, 지역 구도를 타파하는 전국 정
당을 만들겠다고 신당 구상을 밝혔다. 셋째, "더불어 성공할 수 있는 경
제번영"을 위해 특히 재벌개혁에 역점을 둘 것을 강조하고, 2002년 국민
소득을 1만 2000달러 수준으로 향상시키며, 200만개 일자리 창출로 사
실상 완전고용을 실현하고, 금융소득종합과세 실시로 공정한 과세를 통
해 경제·사회적 정의를 실현함으로써 임기 안에 세계 일류의 경제발전
과 건전한 경제체제 건설에 전력을 다할 것을 다짐하였다.105)

　2000년에는 6·15 남북정상회담의 의의와 지난 2년 반 동안 이룬 자
신의 업적을 열거한 후, 여전히 "4대 개혁의 미완성, 도덕적 해이, 개혁
피로 증후군, 집단 이기주의, 정치의 불안정 등 나라 발전에 발목을 잡고
있는 일이 많다"는 점을 지적하면서 개혁을 강조하였다.106) 그는 국정
제2기의 5대 목표로 인권국가, 모범적인 민주주의 국가, 4대 개혁과 지
식정보화를 통한 세계 일류국가, 생산적 복지의 정착, 국민의 대화합 실
현, 한반도의 전쟁 위협 제거와 남북 평화 교류 협력의 민족 상생의 시
대를 제시하였다. 특히 그 중에서 지식정보강국 건설을 통한 세계 일류
국가의 건설과 남북 화해 협력 실현 및 민족의 평화적 통일을 역사적 소
명으로 강조하였다.

　2001년에는 임기 후반 국정 전반에 대한 자신의 소회를 토로하고 개

---

105) 대통령비서실, 『김대중대통령연설문집』 2, 2000, 405～414쪽.

106) "개혁이야말로 국민과 시대가 국민의 정부에 부여한 역사적 소임", "개혁은 선택의 문
　　　제가 아니라 생존의 문제", "개혁을 하지 않으면 우리에게 미래는 없다"(대통령비서실,
　　　『김대중대통령연설문집』 3, 2001, 394쪽).

혁의 방향을 제시하였다. 그는 국민의 정치 불신을 근거로 국회·정당·선거 등 정치개혁의 필요성을 역설했고, 국민이 원하는 대화와 화합의 정치를 위해 이회창 한나라당 총재에게 영수 회담을 제의했으며, 내년에 예정된 선거를 공정하게 치를 것을 다짐하였다. 또한 경제 회복을 위해 신노사문화 창출, 금융·기업·공공·노동 등 4대 개혁 추진, 내수시장 확대, 중산층과 서민 대책, 4대 보험 확충, 교육여건 개선, 국민보건 증진, 농어민 소득증대 등의 방안을 제안한 후, 국민의 협력을 요청하였다.

한편, 2001년 기념사에는 일본의 역사왜곡과 총리의 신사참배를 비난하는 내용이 포함되었다. 김대중은 1998년 일본 국빈 방문 당시 일본 정부가 과거를 반성하고 우리 국민들의 손해와 고통에 대해 '사죄'했음을 상기시킨 후 일본 정부에게 "확실한 역사 인식 토대 위에서 두 나라 관계가 올바르게 발전돼 나갈 것을 강력히" 요청하였다.107)

임기 마지막 해인 2002년에는 월드컵의 성공적 개최를 언급하면서 국민들에게 미래에 대한 희망을 제시하고 남은 임기동안 자신이 전념할 과제의 구체적 내용을 설명하였다. 그 과제들은 민·관 합동으로 추진 중인 '포스트 월드컵' 대책의 성공적 추진, 경제의 구조개혁 지속, 한반도의 평화와 안정을 위한 남북관계 개선 노력, 중산층과 서민의 생활 개선 노력, 연말 대선의 공정한 관리와 사회기강의 확립, 그리고 부산 아시안게임과 부산 아·태 장애인 경기대회의 성공을 위한 준비였다. 또한 2010년 세계박람회와 동계올림픽 유치에도 총력을 기울여 국가적 위상을 다시 세계에 과시하고 경제도약의 새로운 전기를 마련하도록 할 것을 밝혔다.

다음으로 김대중 대통령이 집권 기간 내내 중점을 기울인 분야는 남북관계였다. 그러면 매년 남북관계와 관련하여 어떤 내용을 다루었는지 살펴보자. 그는 1998년 무력도발 불용, 흡수통일 배제, 교류협력 추진 등 기존 3대 원칙을 제시했는데, 이는 확고한 안보 위에 남북 간 교류 협력

---

107) 대통령비서실, 『김대중대통령연설문집』 4, 2002, 367~368쪽.

을 하겠다는 의미를 담은 것이었다.

1999년에는 서해교전을 사례로 들면서 한반도 평화실현을 위해 안보와 화해가 정착되어야 함을 강조하면서 안보를 위해 한미공동방위체제를 굳건히 유지할 것을 밝혔다. 또한 남북 간 평화와 협력을 위한 포용정책을 계속 추진할 것이며, 한반도 문제의 남북 당사자 간 해결을 주장하면서 남북 간 정부 차원에서 교류 할 것을 희망하였다.

2000년에는 남한의 '남북연합'과 북의 '낮은 단계의 연방제'에는 상당한 공통성이 있기 때문에 "이를 토대로 평화공존, 평화교류를 확립하는 통일의 제1단계를 실현시켜 나가도록 노력할 것"을 밝혔다.108) 구체적인 방안으로는 장관급 회담을 통한 군사, 경제, 사회·문화의 3개 공동위원회 구성, 남북 간의 군사직통전화 설치, 국방장관급 회담 등 긴장 완화 조치를 추진할 것임을 밝혔다. 또한 남북 간의 평화와 동북아의 안정 구축을 위해 주변 4대국과의 협력을 강화할 것이며 이를 위해 한반도와 일본에서의 미군 존속이 필요하다는 점을 밝혔다.

2001년에는 한반도의 냉전 유산을 청산하기 위해 시작한 햇볕정책이 주변 4대국과 전 세계의 적극적 지지를 얻었고, 북한도 6·15 남북공동선언을 통해 수용했음을 강조하였다. 또한 미국에게는 북미회담 재개에 노력할 것을, 북한에게는 "6·15 남북 공동선언을 준수하고 이미 합의된 사항들에 대해 계속적인 추진"과 "미국과의 대화 재개"를 촉구하였다. 그렇지만 여전히 주한미군의 주둔은 한반도와 동북아의 평화와 안전을 위해 절대 필요하다는 점을 분명히 하였다.109)

임기 마지막 해인 2002년에는 북한과 약속한 경의선 철도 연결, 금강산 육로관광, 개성공단 건설 등 군사적 긴장을 완화시킬 남북 간의 합의가 실현되지 못하고 서해 사태가 일어난 점에 대해 아쉬움을 표명했고,

---

108) 대통령비서실, 『김대중대통령연설문집』 3, 397쪽.

109) 대통령비서실, 『김대중대통령연설문집』 4, 367쪽.

철저한 안보태세의 확립과 한반도의 평화를 지키기 위해서는 가능한 모든 일을 다 할 것이라는 점을 밝혔다. 그러면서도 한반도의 항구적인 평화와 안정을 위한 남북 간의 화해협력 정책이 지속되어야 함을 역설하였다.

마지막으로 8·15에 대한 김대중의 인식을 살펴보자. 그는 1998년 기념사에서 8·15에 대해 광복과 정부수립 기념일이라는 사실을 언급한 후, 국난극복을 위해 "산업화와 민주화의 저력을 바탕으로 민주주의와 시장경제를 완성하기 위한 국정의 총체적 개혁이자 국민적 운동"인 '제2의 건국'이 필요하다는 점을 강조하였다.110) 1999년에는 21세기 일류국가의 완성을 위한 정치개혁, 재벌개혁, 한반도 평화실현을 위한 안보와 화해의 정착을 제시했고, 2000년에는 6·15 남북공동선언을 강조하면서 인권국가, 모범적인 민주주의 국가, 세계 일류국가, 생산적 복지의 정착, 국민 대화합, 남북 평화 교류와 협력을 통한 민족 상생이라는 목표를 제시하였다. 또한 2001년에는 과감한 개혁과 국민의 협력을 통한 희망의 미래를, 2002년에는 경제 4강, 세계 일류국가로의 도약 기반 건설을 제시하였다. 그는 기념사에서 8·15의 의미를 거의 언급하지 않았지만 자신이 추진하는 국정 철학 및 구체적인 정책을 통해 광복의 의미를 간접적으로 제시했을 뿐 아니라, 남북교류협력에 획기적인 진전을 가져옴으로써 8·15가 지닌 통일지향성을 현실화시켰다.

결국 김대중은 기념사에서 국정운영 관련 내용을 자세히 설명했다는 특징을 갖고 있다. 그는 추상적인 국정운영의 철학과 원리부터 구체적인 개별 정책에 이르기까지 모든 내용을 백화점식으로 열거하였다. 특히 정치, 경제, 사회 부문에서의 개혁과 북한과의 화해 협력 정책을 강조했는데, 이는 그가 상대적으로 한국 사회의 개혁적인 세력의 지지를 통해 최초로 여야 정권교체에 성공한 대통령이었다는 사실, 그리고 남북정상회담을 실현시키고 남북교류를 획기적으로 확대시켰다는 사실에 기인한 것이었다.

---

110) 대통령비서실, 『김대중대통령연설문집』 1, 425~427쪽.

	8·15의 의미	기념일의 주요 내용
노태우 시기 (1988~1992)	해방의 날이자 민주공화국 세운 날, 번영된 통일조국건설(1988), 자유, 번영, 통일 나라(1989), 자유·평등·평화·행복의 나라(1990), 통일된 자유와 행복의 나라(1991), 선진, 통일(1992)	북한에게 다양한 대화 및 통일방안 제의, 올림픽의 성과와 민족적 자신감 및 긍지 강조, 민주화운동 세력 비판
김영삼 시기 (1993~1997)	통일(1993), 민주와 번영이 넘쳐흐르는 통일조국(1994), 남북의 민족성원 모두가 자유와 번영을 누리는 통일국가(1995), 선진국가, 문화국가, 통일국가(1996), 통일국가, 일류국가(1997)	임시정부와 민주화운동의 정신을 계승한 문민정부의 의미 강조, 한국의 높아진 국제적 위상(경제대국, 일류국가, 중심국가) 강조, 흡수통일론, 북한 비난과 대화 제의, 금융실명제, 공직자 재산공개 등 자기 정책의 중요성 강조
김대중 시기 (1998~2002)	민주주의와 시장경제의 완성(1998), 21세기 일류국가의 완성(1999), 인권국가, 모범적인 민주국가, 세계 일류국가, 생산적 복지의 정착, 국민대화합, 민족상생(2000), 과감한 개혁과 국민의 협력(2001), 경제 4강, 세계 일류국가로의 도약 기반 건설(2002)	민족 재도약을 위한 제2건국의 철학과 원리, 총체적 개혁의 미래상 제시, 정치개혁, 경제개혁, 평화협력을 위한 남북관계의 방향 제시, 민주주의, 시장경제, 생산적 복지의 3대 국정철학을 달성하기 위한 5대 목표 제시, 6·15 남북정상회담 및 남북공동성명 등 남북관계의 방향 제시, 세계 일류국가 건설을 위한 방안 제시

3. 맺음말

이상에서 1948년부터 2002년까지 대통령의 8·15 기념사를 살펴보았다. 대략 한국 대통령들은 서두에서 식민지로부터의 해방과 대한민국 정부 수립이라는 8·15의 의미를 지적한 후, 해방 이후 한국이 겪었던 어려움과 그것을 극복한 자신의 업적을 서술하는 방식으로 기념사를 전개하였다. 다만 대통령이 된 첫해에는 집권의 정당성이나, 또는 집권의 의의를 서술하였다. 대통령들이 기념사에서 가장 자주 다룬 주제는 북한 및 통일 관련 내용인데, 이는 8·15의 성격상 자연스러운 것이었다. 8·

15는 독립과 해방의 의미를 갖고 있기 때문에 8·15에는 당연히 진정한 광복을 맞이하기 위해 통일을 언급해야 했고, 이를 방해하는 북한을 비난하지 않을 수 없었다. 따라서 8·15 기념사에는 항상 진정한 광복을 위한 통일국가의 수립, 그리고 자주, 평화, 번영의 통일국가가 바람직한 미래의 국가상(像)으로 제시되었다. 그 외에도 한국 대통령들의 8·15 기념사에서 주목할 만한 내용들은 다음과 같다.

첫째, 대부분의 기념사는 8·15의 가장 중요한 의미인 해방을 비중 있게 다루지 않았다. 물론 일부 기념사는 해방을 가져온 한 요인으로 애국선열들의 투쟁을 언급하거나 또는 그들에 대한 경의를 표한다. 그러나 당시 한국인들에게 고통을 안겨준 일제의 강압 통치에 대한 내용은 거의 등장하지 않는다. 이는 8·15 기념사가 해방이 내포하고 있는 반일(反日)이라는 정치적 의미를 재현하고 있지 않다는 점을 보여준다.

그러면 8·15의 가장 중요한 정치적 의미인 반일이 왜 기념사에서 중요하게 취급되지 않았는가? 이는 북한과의 대치라는 상황이 일본 식민지의 기억을 압도했기 때문이다. 특히 세계적인 냉전 체제가 한반도에서 충돌하고 있는 상황에서 한국 대통령들은 일본을 적대 세력으로 설정할 수 없었다. 양국은 공산주의의 침략을 막기 위해서는 전략적 동반자가 되어야 했고, 더욱이 한국의 경제발전을 위해 일본은 반드시 필요한 우방이었다. 따라서 역사왜곡이나 식민지배에 대한 망언과 같은 특별한 사건이 발생하지 않는 한 8·15 기념사에서조차 반일적인 내용이 등장하지 않았다.111)

다음으로 8·15의 중요한 정치적 의미는 대한민국 정부의 수립을 기념하는 것이다. 그런데 대한민국이 정통성을 가질 수 있는 근거는 국민

---

111) 이승만이 반일을 국민을 동원하는 주요한 담론으로 이용한 반면, 박정희는 임기 내내 반일 담론을 거의 이용하지 않았다. 역대 정부의 반일 담론에 대한 논의는 전재호, 「한국민족주의와 반일」, 『정치비평』 9, 2002 참조.

의 자유로운 선거에 의해 수립된 역사상 최초의 민주주의 정부라는 사실 때문이었다. 따라서 일부는 기념사 도입부에서 공산주의자들의 침략에 맞서 민주주의를 지킨 순국열사들의 투쟁과 희생에 대해 깊은 경의를 표하거나, 또는 북한 동포에게 민주주의를 체험하게 하기 위해 통일이 필요하다는 논리를 제시하였다.

또한 모든 대통령들은 8·15의 민주적 의미를 부각시키면서 자신이 민주주의를 위해 특별한 역할을 했다거나 또는 민주주의 정신을 이어받았다는 점을 강조하였다. 이승만은 공산 침략을 격퇴시킴으로써 민주 정부를 보존했다는 점을 강조하면서 자신의 권위주의적 통치를, 박정희는 서구식 민주주의의 병폐로 인해 한국의 토양에 맞는 민주주의 건설이 필요하다고 주장하면서 군사쿠데타와 유신체제 도입을, 그리고 전두환은 5공화국 헌법이 대통령 단임제를 채택함으로써 평화적 정권 교체가 가능하게 되었다는 점을 강조하면서 자신의 불법적 집권을 정당화하였다. 노태우는 대통령 직선제를 통해 집권했다는 점을, 김영삼은 '문민정부'가 민주화운동의 정신을 이어받았다는 점을, 그리고 김대중은 최초의 정권교체를 통해 당선되었다는 점을 강조하였다.

셋째, 일반적으로 8·15 기념사는 대한민국 정부 수립이 북한의 방해로 인해 전 한반도를 포괄하는 정부가 되지 못했다는 점을 지적하면서 현재의 8·15가 미완의 광복임을 강조하였다. 이는 분단이 한민족의 진정한 광복을 가져오지 못하도록 만들었기 때문에 진정한 광복을 맞이하기 위해서는 하루빨리 북한을 공산주의자들의 지배로부터 해방시켜 통일국가를 수립해야 한다는 논리로 발전된다. 이에 따라 지난 50여 년간의 8·15 기념사는 대부분 '적대적인 반공주의적 시각'에서 북한과 통일에 대한 논의를 전개하였다. 그러나 국내외 정세의 변화, 특히 1980년대 말이래 사회주의권의 붕괴와 이로 인한 북한의 경제난 및 핵·미사일 위기, 그리고 남한의 경제발전에 따른 확실한 대북우위의 확보 및 민주화의 진행은 적대적 반공주의의 토양을 약화시켰다. 따라서 권위주의 정권 시기 8·15 기념사에 담겨 있던 적대적 반공주의의 시각은 냉전체제의 균열이 시작되었던 노태우 시기부터 변화되기 시작하였고, 화해협력 및 공존 정책을 실시한 김대중정부에 와서 확연히 약화되었다. 이처럼 냉전 해체 이후 적대적 반공주의가 약화되었다는 사실은 역설적으로 8·15 기념사에서 반일이 사라지고 반공만이 강조되었던 것이 냉전체제와 밀접히 관련된 것임을 보여준다.

넷째, 국가탄생일이라는 중요성으로 인해 역대 대통령들은 8·15 기념사에서 자신의 현실 인식과 국정 전반에 대한 내용을 다루었다. 이와 관련하여 흥미로운 사실은 집권 첫해의 대통령 기념사는 대부분 과거와의 차별성을 강조하기 위해 이전 정부를 비판하고 자신의 정책이 과거의 실책을 극복할 것이라고 주장했다는 점이다. 박정희는 이승만 정권과 민주당 정권의 실정을 강조했고, 전두환은 기존의 숱한 시행착오가 방황과 혼동을 가져왔다고 주장하면서 자신의 집권을 정당화하였다.

또한 대부분의 대통령들은 자신의 정권 또는 정책을 광복의 의미와 연결시키면서 집권 중 자신의 정책이 성과를 거두었기 때문에 진정한 광복에 다가갔다고 주장하였다. 이승만은 한국전쟁 이후 나라가 안정되었음을, 박정희는 제3공화국 중반부터 경제개발정책이 성공하여 국력이 신장하였음을, 그리고 전두환은 새 역사 도약의 튼튼한 토대를 쌓아 올리고 올림픽을 주최하게 되었음을 강조하였다. 또한 김영삼은 자신이 독립운동과 민주화운동의 정신을 이어받았음을 내세워 문민정부의 정통성을 강조하였다.

결국, 한국 대통령들의 8·15 기념사는 시기별로 당대의 중요한 과제들을 담고 있었지만, 그 중에서도 통일국가의 수립은 전 시기를 관통하는 핵심 주제였다. 곧 역대 대통령들의 8·15 기념사에서 핵심 주제는 '진정한 광복'을 실현하는 통일국가의 수립이었다.

참고문헌

김광운, 「1945년 '8·15'에 대한 인식의 변화 과정」, 『내일을 여는 역사』 8, 2002

공보실, 『大統領李承晚博士談話集(2)』, 公報室, 1956

공보실, 『대통령리승만박사담화집』, 공보실, 1959

공보처, 『大統領李承晚博士談話集(3)』, 公報處, 1953

김광섭 편, 『李大統領訓話錄』, 중앙문화협회, 1950

대통령비서실, 『박정희대통령연설문집 : 군정편』 1, 1973

대통령비서실, 『박정희대통령연설문집 : 제5대편』 2, 1973

대통령비서실, 『박정희대통령연설문집 : 제6대편』 3, 1973

대통령비서실, 『박정희대통령연설문집 : 제7대편』 4, 1973

대통령비서실, 『박정희대통령연설문집 : 제8대편』 5(상), 1976

대통령비서실, 『박정희대통령연설문집 : 제8대편』 5(하), 1979

대통령비서실, 『최규하대통령연설문집』, 1981

대통령비서실, 『전두환대통령연설문집』 1, 1982

대통령비서실, 『전두환대통령연설문집』 2, 1983

대통령비서실, 『전두환대통령연설문집』 3, 1984

대통령비서실, 『전두환대통령연설문집』 4, 1985

대통령비서실, 『전두환대통령연설문집』 5, 1986

대통령비서실, 『전두환대통령연설문집』 6, 1987

대통령비서실, 『전두환대통령연설문집』 7, 1988

대통령비서실, 『노태우대통령연설문집』 1, 1989

대통령비서실, 『노태우대통령연설문집』 2, 1990

대통령비서실, 『노태우대통령연설문집』 3, 1991

대통령비서실, 『노태우대통령연설문집』 4, 1992

대통령비서실, 『노태우대통령연설문집』 5, 1993
대통령비서실, 『김영삼대통령연설문집』 1, 1994
대통령비서실, 『김영삼대통령연설문집』 2, 1995
대통령비서실, 『김영삼대통령연설문집』 3, 1996
대통령비서실, 『김영삼대통령연설문집』 4, 1997
대통령비서실, 『김영삼대통령연설문집』 5, 1998
대통령비서실, 『김대중대통령연설문집』 1, 1999
대통령비서실, 『김대중대통령연설문집』 2, 2000
대통령비서실, 『김대중대통령연설문집』 3, 2001
대통령비서실, 『김대중대통령연설문집』 4, 2002
대통령비서실, 『김대중대통령연설문집』 5, 2003
『동아일보』, 1960. 8. 16
일본교과서바로잡기 운동본부, 『문답으로 읽는 일본교과서 역사왜곡』, 역사비평
　　　사, 2000
심지연, 『남북한 통일방안의 전개와 수렴』, 돌베개, 2001
전재호, 「한국민족주의와 반일」, 『정치비평』 9, 2002

소련군의 '해방적' 역할과 북한의 인식

1. 머리말

8·15 해방은 오늘날 남북의 두 체제, 두 국가 형성의 기원이 되었다. 전 민족적인 경사가 분단과 전쟁으로 변모된 것은 해방이 외생적 요인에 의한 것이라는 한계 때문이었다. 8·15 해방의 역사적인 의미에도 불구하고 이 '외생적 요인'에 대한 다각적이고도 객관적인 연구는 많은 점에서 진척이 더디었다. 특히 한반도 해방에 관한 일반의 상식은 일본의 항복이 두 도시에 투하된 미국의 원자폭탄에 의해서 이루어진 것으로만 알려져 왔다.[1]

---

1) 이러한 한계를 극복한 연구성과로는 이완범, 「蘇聯의 對日戰 參戰과 38線 受諾, 1942-1945」, 『정치외교사논총』 14, 1996 ; 金基兆, 『38線 分割의 歷史』, 東山出版社, 1994 등을 꼽을 수 있으며, 소련의 역할을 주목한 논문으로는 유리 바닌(Yu. V. Vanin), 「한국의 해방 : 러시아의 시각」, 『현대북한연구』 3-2, 2000을 들 수 있다.

그에 반해 8·15 이전 한반도 진공 전투를 수행한 소련군의 역할은 거의 주목의 대상이 아니었다. 설사 소련군 진공에 관한 사실이 언급되었더라도 그것이 지닌 의미는 우리 사회에 뿌리 깊게 남아 있는 이데올로기적 편견에 의해 제대로 규명되지 못 하였다. 이에 따라 일본의 패전과 한반도 해방에 관한 진실은 제자리를 찾기가 힘들었다.

8·15 해방에 관한 북한의 입장 역시 여태까지 별다른 시선을 끌지 못하였다. 학계에서 단순히 김일성의 항일빨치산 세력 중심의 북한 측 역사 서술에 익숙해진 까닭이었을 것이다. 그런데 이에 관한 북한의 시각은 역사적인 계기를 통해 변화를 겪었다. 초기의 '객관화된' 시각은 한반도와 국제 정세, 정치세력의 관계, 권력의 전략 방향과 정치적 목적 등이 변화함으로써 다른 형태를 취하게 되었다. 역사 서술에서 해방 주체가 정치적 방향에 따라 그 모습을 달리하게 된 것이었다.

본 글은 이와 같은 점들을 염두에 두면서 첫째, 한반도 해방에서 소련군의 참전이 가지는 의미를 대일참전의 준비와 경로를 통해 해명할 것이다. 이를 통해 소련군이 8·15 해방에 준 영향의 실제를 어느 정도나마 측량하고자 한다. 둘째, 해방 직후부터 현재에 이르기까지 8·15 해방에 대한 북한 측의 인식이 어떻게 변해왔는지 추적하고자 한다. 특히 역사적으로 북한이 해방에서 소련군의 역할에 대해 취한 입장 변화를 살펴볼 것이다.

2. 소련군의 대일전 참전과 8·15 해방

1) 소련군의 참전 경위

1941년 12월 태평양 전쟁이 발발한 이후 일본과의 지루한 전쟁을 끝고 있던 미국은 일찍부터 소련을 참전시켜 일본을 패배시키고자 하였다. 미국이 소련을 대일전에 끌어들이고자 한 것은 소련군의 참전 없이는 최소 1946년 11월 15일 이전까지 대일전 승리를 보장할 수 없다는 판단 때문이었다.[2] 미국은 자국의 전쟁 희생을 줄이기 위해서도 소련의 참전을 필요로 하였다.

1945년 2월 얄타회담에서 스탈린을 만난 루즈벨트와 처칠은 소련의 대일전 참전 대가로 다음과 같은 소련 측 요구를 보장하였다. 외몽고의 현상(現狀)유지, 사할린 남부 및 그 부속도서의 반환, 소련의 우선권 보장하에 대련(大連)항의 국제화, 소련의 해군기지로서 여순(旅順)항 조차 부활, 중국과 공동으로 중동·남만철도 이용 재개, 쿠릴열도의 소련 할양.[3] 단, 외몽고와 위의 항구들 및 철도에 대한 협정은 중국 국민당 정부의 동의가 필요하다는 전제가 제시되었다.

소련은 대독전쟁이 끝난 2~3개월 후 참전할 것을 약속하였다. 얄타회담에서 합의된 소련의 참전 조건 중 한반도 문제는 제외되었다. 한반도는 전후 소련의 동북아 전략 구상에서 일본과 만주지역에 비하면 일차적 관심대상이 아니었고, 미국 등 연합국들과의 협의 처리 방침이 섰던 지역이었다.[4]

연합국의 대일전 참전 종용을 받은 소련은 이에 대한 준비를 1944년 9월부터 시작하였으나 이때까지는 거의 모든 역량이 대독전선에 투입되

---

2) Harry S. Truman, *Memoirs by Harry S. Truman*, vol. I, New York : Doubleday, 1955, 382쪽.

3) Внешняя политика Советского Союза в период Отечественной войны(조국전쟁 시기 소련의 대외정책), т. 3, м., 1947, с. 111~112.

4) 대일전 이전 소련의 대한정책에서 드러난 '소극성'에 관해서는 기광서, 「소련군의 북한진주와 '부르주아민주주의' 노선」, 『統一問題研究』 20-1, 2005, 69~71쪽 참조. 한반도 해방 이전 소련은 한반도의 미래에 대해 향후 미국 등 연합국들과 공동으로 처리할 것이라는 방침을 세웠는데, 이것은 한반도에서 소련 단독의 이해관계를 실현하기 어려운 구조였다.

었기 때문에 실제적인 준비에 들어가지는 못 하였다. 본격적인 대일전 준비는 참전 시기를 대략적이나마 확정한 1945년 2월 얄타회담 이후에야 시작될 수 있었다. 4월 5일 소련정부는 일본과의 군사적 충돌을 막아온 양국 간 중립조약의 폐기를 선언함으로써 대일전 참전을 공식화하였다. 5월 대독전쟁이 끝난 후 소련군은 극동으로 대규모 부대 이동을 개시하였다. 부대 이동은 철도를 통해 비밀리에 이루어졌으며, 그 결과 3개월 만에 극동의 총병력 수는 118만 5천 명에서 174만 7천 명으로 증가하였다.5) 6월 말 A. M. 바실리옙스키 원수가 이끈 장령 그룹이 치타에 도착하여 대일전 준비를 지휘하였고, 7월 말 소련 극동군 총사령부가 공식 설치되었다. 8월 5일에는 연해주집단군이 제1극동전선군으로, 극동전선군이 제2극동전선군으로 개칭되어 개전 태세로 전환하였다.

그렇다면 일본의 움직임을 어떠했을까. 소련의 참전 예상에 대해 나름의 대비책은 무엇이었을까. 같은 해 5월 8일 독일이 항복하는 등 전세가 급격히 기울어지자 일본은 소련의 대일전 참전을 막아 전쟁 종결에 있어 가능한 유리한 입장을 확보하고 전후 천황 체제의 안전을 보장받고자 온갖 노력을 시도하였다. 일본 정부는 7월 13일과 28일 스탈린에게 종전 사절단의 파견을 제안하였지만 두 번 모두 거절당하였다.6)

일본 측은 소련의 참전을 자체 생존의 갈림길로 보았다. 이 때문에 일본 지도부는 소련의 중립화를 위해 여러 차례에 걸친 소련과의 물밑 접촉에서 전쟁 중재자 역할을 해줄 것을 기대하였다. 하지만 크레믈린지도부는 대일전쟁에 참가하여 자국의 이권을 분명하게 확보하는 쪽을 선택하였다. 7월 26일 일본의 무조건적인 항복을 권고하는 포츠담선언이 소련이 가담한 가운데 발표되었다. 소련의 참전이 초읽기에 들어간 듯하였

---

5) История второй мировой войны 1939-1945(제2차세계대전사 1939-1945), т. 11, м., 1980, с. 192.

6) 李圭泰, 『米ソの朝鮮占領政策と南北分斷體制の形成過程』, 信山社, 1997, 47쪽.

다. 그러나 이때까지 소련의 개전 준비는 완료되지 않았고, 얄타협정에서 명시된 소련의 대중국 이권요구도 타결되지 않은 상태였다.

애초 미국은 소련의 대일전 참전이 전후 동북아시아에서 이 나라의 영향력을 증대시킬 가능성을 보면서도, 소련에 참전을 종용하지 않을 수 없었다. 그것이야말로 미군의 희생을 최소화하면서 전쟁을 신속히 끝낼 방도였기 때문이었다. 그렇지만 미국이 1945년 7월 원폭실험에 성공하면서 그같은 입장은 흔들리게 되었다. 미국으로서는 소련의 참전 없이도 전쟁 종결을 가져올 수 있다는 희망이 생긴 것이었다. 한편으로 소련정부는 이미 이전부터 미국의 핵무기 제조 과정에 관한 정보를 가지고 있었고, 그에 대응하여 핵무기 제조를 위한 작업을 수행하고 있었다.7)

8월 6일 일본 히로시마(廣島)에 원자폭탄이 투하되었다. 이는 소련을 비롯한 연합국이 사전에 몰랐음은 물론이고 미국 내에서도 극소수의 인사들만이 인지한 작전이었다. 미국은 원폭투하가 연합국의 희생 감소를 위한 불가피한 행위였다고는 하지만 보다 본질적으로는 '소련참전 전 조기 종전'을 의도한 것이었다고 할 수 있다.8)

8월 8일 소련정부는 소련에 대한 일본의 전쟁 중재 제의가 모든 근거를 상실했음을 밝히면서 9일 0시부터 대일전에 가담할 것을 선언하였다. 미국의 원폭투하와 소련의 참전은 일본 정부에 큰 타격을 주었다. 8월 9일 일본은 최고전쟁지도회의를 열었지만, 포츠담선언의 수락론과 강경론이 평행선을 그었다. 또한 그날 밤부터 10일 새벽에 걸쳐 열린 어전회의에서도 대립은 해결되지 않았고 결국 천황의 '성단'(聖斷, 성스러운 결단)

---

7) История второй мировой войны 1939-1945, т. 11, с. 153.

8) 이완범, 「蘇聯의 對日戰 參戰과 38線 受諾, 1942-1945」, 269쪽. 이에 대한 러시아 측의 견해도 동일하다. 러시아 학자 슬라빈스키는 일본이 소련의 참전을 자신의 붕괴로 간주했으며, 미국은 소련군의 참전 이전에 일본이 항복하도록 원자폭탄을 투하하였다고 주장하였다. Славинский Б.Н. Зачем Соединенные Штаты сбросили атомные бомы на Хиросиму и Нагасаки?(미국은 왜 히로시마와 나가사키에 원폭을 투하하였는가?)-"Проблемы Дальнего Востока", No. 5, М., 1995, с. 65.

에 의해서 포츠담선언의 수락이 결정되었다.9) 다만 천황제 존속을 전제로 한 조건부 수락이었다. 물론 연합국 측에서는 일본의 조건을 받아들이지 않았다. 소련의 군사작전 개시 후 같은 날 오전 11시 미국의 두 번째 원자폭탄(일명 'Fat man')이 나가사키(長崎)에 투하되었다.

8월 9일 소련군의 군사행동 개시는 얄타회담에서 스탈린이 약속한 참전 일자의 마지막 날에 해당된다. 이를 보면 소련군은 정확히 자신의 약속을 이행한 셈이었다. 그런데 과연 소련이 자신의 약속을 지키기 위해 이날을 택한 것인지 아니면 미국의 원폭투하에 자극받아 준비가 덜 된 상태에서 '조기' 참전한 것인지는 검토해 볼 필요가 있다.

포츠담회담 개막일인 7월 17일 스탈린은 트루만과의 회담에서 "소련은 8월 중순 경에 (군사)행동에 들어갈 준비가 되어 있고, 자신의 약속을 지킬 것"이라고 말했다(강조는 인용자).10) 스탈린이 참전 시기로 8월 중순을 언명한 것은 연합국과 약속한 시한인 8월 9일 이전에 참전하지 않을 가능성을 말한 것으로 해석할 수 있다. 실제로 소련의 정확한 작전일자는 얄타협정에 따른 소련의 대중국 이권요구를 중국 국민당 정부가 동의하는냐에 달려 있었다. 이를 위해 소련 정부는 포츠담회담 직전까지 국민당 정부의 행정원장 겸 외교부장 송자문(宋子文)과 모스크바에서 협상을 진행하였다.11)

---

9) 李圭泰, 『米ソの朝鮮占領政策と南北分斷體制の形成過程』, 48~49쪽.

10) Советский Союз на международных конференциях периода Великой отечественной войны 1941-1945 гг. Берлинская конференция.(1914-1945년 조국전쟁 시기 국제회담에서의 소련. 베를린회담), т. 6, М., 1984, с. 40-41. 흥미 있는 점은 바로 전날 스탈린은 극동군 총사령관 바실리옙스키에게 전화를 걸어 군사작전을 10일 정도 앞당길 수 없겠느냐고 물었다. 바실리옙스키는 군대 배치와 물자 수송상 이것은 가능하지 않다고 보고하자 스탈린은 이에 동의를 표시했다고 한다. Василевский А. М. Дело всей жизни. воспоминания (전생애의 사업. 회고록) М., 1976, с. 570.

11) 양측 간의 협상 타결은 소련의 참전 이후인 8월 14일이었다. 이때 소련과 중국 국민당 정부간에는 『중소 우호동맹조약』이 체결되었고, 그 밖에 중국 장춘 철도, 여순항, 대련항에 관한 협정 등 소련의 이권과 관련한 협약이 맺어졌다. 양 측의 협정 내용에 관해서는 Внешняя политика Советского Союза в период Отечественной войны. с. 458~476

당시 소련공산당 정치국원이었던 N. S. 흐루시초프에 의하면, 스탈린은 군 지휘관들을 모아놓고 가능한 빨리 대일작전을 개시할 것을 재촉했다고 한다. 그렇지 않을 경우 일본이 미국에 항복을 할 것이고, 소련은 전쟁에 참가하지 못할 것이기 때문이었다.12) 소련군이 참전하지 않은 채 전쟁이 이대로 끝난다면 전후 아시아에서 소련은 언권을 상실할 수도 있는 긴박한 상황이었다. 소련으로서는 이미 약속받은 이권을 확보해야 할 절박한 필요성이 있었다. 더구나 스탈린은 미국이 대일전 참가 대가로 약속한 것들을 이행할지에 대해 의구심을 보였다.13) 스탈린과 좋은 관계를 유지했던 루즈벨트가 사망하고, "예측하기 힘든" 트루만이 대통령을 승계한 상황에서 소련이 초조감을 느낀 것은 분명하였다.

소련의 개전 일자 결정은 어떻게 이루어진 것일까. 원래 예정된 개전 일자를 보여주는 확고한 증거는 아직 공개되지 않고 있다. 그렇지만 당시 소련군 총참모장이었던 S.M. 슈테멘코의 회고는 소련군의 개전 일자 결정에 대해 중요한 단서를 제공하고 있다. 그에 따르면, 극동군 총사령관 바실리옙스키는 "국경 이동(개전)이 8월 9~10일을 넘겨서는 안 된다"고 하였다.14) 그 이유로는 자바이칼 지방에 나타난 좋은 날씨를 활용해야 하고, 일본군이 만주와 조선에서 재집결하고 있다는 징후가 포착되어 개전 연기는 이롭지 못하다는 점 등을 들었다. 그런데 슈테멘코는 바실리옙스키의 구상이 "개전 일자를 계획보다 1~2일 앞당긴" 것으로 말

참조.

12) Хрущев Н. С. Воспоминания. Время, люди, власть(회고록. 시대, 사람들, 권력), т. 1, М., 1999, с. 633. 흐루시초프는 이때가 언제인지 밝히지 않고 있다.

13) Хрущев Н. С. Воспоминания. Время, люди, власть(회고록. 시대, 사람들, 권력), 633-634.

14) Штеменко С. М. Генеральный штаб в годы войны(전시의 총참모부), М., 1975, с. 430. 바실리옙스키는 개전 일자를 앞당기는 것과 함께 제1극동전선군이 자바이칼전선군과 동시 작전을 수행하되, 이를 강력한 선견대로 한정할 것을 제안하였다. 그 주력의 작전은 자바이칼전선군 작전 전개에 따라 5~7일 이후로 한다는 것이었다. 이것은 제1극동전선군이 완전한 개전 준비 상태에 있지 않았음을 방증하는 것이다. 하지만 그의 제의는 선견대가 5~7일간 독자적으로 작전을 수행할 수 없다는 이유에서 거부되었다.

하고 있다.15) 이를 보아 애초 예정된 개전일자는 11일에서 12일 사이였음을 알 수 있다. 바실리옙스키의 제의는 소련군 총사령부에 의해 수용되어 개전일은 9일과 10일 사이로 정해졌다.

스탈린은 8월 7일 오후 4시 30분에 공격작전 지령에 서명하였으며, 9일 개전을 선택하였다. 9일자 택일은 준비 부족에도 불구하고 참전 일자를 준수함으로써 연합국과 약속한 날짜를 지키려는 명분이 가세한 것이 틀림없다. 소련 외무상 V. M. 몰로토프는 8월 8일 미·영 대사를 불러 당일 5시에 일본대사에게 통보한 소련의 성명에 관해 언급하였다. 그는 이로써 소련정부가 독일 항복 2~3개월 후 대일전 참전에 대한 소련의 의무가 정확히 집행되었음을 강조하였다.16) 약속 일자를 지킴으로써 혹시 나올지 모르는 동맹 측의 이의 제기를 사전 봉쇄한 셈이다. 요컨대, 소련의 '조기' 참전은 우선적으로 미국의 원폭투하에 일본이 먼저 항복할 것을 우려한 스탈린의 초조감과 함께 참전 약속 일자의 준수 명분이 결합한 것으로 볼 수 있다.

2) 한반도에서의 군사작전과 해방 논리

8월 9일 0시를 기해 소련군은 전장 4천 km가 넘는 전선에서 관동군을 주력으로 한 일본군을 상대로 전면공격을 개시하였다. 소련군의 공격은 일본군이 미처 예상하지 못한 기습 작전이었다. 일본은 소련극동군에 대한 군수물자 수송이 계속되었던 까닭에 개전이 좀 늦어질 것으로 판단한 듯하였다. 몇 시간 전에 개전을 통보받은 주 모스크바 일본대사 사또(佐藤)는 본국에 소련의 선전포고문을 타전하려했지만 공관 내 통신기

---

15) Штеменко С. М. Генеральный штаб в годы войны(전시의 총참모부), 431.

16) Советско-американские отношения во время Великой Отечественной войны 1941-1945, (1914-1945년 조국전쟁 시기 소미관계), т. 2, М., 1984, с.

파손으로 실패하였다.17) 이 때문에 소련군의 임박한 개전 계획은 국경전
선에 있는 일본군에 전달되지 않았다.

소련 극동군 총사령부는 자바이칼 전선군, 제1·제2 극동전선군, 태평
양함대, 아무르강 적기 소함대로 이루어진 부대들을 지휘하였다. 소련공
산당과 정부는 대일전 수행에 있어 바실리옙스키 원수에게 막대한 권한
을 부여하였다. 수적으로 볼 때 170만 명이 넘는 소련군 총병력수는 75
만에 불과한 일본 관동군에 비해 압도적인 우위를 보였다. 한반도를 담
당한 군대는 제1극동전선군 예하 제25군이었다. 애초 제25군은 보조적
인 역할에 한정되었으나 8월 10일부터 임무가 변경되어 전선의 주요 타
격 방향에서 행동하게 되었다.18)

소련군의 북한 진격은 9일과 10일 태평양 함대 소속 공군이 일본 해
군기지가 소재한 웅기, 나진, 청진에 맹폭을 가하면서 시작되었다. 10일
오전 제1극동전선군 소속 제25군 부대는 경흥을 점령하였다. 이튿날에는
태평양 함대 소속 정찰대원들이 별다른 작전 없이 웅기항에 상륙하였고,
12일에 육전대 주력이 도착하여 제25군 393 보병사단과 공동으로 이
지역을 장악하였다. 12~13일에는 일본군과의 소규모 전투를 벌인 후
나진을 접수하였다.

주목할 것은 13~16일에 걸쳐 벌어진 청진지역 전투였는데, 이는 한
반도 내 대일 전투 가운데 가장 규모가 큰 작전이었다.19) 청진은 일본군
의 강력한 요새지역으로서 4천 명의 수비대를 배치하고 있었다. 제393
보병사단은 일본 나남 보병사단과 치열한 전투를 벌여 16일 하오 육전대
와 공동으로 이 지역을 점령하였다. 17일 소련군은 나남을 점령하였으

---

17) 金基兆, 『38線 分割의 歷史』, 221~222, 227쪽.

18) Чистяков И. М. Служим отчизне(조국에 복무함), М., 1985, с. 269.

19) История второй мировой войны 1939-1945, т. 11, с. 281. 소련군 육전대의 청진 작전에
관해서는, Бабиков М. А. На восточном берегу(동방의 해안에서), М., 1969, с. 92-132 참조.

며, 이후 일본군이 해로를 통해 본국으로 퇴각하는 것을 차단하기 위해 19일에 어대진(漁大津), 21일에 원산에 해군을 상륙시켰다. 소련군의 군사작전은 주로 함경도를 중심으로 전개되었기 때문에 서북지방의 진주는 다소 늦게 이루어졌다. 24일 제25군 39보병사단 낙하부대가 평양과 함흥에 투하되어 일본군의 항복을 받았다.

8월 14일 일본은 무조건 항복을 권고한 포츠담 선언을 받아들였고, 그 다음날인 15일 일본천황 히로히토(裕仁)가 항복방송을 하기에 이르렀다. 그러나 항복 선언 이후에도 일본 정부는 곧장 군부대들에 전투중지와 항복 명령을 내리지 않았다. 이에 스탈린은 일본군의 무조건 항복이 있을 때까지 전투행동을 계속 수행할 것을 명령하였다.[20] 그것은 일본군이 17일 예하부대에 항복명령을 전달했음에도 일부 지역에서 전투를 중단하지 않았기 때문이기도 했지만 전황의 주도권을 확실히 장악하려는 의도로 볼 수 있다. 산발적인 전투는 일본군이 완전히 항복한 20일까지 계속되었다.

소련의 대일전은 열흘 정도에 불과하였고 일본의 항복 선언이 신속히 이루어진 반면에 전투는 예상보다 격렬함을 보여주었다. 일본군 전체 전사자는 83,737명에 달했고, 전쟁포로는 9월 3일 이후에 항복한 인원 수 79,276명을 포함하여 640,276명에 이르렀다.[21] 제25군 사령관 I. M. 치스차코프의 회고에 의하면, 제25군은 6천 명의 장군 및 장교를 포함하여 총 17만 명의 일본군 포로를 잡았다.[22] 소련군이 입은 인명 손실 역시 적지 않은 규모였다. 대일전에 참전한 3개의 전선군, 즉 자바이칼전선, 제1극동전선, 제2극동전선은 도합 3만 5천 명 이상이 전사, 부상 혹

---

20) Штеменко С. М. Генеральный штаб в годы войны. с. 435.

21) Россия и СССР в войнах xx века. Потери вооруженных сил(20세기 전쟁에서의 러시아와 소련. 군대 손실), М., 2001, с. 516.

22) Освобождение Кореи. Воспоминания и статьи(조선의 해방. 회상 및 논문), М., 1976, с. 48.

은 질병 등의 피해를 입었다.23) 이 가운데 조선으로의 진격을 담당한 제
25군이 입은 피해는 사망 1,446명을 포함하여 총 4,717명의 사상자를
기록하였다.24) 그런데 우리가 가장 주목해야 할 것은 한반도 내 전투에
서 입은 인명 피해이다. 러시아의 두 문헌에 나타난 기록을 보면, 한반도
전투과정에서 입은 소련 지상군과 해군의 사상자 총수는 1,963명이며,
이 중 전사자는 691명에 달하였다.25)

한반도 내 소련군 전사자 691명은 중국 내 전사자 9,272명에 비한다
면 많은 희생은 아니지만 전장 규모 및 짧은 작전 기간을 볼 때 일본군
의 저항이 만만치 않았음을 알 수 있다. 더구나 한국전쟁 3년 동안 소련
군의 총 전사자 수가 299명이었는데, 실질적으로 10일 남짓한 기간에
그 배 이상의 희생자가 난 것을 감안하면 비교적 치열한 교전이 벌어진
것만은 틀림없다.

소련·러시아 측은 한반도 해방에서 소련군의 주도적 역할을 줄곧 강
조해왔다. 소비에트 시대 말기에 나온 한 저술의 다음 인용문은 그 논리
를 잘 표현해주고 있다.

> 1945년 8월 소련군은 조선 북부에서 일본군에 맞서 전투행동을 벌
> 였고, 그들의 승리적인 결과는 온 나라의 운명에 분명한 영향을 주었
> 다. 소련군의 신속하고도 가공할 타격에 의해 도처에서 일본의 군, 경
> 찰 기구가 붕괴되고 식민기관이 완전히 마비되었다. 이를 통해 자유와
> 독립을 향한 조선의 도정에서 주요 장애가 제거되고, 가장 중요한 민

---

23) Гриф секретности снят. Потери Вооруженных Сил СССР в войнах, боевых действиях и во
енных конфлитах. Статистическое исследование(비밀 해제. 전쟁, 전투행동 및 군사분쟁
에서 소련군의 손실. 통계연구), М., 1993, с. 281-283.

24) 「1945년 8월 31일 현재 제1극동전선군 제25군 병력 손실 통계」 ЦАМО, ф. 379, оп. 11019,
д. 9, л. 24.

25) Гриф секретности снят. Потери Вооруженных Сил СССР в войнах, боевых действиях и во
енных конфлитах. Статистическое исследование. с. 325 ; Людские потери СССР в Велико
й отечественной войне(대조국전쟁에서 소련의 인명 손실), СПб., 1995, с. 80-81.

족적 과업이 실현되었다.[26]

일제의 식민지 기관은 소련군에 의해 붕괴되었고, 조선인의 민족적 과업은 소련군의 승리에 의해 보장되었다는 것이다. 러시아의 이러한 관점은 오늘 날에 이르러서도 계속되고 있다. 이와 관련하여 2003년에 발간된 한 대학교재는 다음과 같이 언급하고 있다.

> 소련군은 조선인민에 해방을 가져다주었다. 다른 국가의 군대나 어떠한 조선의 무장세력도 조선의 해방에 직접 참가하지 않았다. 미국의 군대는 관동군이 항복한 지 25일이 지난 9월 9일에야 반도의 남쪽에 상륙했던 것이다.[27]

소련군이 한반도를 해방시켰다는 소련·러시아 측의 논리는 크게 다음의 두 가지 측면에서 그 근거를 두고 있다. 첫째, 위의 인용문에서 드러났듯이, 소련군은 연합국 가운데 한반도에서 일본군과 전투를 벌인 유일한 군대라는 점이다. 미군이 일본과 장기전을 치렀지만 정작 한반도에서 피를 흘린 건 소련군대란 것이다. 둘째, 한반도의 해방은 일본의 항복을 통해 이루어졌는데, 소련군이 참전하지 않았더라면 일본은 곧장 항복하지 않았으리라는 것이다.[28]

---

26) СССР и Корея(소련과 조선), М., 1988, с. 131.

27) История Кореи(Новое прочтение)(한국사(새로운 독해)), М., 2003, с. 329~330.

28) 더 나아가 러시아 학자 유리 바닌은 다음의 논거에서 소련군이 한반도 전체를 해방시켰다고 주장한다. "소련군은 육상, 해상, 공중에서의 작전을 통해 조선의 모든 일본군 방어체계를 붕괴시키고, 조선 전체의 군사적으로 중요한 기반과 경제 중심지들을 일본군으로부터 빼앗았으며, 조선 내 전체 일본군의 상당수를 격파하고 포로로 잡음으로써 일본이 대륙으로부터 강화될 수 있는 가능성을 제거하였다. 하지만 중요한 것은 소련군이 식민지에 대한 일본의 전체 지배체계를 동요·정지시켰으며, 탄압기관들의 모든 활동을 마비시킴으로써 그 기관들이 더 이상 조선 국민들을 감히 억압하지 못하도록 하였다는 것이다"(유리 바닌, 「한국의 해방 : 러시아의 시각」, 295~296쪽). 하지만 이러한 주장은 일본 패망이 이르게 된 경로를 배제한 채 '현상적' 모습을 강조한 데서 나왔다고 볼 수 있다.

8·15 해방에 관한 이와 같은 소련·러시아 측의 주장은 어느 정도 논리적 타당성이 있다고 볼 수 있다. 하지만 소련군이 오직 한반도를 해방시켰다거나 또는 전적인 주도권을 쥐었다는 식의 주장은 옳지 않다. 우선 일본의 항복을 재촉한 요인으로는 일본군의 지속적인 전력 약화를 빼놓을 수가 없는데, 이를 가능케 했던 것은 1941년 12월부터 진행된 미국과의 태평양전쟁이었다. 이 전쟁을 통해 일본의 전쟁 수행 능력이 현저히 떨어지게 된 것은 말할 것도 없다. 더구나 일본은 미국의 원폭투하로 결정적인 타격을 받았다. 이에 더하여 소련군의 참전은 일본 지도부의 마지막 남은 전의를 상실시킨 요인이 되었다고 볼 수 있다.29)

소련군의 대일전 참전은 동아시아에서 자국의 이익을 고려한 가운데 이루어졌다. 소련 측이 스스로 밝힌 대일전에서의 기본적인 목적은 일본 군국주의를 분쇄하고 제2차 세계대전을 종결시키는 데 있었다.30) 하지만 해방된 조선이 새로이 다른 열강에 종속되거나 소련을 향한 침략의 근거지가 되는 것을 방지하는 것은 상대적으로 부수적인 효과에 지나지 않았다. 말하자면, 소련군의 군사행동은 동아시아에서 자국의 이익 확보 이상으로 순수하게 한반도 해방을 위한 작전은 아니었다. 비록 소련이 식민지 시기 조선민족해방운동을 적극 지원하였더라도 대일전 참전의 결과로 얻은 한반도의 해방은 자국의 목표 달성에서 '부차적'으로 획득한 성과물이었다. 따라서 8·15 해방에서 소련군의 역할은 인정하지만 다른 한편으로 소련군에 대해 '해방군'이란 감성적인 용어를 사용하는 것은 적절하지 않을 것이다.31)

---

29) 이에 대한 이완범의 지적은 매우 적절하다고 본다. "일본은 소련을 미국 진영으로부터 분리하려고 노력했으나, 마지막 단계에서 소련이 단호한 태도를 보였으므로 미국과 소련을 하나로 간주할 수밖에 없었다. 일본은 미국 혹은 소련 단독의 힘에 굴복하여 항복했던 것이 아니라 두 세력의 유기적인 결합 때문에 항복했던 것이다"(이완범, 「蘇聯의 對日戰 參戰과 38線 受諾, 1942-1945」, 283쪽).

30) 「한국의 정치상황에 대하여」, РЦХИДНИ, ф. 17, оп. 128, д. 1119, л. 128.

31) 소련군이 '해방군'이라는 주장의 일반적인 근거는 북한에 진주한 소련군이 직접 대민 통

대일전 말기에 미국과 소련이 보인 행동은 서로에 대한 견제와 경계심을 적나라하게 보여준 것이었다. 미국이 소련에 사전예고 없이 대일 원폭 투하를 감행함으로써 일본의 조기 항복을 받아 소련군의 참전을 무산시킬 의도를 보였다면, 소련은 피폭을 당한 일본이 미국에 조기 항복할지도 모른다는 우려에서 참전을 서둘렀다고 볼 수 있다.

3. 8 · 15 해방에 관한 북한의 인식 변화

1) '해방군'과 초기의 해방 인식

한반도 해방은 민족해방 투쟁 세력의 주도적인 역할에 의해, 말하자면 우리 민족의 자력에 의해 달성되지 못하였다. 해방은 제2차 세계대전에서 전적으로 미 · 소가 이끈 연합국 승리의 결과이자 일본의 패배로 인해 실현되었다. 외세에 의한 해방이 한민족의 건국 능력을 과소평가하는 것은 아니더라도 해방에서의 '외인론'은 여전히 효력을 발휘하고 있다고 볼 수 있다.

그런데 소련 측에서 본 해방 당시의 모습은 어떠했을까. 주조선 소련 총영사 폴랸스키는 8월 16일의 서울 풍경을 이렇게 쓰고 있다.

> 8월 16일 오전 10시부터 서울에서 정치범과 경제범의 석방이 개시되었다. 이것은 조선의 다른 도시들에서도 진행되었다. 서울에서는 정오부터 "조선 해방 만세", "붉은 군대 만세" 등의 구호를 내건 조선인들의 시위가 자연스럽게 일어났다. 건물들과 시위자들의 대열에 소련기와 조선 국기가 휘날렸다. 일부 건물들에는 연합국 깃발들이 내걸렸다.

치를 하지 않고 권력을 인민위원회에 넘겨주었다는 점, 북한의 복구와 부흥에 다면적인 지원을 했다는 점 등에서 찾을 수 있다. 그러나 이 표현은 오늘날 남북한 어디에서도 사용되지 않고 있다.

　　시위자들은 역으로 가서 그 앞에 있는 광장에 모였다. (중략) 시위
　군중들이 (소련)영사관 지역으로 와서 집회를 실시하였는데, 그 집회에
　서도 조선인들이 나와 일본의 압제에서 해방시켜준 붉은군대와 스탈린
　동지에 대한 감사를 표시하였다. 시위는 붉은군대를 맞이하기 위해 조
　직되었다. 왜냐하면 붉은군대 부대들이 서울에 도착한다는 소문이 나
　돌았기 때문이었다. (중략) 시위에는 전부 합해 10만 명이 넘는 사람들
　이 참가하였다.32)

소련 관리의 입장에서 자국에 유리한 면을 묘사한 것을 감안하더라도
해방 당시 상당수 서울 시민들이 소련군을 우호적으로 인식했을 뿐 아니
라 심지어 '해방군'으로 받아들이는 상황이 전개되었음을 알 수 있다.

소련군 정보장교들의 보고를 살펴보면 이러한 상황 인식은 북한에서도
확인되고 있다. 한 보고에 따르면 "붉은군대의 만주와 조선 진주는 다수
의 주민들에 의해 커다란 만족으로 받아들여졌다"고 하면서 민족적, 정치
적, 경제적 억압에 대해 종지부를 찍어준 소련군에 대해 "주민 다수가 붉
은군대에 호감을 가지는 것은 당연하다"고 적고 있다.33)

8월 24일 제25군 낙하산 부대가 평양과 함흥에 투하되었고, 다음 날
북한에서 일본군의 무장 해제는 완료되었다. 『이즈베즈찌야』신문의 종군
기자였던 루닌은 소련군이 함흥에 진주할 때의 광경을 감성적 필치로 생
생하게 보여주고 있다.

　　… 사람들의 파도는 당도한 사람들에게 부닥치었다. 그 순간의 남은
　것은 다만 충만된 환희의 소리와 아물거리는 알지 못할 얼굴뿐이다.
　그들은 보건대 몹시 중대한 것을 통지하려고 애를 썼고 사방으로 뛰어
　다니며 능금과 무엇인지 보지 못하던 음식을 대접하였다.34)

---

32) 게네랄로프가 쉬킨에게, 「조선의 상황에 관한 간략한 정보보고」 ЦАМО, Ф. 32, Оп. 11306,
　　д. 605, лл. 451-452.

33) 빌가록, 「적 군대와 주민 사이에서의 사업(1945. 9. 14)」 ЦАМО, ф. 234,　оп. 3225, д. 28.
　　л. 45.

해방이 미·소가 이끈 연합국 승리의 결과이지만 그중에서도 주민들과의 직접적인 접촉을 가진 군대가 소련군이었기에 그러한 분위기는 더욱 증폭되었다고 할 수 있다. 소련군이 진주한 북한의 각 도시마다 주민들이 붉은기를 흔들고 그들을 환영하는 모습은 쉽게 볼 수 있었다.35) 비록 해방 초 일부 소련 군인들의 약탈 행위 등과 같은 범죄는 주민 사이에서 소련군에 대한 반감이 일으키기도 했지만 그것은 대세가 되지 못했고, 얼마 지나지 않아 전반적인 상황을 장악하고 있던 공산 측에 의해 무마되었다.

8월 26일 제25군사령관 I. M. 치스차코프 상장은 비행기를 타고 평양에 도착하였다. 도착 직후 치스차코프는 북한 내 지도급 인사들과의 면담을 가진 자리에서 "붉은 군대 군인들과 전체 쏘베트 인민들의 명의로 나는 지금부터 해방된 조선의 자유로운 인민들에게 새 조선을 설립함에 전진과 가장 특수한 성과를 원합니다"라고 말하였다. 이에 대해 조선공산당 평남도당 서기 현준혁(玄俊爀)은 "이 역사적인 날에 조선 인민들이 붉은 군대, 쏘베트 인민 및 스탈린 동무에게 심절한 감사를 진정으로 드린다"고 화답하였다.36)

그렇다면 북한 공산주의 지도자들의 해방에 관한 사실적인 인식은 어떠했을까. 이를 공식적으로 확인할 수 있는 것은 9월 15일에 열린 조선공산당 평남지구확대위원회의 「정치노선에 관하야」란 결정서이다. 회의는 아직 귀국하지 않은 김일성그룹의 참여 없이 국내파 공산주의자들이 모인 자리였다. 대회의 결정은 당이 미국·영국 등 연합국에 대한 역사적

---

34) 『레닌기치』, 1946. 6. 28.

35) 태평양함대 사령부 군사회의 위원인 S. E. 자하로프의 회고에 의하면 8월 16일 웅기에서 개최된 소련군 환영대회에는 5,000명 이상의 주민이 참석하였고, 21일 소련 해군이 원산항에 상륙할 때 역시 주민 5,000여 명이 붉은기를 들고 이들을 맞이했다고 한다. Ос вобождение Кореи. Воспоминания и статьи, с. 119, 138.

36) 『레닌기치』, 1946. 7. 10.

진보성을 모호하게 취급한 것을 비판하면서 편향의 수정을 요구하였다.

> 현단계의 정세로 보아 혹은 금번 대전을 통하여서의 미국, 영국이
> 한 역사적 역할을 볼 때 그들은 진보적인 사명을 다하였다. 그들은 소
> 연방과 공동전선을 느리며 국제적 팟쇼 전선을 격파하야 피압박민족을
> 해방한 것만은 움직일 수 없는 사실이라 할 것이다. 우리 조선은 소련
> 의 주동적 역량과 미영의 공헌으로 말미암아 무혈의 독립해방은 실현
> 되었고 장차 아프로 완성되려는 계단에 도달하였다고 할 수 있다. 그
> 러한 의미로 해서 연합국의 그들은 우리의 벗이요 우리의 가장 친선해
> 야할 국가라고 보지 않을 수 없다.37)

해방 직후 북한 공산주의자들의 조선 해방에 대한 시각은 상당한 객관
적 근거를 가지고 있었다. 소련이 조선 해방에 주도적인 역할을 수행하
였고 미국과 영국 등도 그에 못지않은 기여를 하였다는 입장이 정리된
것이었다. 따라서 해방 조선이 이들 국가들과도 긴밀한 관계를 맺어야
하는 것은 당연한 수순일 수 있었다. 이에 대해 김일성의 관점도 별반
다르지 않았다. 그는 10월 13일 서북5도당 책임자 및 열성자 대회의 당
조직문제 보고를 통해 "조선에는 사회주의국가 쏘련과 자본주의국가 미국
이 함께 들어와 조선을 해방해 주었다"고 언급하였다.38) 조선공산당 북
부분국의 기관지 『정로』의 창간사도 "위대한 붉은군대 그의 동맹자인 연
합군의 힘으로 조선은 호전국가 일본침략자로 부터 해방되었다"고 선언함
으로써 소련과 더불어 미국의 역할을 인정하였다.39)

북한지도부가 해방에 관한 '진실'을 여과 없이 표명할 수 있었던 것은
향후 한반도 운명에 대한 미국의 영향력을 고려하였고 이 나라와의 협력

---

37) 『옳은 路線을 爲하야』, 우리文化社, 1945, 26~27쪽. 이 인용문은 한글 맞춤법을 무시하
고 원문대로 표기하였고, 이하의 인용도 동일하게 적용하였다.

38) 『옳은 路線을 爲하야』, 46~47쪽.

39) 『正路』, 1945. 11. 1.

을 통해야만 건국이 가능하다는 점을 인식하였기 때문이기도 하였다. 그러나 조선 해방에서 미국의 역할을 공개적으로 표명하는 일은 오래 지속되지 않았다. 특히 모스크바 결정을 직후로 남과 북이 각기 권력 체계를 구체화해 감에 따라 북한의 각종 지면에서 미국의 해방적 역할에 관한 언급은 자취를 감추게 되었다. 이를테면, 김일성은 "쏘련 군대가 북조선으로 들어와 반세기동안이란 긴 세월을 일본 압박 밑에서 신음하던 조선인민을 해방한 지 벌써 5개월이나 경과 되었습니다"라거나 "쏘련 군대의 위력으로 해방된 북조선" 등 소련의 역할만을 주로 부각시켰다.40) 다만 김일성의 연설에서 "조선인민을 해방시켜준 위대한 제연합국 만세!", "쏘미영 연합국인민들에게 해방의 감사" 등과 같은 연합국의 공헌에 대한 언급은 1947년까지도 드물게나마 눈에 띄었다.

그와 동시에 제1차 미소공동위원회가 결렬된 직후부터는 미국에 대한 비난이 등장하기 시작하였다. 모스크바 결정에 따른 조선임시정부 수립을 둘러싼 미소 간의 대립이 이어지고 분단이 현실화되면서 북한의 대미 시각은 부정적인 방향으로 전환되었던 것이다. 8·15 해방 1주년을 기념한 김일성의 연설은 소련의 해방적 공헌에 대한 찬사로 가득 채웠다. 반면, 그는 "쏘련 군대의 혈투로 말미암아 영국과 미국은 자국의 군수공업을 광범히 전개하고 제2전선을 준비할 시간을 얻었다"면서 미국의 역할을 폄하하였고, 동시에 "미군정은 평화와 자유와 민주주의의 사도로 자칭하였지만 몇 날이 못가서 위장을 벗어버리고 그 정체를 나타내고 말았다"고 하는 등 비난 수위를 높였다.41) 그러나 아직까지 "미제 타도나 축출"과 같은 극단적인 태도를 보이지는 않았다. 북한은 여전히 미소공동위원회에 의한 임시정부 수립을 기대하고 있었기 때문에 미국에 대한 도발

---

40) 김일성, 「目前朝鮮政治形勢와 北朝鮮臨時人民委員會의 組織問題에 關한 報告(1946. 2. 8)」, 『인민공화국수립의 길 : 중요보고집』, 북조선인민위원회 선전부, 1947, 4쪽.

41) 김일성, 「조선동포에게 고함」, 『인민공화국수립의 길 : 중요보고집』, 103, 116쪽.

적인 자극을 삼았던 것이다.42)

　분단이 점차 가시화됨에 따라 북한은 '연합국'의 역할에는 더 이상 주목하지 않았다. 미국은 본격적으로 조선을 분단시킨 '주범'으로 묘사되기 시작하였다. 미소공위의 결렬로 임시정부 수립의 기대가 사라진 1947년 12월 김일성은 "미제국주의자"란 용어를 사용함으로써 미국과의 '결별'을 알렸다.43) 반면 '유일한' 해방자로서 소련에 대한 찬양은 그 기세가 꺾이지 않았다. 1948년 10월 소련군 철수가 결정된 직후 북로당중앙위원회 기관지 『근로자』에 게재된 「소련군대는 해방군대이다」라는 제하의 권두언은 소련군의 위상과 역할을 단편적으로 볼 수 있는 부분이다.

> 　극동에 있어서의 전쟁에 쏘련이 참가한 것은 제국주의일본의 운명을 결정하였다. 일본은 쏘련 군대의 강력한 공격을 막아낼 아무런 방도도 없었기 때문에 무조건 항복하였다. (중략) 위대한 쏘련군대는 일본식민지 압박자들의 속박하에서 우리 조국을 해방시켜주었다.44)

　소련군에 대한 찬사는 각 분야의 지도급 인사들이 어김없이 표명하는 말이 되었다. 뿐만 아니라 소련군은 해방군으로서의 사명에 그치지 않고 처음부터 인민위원회를 인민정권기관으로 승인함으로써 '자주독립국가'의 토대를 구축할 수 있게 도와준 군대로 간주되었다.

---

42) 흥미롭게도 해방 2주기 연설에서 김일성은 주로 남한의 '반동세력'과 '반탁세력'을 비난했을 뿐 미국에 대해 거의 언급을 하지 않았다. 제2차 미소공위가 진행 중인 상황에서 미국을 자극하지 않으려는 의도로 읽힌다.

43) 김일성, 「북조선직업총동맹 제2차 중앙대회에서 진술한 연설」, 『조국의 통일독립과 민주화를 위하여』 1, 국립인민출판사, 1949, 466쪽.

44) 『근로자』 10, 1948, 8~9쪽. 또한 연안파 지도자 최창익은 1949년 발간된 『朝鮮民族解放鬪爭史』에서 소련군의 역할을 이렇게 묘사하고 있다. "반세기 동안에 걸쳐 조선민족을 박해하고 착취하여 오던 조선인민의 불구대천의 원수인 일본제국주의는 위대한 소련군대에 의하여 조선으로부터 구축 되였으며 최후의 패망을 고하고 말았다. 이때로부터 조선민족은 일제의 철제(鐵蹄)하에서 해방 되였으며 조선민족의 역사는 새로운 단계에 들어서게 되였다"(『朝鮮民族解放鬪爭史』, 김일성종합대학, 1949, 435~436쪽).

북한은 조선의 해방에서 소련군의 '공훈'을 기념하는 각종 기념물 축조에도 소홀하지 않았다. 이를테면, 1947년 5월 평양 모란봉 기슭에 해방탑을 세웠으며, 사동구역에는 조선 내 대일전투 중에 사망한 '쏘련군 렬사들의 묘'를 조성하였다. 또한 남포·신의주·원산·청진·해주 등 일련의 지방도시에도 해방탑과 소련군추모탑, 소련군동상, '쏘련군 렬사들의 묘들'을 만들어 북·소 간 우의를 기념하는 장소로 삼았다.

소련군의 '유일한' 해방적 역할은 한국전쟁을 거쳐 1950년대 중반까지도 계속 이어졌다. 그러나 그 이후 북한 문헌에는 '주체' 개념이 등장하면서 항일빨치산의 해방적 역할이 등장하기 시작하였다.

2) 해방 인식의 변화

1950년대 중반 이후 김일성은 흐루쇼프의 노선 수정 움직임, 중소관계의 변화 등 사회주의권의 변동에 맞추어 주체노선을 점차로 제기하였다. 이 노선이 등장하게 된 또 다른 배경에는 김일성 지도부의 통치 이데올로기 확보와 빨치산파와 연안계·소련계 간의 권력투쟁적 요인이 자리하고 있었다.

주체노선의 전개와 연안계·소련계 숙청은 역사 서술에 있어 민족주의적 관점을 드높이는 방향으로 나갔다. 이 시기 조선의 해방에 대한 기술에서 소련군의 입지는 아직은 크게 손상 받지 않았다. 1958년에 발간된 『조선통사』는 맑스-레닌주의적 방법론에 입각하여 쓰인 저술로서 소련군의 해방적 역할을 변함없이 강조하고 있다. 예를 들면 "쏘련 군대에 의한 조선해방은 조선 인민의 력사발전에 새 기원으로 되였다"45)라는 식이다. 그럼에도 이 책은 그에 못지않게 김일성이 이끈 '조선인민혁명군'46)의 활

---

45) 『조선통사』, 과학원력사연구소, 1958, 439쪽.

46) 김일성에 따르면, 동북인민혁명군(나중에 동북항일연군으로 개편)과 조선인민혁명군은

약에 적지 않은 비중을 할애하고 있다. 특히 그들이 "쏘련 군대의 대일작전이 개시되었을 때 소조들을 집결하여 억제할 수 없는 새 힘으로써 쏘련 군대와 함께 국경지대에서 일본 관동군을 격파하고 조선을 해방시키는 맹렬한 전투에 참가하였다"[47]는 것이다.

이 시기에 북한은 또한 항일무장투쟁 세력과 김일성의 리더십을 전면에 등장시켰다. 8·15 이전과 관련해서는 항일빨치산 출신 정찰 소조들이 만주와 조선 등지에서 펼친 정찰·조직활동 등을 언급함으로써 이들의 역할이 해방에 기여하였음을 말하고 있다. '조선인민혁명군'의 구체적인 활동상을 입증할 사료적 근거는 1959년부터 『항일빨치산참가자들의 회상기』(전12권)가 출판되면서 제시되기 시작하였는데, 이 책은 북한 현대사의 중심이 김일성과 항일빨치산으로 이동하는 과정에서 나왔다.

1962년 이후 북한의 공식문헌에서 주체사상이 공식 언급되고 국가 활동의 지도적 사상이 되면서 항일빨치산이 조선 해방의 중심적 지위를 차지하게 되었다. 북한은 흐루쇼프의 개혁과 수정주의 노선에 대해 비판적 입장을 유지하였고, 이러한 상황은 북한의 자주적 경향을 지속적으로 확대시켜 주었다. 이로 말미암아 조선의 해방에서 소련의 '절대적' 역할을 묘사하는 문구는 어떠한 문헌에서도 찾아보기 어렵게 되었다. 예를 들면, 1964년에 발간된 『조선로동당력사교재』는 소련군의 역할을 이렇게 언급하고 있다.

같은 명칭이다. 그는 "우리는 훗날 동북항일련군을 조직한 다음에도 조중항일련합군의 성격에 맞게 중국 동북지방에서 활동할 때에는 동북항일련군이라고 하였고 조선사람들이 많은 곳에 가거나 조선에 나와서는 조선인민혁명군이라고 정황에 맞게 이름을 바꾸어가며 활동"하였다고 함으로써 두 명칭이 융통성 있게 활용되었음을 알 수 있다(김일성, 『세기와 더불어』 3, 조선로동당출판사, 1992, 334쪽). 그런데 김일성이 말한 조선인민혁명군은 동북인민혁명군 전체가 아니라 조선인들이 대부분을 차지한 2군을 가리킨다.

47) 『조선통사』, 410쪽.

　　1945년 8월 9일 쏘련이 대일 전쟁에 참가하였다. 쏘련의 대일 전쟁 참가는 일제의 패망을 결정적으로 촉진하였다. 모든 준비 태세를 갖추고 있던 인민혁명군은 쏘련 군대와 함께 일제를 종국적으로 격멸하기 위한 전투에 참가하였다. 1945년 8월 15일 일본 제국주의자들은 결국 무조선 항복을 하고야 말았으며 제2차 세계대전은 종말을 고하게 되였다.[48]

　이 시기의 서술은 소련의 참전이 "조선을 해방시킨 것"에서 "일제의 패망을 결정적으로 촉진"하는 것으로 후퇴하였다. 곧 일제의 항복은 '인민혁명군'과 소련군의 공동 작전에 의한 것이라는 어감을 주고 있다. 바야흐로 소련군의 공헌은 역사의 뒤안길로 사라져 갔고, 그 자리는 빨치산 세력으로 대체되었다.

　1970년대 이후 북한은 당의 최고 강령으로서 온 사회의 주체사상화를 제창하였으며, 김일성 유일체제는 돌이킬 수 없는 대세가 되었다. 일체의 공식적인 의식은 물론이고 단순한 부문에서조차 김일성의 업적과 연관시키는 환경에서 소련군의 해방적 역할이 들어갈 틈은 전혀 존재하지 않았다. 『조선로동당략사』(1979)의 대일전을 다룬 절에 '소련'이라는 단어는 단 한 차례만 등장할 뿐이었다.[49] 소련군의 군사적 역할에 대한 언급이 극히 미미해지고 대신에 '조선인민혁명군'이 그 자리를 메워가게 되었다.

　1981년에 출판된 『조선전사』(22권)는 해당 시기 역사를 상세하게 서술하고 있기 때문에 보다 정확한 북한의 입장 변화를 알 수 있게 해준다. 이 책은 글자 그대로 '조선인민혁명군'의 전체상을 여지없이 보여주고 있다.

---

48) 『조선로동당력사교재』, 조선로동당출판사, 1964, 111~112쪽.

49) 『조선로동당략사』, 조선로동당출판사, 1979, 184~188쪽.

> … 김일성동지께서는 조국해방을 위한 최후공격작전계획을 세우시
> 고 그 실현을 위한 투쟁에로 조선인민혁명군 부대들을 현명하게 조직
> 령도하시였다. (중략) 조선인민혁명군이 최후공격작전에서 1차적으로
> 돌파해야 할 요새구역은 웅기-라진, 경흥(지금의 은덕), 훈춘, 동흥진
> 등의 요새 구역이였다. (중략) 조선인민혁명군 성원들은 8월 8일 밤 전
> 전선에 걸쳐 토리, 남별리, 동흥진을 비롯한 적요새 구역의 여러 초소
> 들에 대한 습격을 일제히 개시하였다.[50]

김일성이 최후공격작전계획을 세웠다고 하는 것은 '주체적 역사서술'에
서 피하기 어려운 부분일 수도 있다. 그 자신이 88여단 지휘관의 일원으
로서 애초 예정된 조선 진공 전투의 계획 입안에 참여했다고 추측되고
있기에 그러한 말에 전혀 근거가 없다고도 볼 수 없다. 그리고 '조선인민
혁명군' 부대원들이 적 요새구역의 습격에 참여했다면 마찬가지로 인정할
만한 표현일 것이다. 그럼에도 그와 같은 서술은 과장과 축소를 동시에
담고 있고, 이로 인한 왜곡은 역사의식에 또 다른 혼동을 불러일으키고
있다. 특히 '조선인민혁명군'은 조국해방의 주역으로 묘사된 반면, 소련군
에 대해서는 "아군부대"로 지칭하거나 "쏘련 군대와의 연계 밑에" 등으로
묘사함으로써 마치 '지원부대'라는 인상을 심어주었다.

북한 측이 '조선인민혁명군'의 해방적 사명을 보여주기 위해 활용한 사
실상의 '유일한' 실증자료는 일본인 저자가 발간한 『조선 종전의 기록』이
다. 『조선전사』는 이 책을 이렇게 인용하고 있다. "8월 8일 밤 11시 50
분 조선사람의 한 집단 약 80명은 … 쾌속정을 타고 두만강을 건너 토리
에 내습하였다."[51] 인용은 정확하지만 생략된 부분은 "소련군과 함께"란
표현이다.[52] 소련군의 역할을 축소시키려는 의도가 다분히 깔려 있는

---

50) 『조선전사』 22, 과학·백과사전 출판사, 1981, 114~115쪽.

51) 『조선전사』 22, 117쪽.

52) 森田芳夫, 『朝鮮終戰の記錄』, 巖南堂書店, 1964, 29쪽.

것이다.

북한의 대일전 서술 방식에서 나름대로의 변화를 가져온 것은 김일성 회고록이 나오고부터이다. 김일성 회고록은 이전 역사서술에서 볼 수 없었던 소련 체류시절의 활동, 빨치산 대원들을 비롯한 관련 인물에 대한 묘사와 평가를 하였다는 점에서 진일보한 내용을 담고 있다고 할 수 있다.[53] 하지만 대일전 개시의 상황에 대한 김일성의 언급은 앞서의 내용과 별다른 차이를 보이지 않고 있다.

> 1945년 8월 9일 쏘련은 동맹국들과의 협약에 따라 대일선전포고를 하고 일본군대와 교전상태에 들어갔습니다. 같은 날 나는 조선인민혁명군 부대들에 조국해방을 위한 총공격전을 개시할 데 대한 명령을 하달하였습니다. 나는 그때 최후공격작전에 앞서 조선인민혁명군 부대들로 하여금 웅기군 토리와 훈춘현 남별리, 동흥진을 비롯한 적의 국경 요새구역의 여러 군사요충지들을 불의에 습격하여 적들의 방어체계에 혼란을 조성하고 요새구역안에 배치된 적 유생력량과 화력기재들에 타격을 가하게 하였습니다.[54]

김일성은 소련군에 대한 언급을 그다지 회피하지 않았는데, 이 점에서는 1950년 후반~1960년대 초반의 흐름으로 되돌아 간 듯이 보였다. 그는 '조선인민혁명군' 참전에 대한 증거로 위의 『조선전사』에서 인용한 "조선인의 일단 약 80명"을 똑같이 제시하고 있다. 다만 『조선전사』와는 달리 "쏘련군과 함께"란 표현은 삭제하지 않았다. 그는 또 다른 증거로 소련군 한 군관의 『수기』에 나온 김일성부대원이라 칭하는 "100여 명의 무장 인원"을 들고 있다.[55]

---

53) 김일성 회고록 『세기와 더불어』는 1992년부터 1998년에 걸쳐 총8권으로 이루어져 있다. 이 가운데 7, 8권은 김일성 사후에 나온 것으로 '계승본'이란 이름으로 출간되었다.

54) 『김일성동지 회고록 : 세기와 더불어(계승본)』 8, 조선로동당출판사, 1998, 455~456쪽.

55) 『김일성동지 회고록 : 세기와 더불어(계승본)』 8, 457, 461쪽.

그렇다면 "조선인의 일단 약 80명"과 "100여 명의 무장 인원"의 실체
는 무엇인가. 과연 '조선인민혁명군'은 얼마나 조선해방 전투에 참여한 것
일까. 이들 의문을 해결하지 않고서 북한 측 서술을 올바로 판단하기는
불가능하다. 사실 이에 대해 정확한 답변을 해줄 수 있는 객관적인 자료
를 찾기는 현재로서는 어렵다. 다만 일부 자료를 통해 당시 상황을 어느
정도 재구성할 수는 있을 것이다.

1943년 2~3월 현재 「동북항연제 1, 2, 3로군 월경인원 통계표」에
따르면 소련으로 들어간 조선인과 중국인들로 구성된 항일연군 대원 수
는 전부 590명가량으로 추정된다.56) 이들 중 다수는 1942년 7월 결성
된 소련군 제88독립보병여단의 주력으로 남아 있었고, 다만 197명은 보
로실로프와 하바로프스크 소재 소련군 첩보기관으로 파견되었다.57) 대독
전쟁이 끝난 후 조·중 빨치산 출신 대원들은 소련군의 대일전 참가가
확정되면서 전투 수행 준비에 들어갔다. 88여단의 전투계획은 적 후방에
서 유격전쟁을 적극적으로 전개하고 적의 정보를 수집하는 등 소련군의
진격에 다방면의 협력을 제공하는 데 있었다. 88여단의 주력은 소련군대
와 더불어 만주로 진격하여 적을 궤멸시키고 교통을 보장하며 대중봉기
를 일으키는 임무를 지녔다.

8월 9일 소련극동군의 전면적인 대일 전투가 개시되자 88여단의 나머
지 조선인, 중국인 대원들은 참전 준비를 갖추고 대기하였다. 그러나 소
련군 지휘부는 대기 명령을 풀지 않았기 때문에 88여단 조·중대원들은
참전의 기회를 놓치고 말았다. 88여단 조·중대원들의 참전은 무산되었
으나 소련군 전선부대로 차출된 일부 대원들은 전투에 참가할 수 있었다.

해당 당시 88여단 소속 조선인 대원들의 숫자는 약 170명 정도였

---

56) 中央黨案館·遼寧省黨案館·吉林省黨案館·黑龍江省黨案館 編, 『東北地區革命歷史文件
　　匯集(1942-1945. 7)』65, 1992, 115~137, 139~160, 182~199쪽.

57) 周保中, 『東北抗日遊擊日記』, 人民出版社, 1991, 659~660쪽.

다.58) 북한의 주요 인물들의 약력을 담고 있는『조선대백과사전』을 살펴
보면, 이들 빨치산 출신들로 이루어진 '항일열사'의 이력이 소개되고 있
다. 흥미로운 점은 1945년 8월까지 생존한 인물 가운데 소련군과 함께
진공전투에 참여한 사람들이 일부 등장한다. 확인할 수 있는 인물로는
강건, 김봉석, 박락권, 오백룡 등이 있다. 강건과 박락권은 만주지역전투
에 참가하였으며, 김봉석은 전투 중 8월 14일에 전사하였다.59) 소련군
의 웅기 상륙에는 오백룡이 참전하였는데, 그는 서수라 전투를 거쳐 나
진, 청진 방면으로 진격하였다고 한다.60) 또한 김일성 회고록에는 한창
봉과 박광선이 참전 인물로 등장하고 있다.61) 그 밖에 아직 밝혀지지 않
은 소련군에 파견된 일부 조선인 대원들이 참전한 것으로 보인다. 따라
서 위의 "조선인의 일단 약 80명"과 "100여 명의 무장 인원"은 목격자들
의 착오나 과장이 섞여 있거나 혹은 그 수가 정확하더라도 현지 무장대
등이 포함되었을 가능성이 높다.62) 특히 북한이 이들의 존재만 언급했을
뿐 이들이 구체적으로 누구인지는 밝히지 않고 있음을 본다면 이러한 추
측에 신빙성을 더해준다.

'조선인민혁명군'을 해방의 주력으로 묘사하는 듯한 북한의 역사서술
방식은 분명 왜곡된 것이다. 이것은 항일혁명전통을 미화하는 과정에서
드러난 '과대 포장된' 역사서술의 단면을 보여주고 있는 것이다. 다만 북

---

58) 周保中, 「東北的抗日遊擊戰爭和抗日蘇軍(草稿)」, 22쪽 ; 이종석, 『북한-중국관계 1945-
2000』, 중심, 2001, 35쪽.

59) 강건, 『조선대백과사전』 1, 백과사전출판사, 1995, 365쪽 ; 김봉석, 『조선대백과사전』 4,
백과사전출판사, 1996, 168쪽 ; 박락권, 『조선대백과사전』 10, 백과사전출판사, 1999, 325
쪽 ; 오백룡, 『조선대백과사전』 27, 백과사전출판사, 2001, 465~457쪽.

60) 오백룡, 「조국해방을 위한 성전에 참가하여」, 『항일 빨찌산 참가자들의 회상기』 4, 조선
로동당출판사, 1968, 151~155쪽.

61) 『김일성동지 회고록 : 세기와 더불어(계승본)』 8, 458~459쪽.

62) 북한은 소련군의 진격 시기 인민무장대의 대일전 참가를 강조하고 있다. 라진인민무장
대와 까치봉 무장대. 그 밖에 청진, 길주, 성진 등지의 무장대를 들고 있는데, 그들의 활
동에 대해서는 앞으로 실증적인 검토가 필요할 것이다.

한이 김일성이 직접 전투에 참여했다고 쓰지 않은 점, 소련군을 "아군부대"로 쓰면서 완전 배척하지는 않은 점 등을 본다면 북한 측 서술을 단순한 날조로 보기는 어렵다. 또한 북한 문헌을 자세히 읽어보면 '조선인민혁명군'의 전투 참가가 지극히 제한적이었음을 스스로 드러내고 있다. 더욱이 김일성은 일본의 조기 항복으로 인해 "자체의 힘"으로 전 영토를 해방시키지 못한 것을 분명히 하고 있다.63)

대일전에서 항일빨치산 출신들이 전쟁의 판도에 거의 영향을 주지 못한 것은 분명하지만 그들이 전쟁 이전 만주와 조선지역에서 소련군의 대일전 준비를 위한 정찰과 첩보활동을 수행한 주체인 것만은 사실이다. 예를 들면, 그들은 1941년 봄부터 1945년 8월 이전까지 모두 30여 차례에 걸쳐 3백 명 이상의 대원이 소부대를 편성하여 만주지역에 파견되었다.64) 이들의 사전 정찰 활동이 소련군의 진격을 원활히 수행하는 데 있어 일정한 기여를 했음은 틀림없다.

김일성 회고록 출간 이후 북한의 해방 전후 역사서술은 근본적인 방식에서 변화를 엿볼 수는 없으나 부분적으로 이전에 보이지 않았던 새로운 사실들을 점차 담고 있다. 최근의 저술들은 1960년대 이전만큼은 아니지만 대일전 과정에서 소련군의 군사작전에 관한 언급도 나타나고 있다.65)

---

63) 『김일성동지 회고록 : 세기와 더불어(계승본)』 8, 464쪽.

64) 신주백, 『만주지역 한인의 민족운동사(1920-1945)』, 아세아문화사, 1999, 496쪽. 88여단 소속 조·중대원들 다수는 대일전 직전까지 정찰활동을 수행하였다.

65) 예를 들면, 『위대한 수령 김일성동지략전』, 조선로동당출판사, 2003, 237쪽에는 "쏘련군의 고위 지휘성원들은 대일작전에서 조선혁명군의 활동에 큰 기대를 걸고 있었다"라는 구절 등이 나와 있다.

4. 맺음말

소련의 대일전 참전은 극동에서 일본의 위협을 제거하고 한편으로 1904~1905년 러일전쟁에서 참패한 이후 만주와 조선에 걸쳐 있는 기득권을 되찾기 위한 절호의 기회였다. 태평양전쟁 기간 일본의 전력을 약화시킨 주체는 미국이었으나, 소련은 이때까지 막강한 관동군을 중·소 국경지역에 배치토록 함으로써 일본 군사력을 분산시키는 데 일조하였다. 소련은 일본에 대한 최후의 타격을 통해 이 지역에서의 영향력을 확보하고자 하였다.

일본의 항복은 1차적으로 태평양전쟁 기간 동안 일본군의 전력을 현저히 약화시키고 원폭을 사용한, 미국의 군사적 행동이 그 기반을 형성했음은 틀림없다. 여기에 소련군의 참전은 일본군을 결정적으로 무력화시킨 동력이 되었다고 할 수 있다. 한편으로 8월 9일자 참전은 일본의 조기 항복에 대한 우려를 해소하고 참전 약속 준수라는 명분을 지키기 위한 선택이었다. 소련군의 한반도 진격은 무혈입성이 아니라 오히려 대규모 청진 전투를 비롯하여 도처에서 중소규모의 교전을 수반하였다. 결론적으로 8·15 해방은 미국과 소련 가운데 어느 한쪽의 일방적 공헌에 의한 것이기 보다는 양자 모두가 나란히 승리한 결과였다.

애초 해방에 관한 북한의 인식은 미소 양국의 역할을 공히 언급하는 등 비교적 공정했다고 볼 수 있다. 그러나 남북 분단이 가시화되면서 북한은 조선 해방에서 미국이 포함되는 연합국의 역할에 주목하지 않았고, 대신에 소련은 조선을 해방시킨 '유일한' 주역으로 등장하였다. 조선의 해방에서 소련의 지위는 10년 남짓 독점적 지위를 누리게 되었다. 하지만 주체노선이 등장한 이후에 소련의 역할은 급속히 축소되어 그 자리는 김일성이 이끈 항일무장투쟁세력에게로 넘어갔다. 항일빨치산은 지난 40년 이상 북한 역사를 비롯한 모든 분야에서 변함없이 확고한 중심적 지위를 누리고 있다.

항일빨치산이 조선 해방의 주역인양 내세운 서술 방식은 명백히 역사의 과장, 축소, 왜곡의 단면을 보여주고 있다. 그럼에도 북한의 역사 서술을 면밀히 고찰한다면 역사적 근거를 배척한 것은 아니며, 그 나름의 사실적 기반이 존재함을 확인할 수 있다.

참고문헌

『근로자』 10, 1948

『김일성동지 회고록 : 세기와 더불어(계승본)』 8, 조선로동당출판사, 1998

『레닌기치』, 1946. 6. 28

『옳은 路線을 爲하야』, 우리文化社, 1945

『正路』, 1945. 11. 1

『조선로동당략사』, 조선로동당출판사, 1979

『조선로동당력사교재』, 조선로동당출판사, 1964

『조선전사』 22, 과학·백과사전 출판사, 1981

『조선통사』, 과학원력사연구소, 1958

「한국의 정치상황에 대하여」, РЦХИДНИ, ф. 17, оп. 128, д. 1119, л. 128

Harry S. Truman, Memoirs by Harry S. Truman, vol. I, New York : Doubleday, 1955

강 건, 『조선대백과사전』 1, 백과사전출판사, 1995

게네랄로프가 쉬킨에게, 「조선의 상황에 관한 간략한 정보보고」, ЦАМО, Ф. 32, Оп. 11306, д. 605, лл. 451-452

金基兆, 『38線 分割의 歷史』, 東山出版社, 1994

기광서, 「소련군의 북한진주와 ‘부르주아민주주의’ 노선」, 『統一問題硏究』 20-1, 2005

김봉석, 『조선대백과사전』 4, 백과사전출판사, 1996

김일성, 「目前朝鮮政治形勢와 北朝鮮臨時人民委員會의 組織問題에 關한 報告 (1946. 2. 8)」

김일성, 「북조선직업총동맹 제2차 중앙대회에서 진술한 연설」, 『조국의 통일독립과 민주화를 위하여』 1, 국립인민출판사, 1949

김일성, 『인민공화국수립의 길 : 중요보고집』, 북조선인민위원회 선전부, 1947

박락권, 『조선대백과사전』 10, 백과사전출판사, 1999

빌가록, 「적 군대와 주민 사이에서의 사업(1945. 9. 14)」 ЦАМО, ф. 234, оп. 3225, д. 28. л. 45

森田芳夫, 『朝鮮終戰の記錄』, 巖南堂書店, 1964

신주백, 『만주지역 한인의 민족운동사(1920-1945)』, 아세아문화사, 1999

오백룡, 「조국해방을 위한 성전에 참가하여」, 『항일 빨찌산 참가자들의 회상기』 4, 조선로동당출판사, 1968

오백룡, 『조선대백과사전』 27, 백과사전출판사, 2001

유리 바닌, 「한국의 해방 : 러시아의 시각」, 『현대북한연구』 3-2, 2000

李圭泰, 『米ソの朝鮮占領政策と南北分斷體制の形成過程』, 信山社, 1997

이완범, 「蘇聯의 對日戰 參戰과 38線 受諾, 1942-1945」, 『정치외교사논총』 14, 1996

周保中, 『東北抗日遊擊日記』, 人民出版社, 1991

中央黨案館·遼寧省黨案館·吉林省黨案館·黑龍江省黨案館 編, 『東北地區革命歷史文件匯集(1942-1945. 7)』 65, 1992

Бабиков М. А. На восточном берегу(동방의 해안에서), М., 1969

Внешняя политика Советского Союза в период Отечественной войны(조국전쟁 시기 소련의 대외정책), Т. 3, М., 1947

История второй мировой войны 1939-1945(제2차세계대전사 1939~1945), Т. 11, М., 1980

История Кореи(Новое прочтение)(한국사(새로운 독해)), М., 2003

Освобождение Кореи. Воспоминания и статьи(조선의 해방. 회상 및 논문), М., 1976

Россия и СССР в войнах хх века. Потери вооруженных сил(20세기 전쟁에서의 러시아와 소련. 군대 손실), М., 2001

Советский Союз на международных конференциях периода Великой отечественной войны 1941-1945 гг. Берлинская конференция.(1914-1945년 조국전쟁 시기 국제회담에서의 소련. 베를린회담), Т. 6, М., 1984

Советско-американские отношения во время Великой Отечественной войны 1941-1945, (1914-1945년 조국전쟁 시기 소미관계), Т. 2, М., 1984

СССР и Корея(소련과 조선), М., 1988

Хрущев Н. С. Воспоминания. Время, люди, власть(회고록. 시대, 사람들, 권력), Т.

1, м., 1999

Чистяков И. М. Служим отчизне(조국에 복무함), м., 1985

Штеменко С. М. Генеральный штаб в годы войны(전시의 총참모부), м., 1975

제2부 일본

마츠다
토시히코

일본인의 전쟁인식과 8·15 이미지

1. 머리말

현재 일본에서 8월 15일은 종전기념일, 달리 말하면 정식으로는 전몰자를 추도하고 평화를 기념하는 날이다. 이날 정부가 전국 전몰자 추도식을 개최하고, TV와 신문 등에서 전쟁체험을 새삼스럽게 환기하는 다양한 특집이 편성되는 것은 이제 여름의 정취가 되었다.

그러나 사실 8월 15일은 제2차 세계대전에서 일본이 연합국에 포츠담선언을 수락한 날(8월 14일)도 아니며, 항복문서에 조인한 날(9월 2일)도 아니다. 8월 15일은 소화천황이 이른바 옥음(玉音)방송을 일본국민(식민지, 점령지의 제국신민을 포함)에게 전달한 날로 국제법적으로 8월 15일을 종전기념일로 하는 합리적인 근거는 없다. 현재 연합국의 대부분

---

*번역 : 서울대 대학원 정상우

은 9월 2일을 대일전승기념일(對日戰勝記念日)로 축하한다.

또 일본인의 의식 속에 8월 15일은 패전 직후이기 때문에 전쟁을 기념할 만한 날로 인식되지도 않았다. 본문에서 서술하듯이 연합국에 의해 일본 점령이 종료된 1950년대 초반까지 각종 미디어가 8월 15일을 종전기념일로 언급한 것은 오히려 드물다.

이상의 사실은 8월 15일을 주어진 역사적 사실이라고 간주하고 입론하는 것의 위험성을 시사한다. 8·15를 기억의 대상으로 한 것은 일본인의 역사인식이나 전쟁관과 밀접히 관련되어 있는 주체적인 선택행위가 아니었을까? 본문의 기술이 8월 15일이라는 일시점이 아니라, 15년전쟁(1931~1945) 전체에 대한 일본인의 인식이 어떤 형성·전개·변용의 과정이었는지에 역점을 두는 것 역시 이와 같은 문제의식에 기초하고 있기 때문이다.

이하에서는 1945년부터 현재까지 일본인의 전쟁인식이 어떻게 형성되어 전개되었는가 또한 그것이 정부나 각종 단체의 견해 혹은 여론이나 소설·영화 등에서는 어떻게 나타났는가를 추적하겠다. 각 장의 구성은 다음과 같다.

제1장에서는 1945년 일본 패전 이후 미국을 중심으로 한 연합국 통치를 받던 점령기, 제2장에서는 1951년 샌프란시스코강화조약 체결에 의해 일본이 독립을 회복하던 시기, 제3장에서는 1960년대에 본격화하여 1973년 오일쇼크까지 계속된 고도성장기, 제4장에서는 1980년대 이후 현재까지, 일본의 역사인식이 국제문제화한 시기를 각각 다루겠다.[1] 다만 일본인의 역사인식이 시기에 따라서 획일적으로 변화하는 것은 물론 아니기 때문에 각 시대구분 간에 기술이 약간 겹치는 부분이 있음을 미

---

1) 본 논문의 구조는 기본적으로 吉田裕, 『日本人の戰爭觀-戰後史のなかの變容』(初出 1995. 岩波現代文庫版, 2005)에 의거하였다. *편집자(신주백)-이 책은 역사비평사에서 2004년에 번역 출판하였다.

리 밝혀둔다.

2. 점령기의 전쟁관(1945~1951)

　1945년 8월 일본은 포츠담 선언을 수락하였고, 9월 항복문서에 조인하며 패전국이 되었다. 연합국최고사령관총사령부(GHQ·SCAP)가 동경에 두어지고 사실상 미국을 중심으로 한 점령통치가 행해졌다. 점령기에 나타난 전쟁의식으로 가장 먼저 지적할 수 있는 것은 민간인으로서 총후(銃後)에서 좋든 싫든 본의와 관계없이 전쟁에 휩쓸렸다는 피해자의식이다. 전장에서의 전쟁보다도 일본 본토에 있던 많은 사람들이 경험한 전시의 비참한 생활과 전쟁 말기 일본 주요 도시를 초토화한 공습이 전쟁기억으로서 강하게 인상 지어졌기 때문이다. 전쟁 초기 대표적인 전쟁문학인 쓰보이 사카에(壺井榮)의 『二十四の瞳』(1952년 간행)은 전쟁에 의해 어머니와 아이에게 피해를 받은 여교사를 주인공으로 하고 있는데, 그 여자는 패전을 맞아 "악몽과 같이 보낸 지난 5년간"을 다음과 같이 회상한다.

　　모든 인간다움을 희생해서 사람들은 살고 죽었다. 놀라서 커진 눈은 좀처럼 감기지 않고, 감기면 눈초리를 돌리고 그치지 않는 눈물을 감추는, 무엇인가에 쫓기고 있는 듯한 하루하루였다.2)

　여기서 전쟁은 보통사람들에게 있어 악몽처럼 피하기 어렵고 '쫓기는 것'으로 묘사되고 있다. 전쟁이 생활공동체의 외부로부터 온 불가항력과

---

2) 壺井榮, 『二十四の瞳』(1952年 연재, 同年 光文社에서 刊行). 본문에서 인용한 것은 1973년 金の星社版의 164쪽에 근거한 것이며, 『二十四の瞳』은 1954년 木下惠介 감독이 영화화하기도 하였다.

같은 것이라는 인식은 많은 일본인에게 공통된 것으로 보인다. 이와 같은 피해자 의식은 군수생산을 급격히 확충하면서 국민생활이 희생된 일본의 총력전 체제와도 관련되어 있다. 즉 민수(民需) 확보정책을 취한 나치 독일이나, 군수생산의 확대로 불황을 개선시킨 미국의 경우와는 달리 일본인에 의한 아시아태평양 전쟁은 극단적인 물자·식량 결핍이라는 이미지를 가슴에 새기는 체험이었다.

둘째, 이와 같은 피해자 의식과 표리일체를 이루는 것이, 전쟁책임은 일본국민을 속여 고난을 강제한 전쟁지도자와 군부에 있다는 인식이다. 15년전쟁기 일본파시즘이 나치 독일처럼 대중운동으로부터 형성된 것이 아니고 독자적인 정치세력으로 대두한 군부(특히 육군)를 중심으로 구성되었다는 것은 전후 일본사회에서 이 시기를 군부독재의 시대라고 인식케 만들었다. 그 결과 관료·정당·재계·매스컴 등 군부 이외의 모든 세력에 의한 전쟁 협력이나 추수(追隨) 문제는 불문에 부쳐졌고, 국민 자신이 전쟁가담을 자각한다는 발상도 결핍되었다. 전후인 1946년에 창간된 잡지 『眞相』은 창간사에 "태어나 처음으로 귀마개를 빼고 눈가리개를 벗은 국민에게 과거부터 현재에 걸친 모든 무책임을 폭로하고 모든 진실을 전할 때, 7천만 동포는 비로소 만주사변 이래의 전쟁이 과연 성전이었는가 … 를 명확히 할 수 있는 것이다"라고 기록하고 있다.3) 대다수의 국민은 아무 것도 모른 채 전쟁에 휘말렸기 때문에 진상을 구명하여 전쟁지도자의 책임을 물어야 한다고 생각하는 것이다.

셋째, 전후 일본인의 인식에서는 아시아에 대한 우월감 혹은 멸시가 농후하게 남아 있다. 15년전쟁 중 일본은 중일전쟁의 연장선상에서 미일전쟁에 돌입하였으며, 미국의 거대한 군사력이 본토에 막대한 피해를 입혔기 때문에 미일전쟁 중에도 중국 대륙에서 다수의 일본군과 교전하고

---

3) 『眞相』 1, 1946. 3 ; 川村湊·成田龍一 他編, 『戰爭はどのように語られてきたか』, 朝日新聞社, 1999, 277쪽에서 재인용하였다.

있던 중국의 역량은 쉽게 망각하였다. 또 조선·대만에 대한 식민지 지배 종결이, 알제리·베트남과 프랑스의 경우와 같은 격렬한 반식민지투쟁에 의한 식민지 방기가 아닌, 포츠담 선언의 수락이라는 전쟁 당사자 간의 결정에 의해 이른바 자동적으로 일어났다는 것은 일본인들 사이에 소위 제국의식을 뿌리 깊게 잔존시킨 요인이 되었다. 1945년 12월에 미국 군정보부가 북경에 있는 일본인에 대해 실시한 질문조사에 따르면 60~70%의 답변자가 중국인과 조선인의 자치능력이나 전후 부흥능력을 과소평가한 반면, 답변자의 80% 이상이 일본인이 다른 아시아 국가의 국민보다 우수하다고 답하여, 전쟁의 침략성에 대한 일본인의 인식도 결핍되어 있음을 알 수 있다.4)

아시아를 무대로 한 전쟁문학으로 전후 초기의 작품 가운데 가장 알려진 것으로 다케야마 미치오(竹山道雄)의 『버마의 竪琴』이 있다.5) 버마(미얀마) 전선에서 전후를 맞이한 일상등병(一上等兵)의 시선으로 영국군과 일본군이 노래를 통해 교류하던 모습을 묘사한 아동문학 작품이다. 그러나 다케야마가 묘사하고 있는 미얀마(사람)상은 실제 체험에 기초한 것이 아니다(다케야마는 미얀마에 간 적이 없다). 소설에 나타나는 미얀마 사람은 일본인에게 공손하며, 주체성을 상실한 미개인으로 '일본인의 비대한 긍지를 유지하기 위한 도구에 지나지 않는다.'6)

점령기에 보이는 이상과 같은 일본인의 전쟁인식과 미묘하게 호응하며, 이를 강화하는 역할을 한 것이 1946년 5월에 개정된 극동군사재판, 이른바 동경재판이다. 현재 우익·보수세력은 동경재판을 미국이 일본에게 전승국의 역사해석을 강제하여 일본인을 세뇌한 음모라고 주장한다.

---

4) 吉見義明, 『草の根のファシズム 日本民衆の戰爭體驗』, 東京大學出版會, 1987, 273~276쪽.

5) 竹山道雄, 『ビルマの竪琴』는 1947년부터 1948년에 걸쳐 연재되었으며, 1948년에 中央公論社에서 간행하였다. 이후 1956년 市川昆監督에 의해 영화화되기도 하였다.

6) 酒井直樹, 「共感の共同體と否認された帝國主義的國民意識」, 『現代思想』 23-5, 1995. 5.

그러나 실제 동경재판을 받아들이는 토양은 일본인의 전쟁인식 속에도 있으며, 이와 같은 평가는 지나치게 일면적이라고 하지 않을 수 없다.

확실히 나치 독일을 재판한 뉘른베르크 재판이 영·미·불·소의 협정에 기초하여 설치된 것에 비교하면, 동경재판은 판사나 주석검사의 임명에 관해 연합국군총사령부(GHQ)의 의향이 관철되었다(이하 GHQ).[7] 그러나 당시 대다수의 일본인은 동경재판이 정치재판의 성격을 갖는 것에 반발하면서도, 재판에서 분명하게 밝혀진 장작림 폭살사건(1928년), 만주사변(1931년) 이래 숨겨졌던 사실의 폭로에 놀람과 동시에 전쟁지도자의 책임을 새삼 인식하였다. 또 동경재판은 천황을 전범으로 재판할 것인가 아닌가가 최대의 초점이었음에도, 천황 소추를 회피했다는 것은 GHQ와 일본 보수정치가가 이 점에서 의견이 일치했기 때문이다.[8] 이와 같은 점에서 동경재판은 미국과 일본의 합작이라는 측면을 가지고 있다고도 할 수 있을 것이다. 게다가 동경재판이 가지는 또 하나의 중요한 특징은 아시아 여러 나라에 대한 전쟁책임이나 식민지 지배 문제가 다루어지지 않았다는 점이다. 일본군이 벌인 세균전이나 독가스작전도 마찬가지로 불문에 부쳐졌다.

여하튼 동경재판 자체가 한계가 있었던 것과 아울러, 그 이후 독일처럼 국민 자신들에 의해 전쟁재판이 계속되지 않았기 때문에 많은 전쟁범죄자는 추급(追及)을 면했고, 국민의 전쟁책임에 관한 인식을 심화시키기도 어려웠다.

---

7) 粟屋憲太郎, 『東京裁判論』, 大月書店, 1989, 48~55쪽.

8) 吉田裕, 『昭和天皇の終戰史』, 岩波書店, 1992.

3. 講和와 내셔널리즘의 噴出(1950년대)

1951년에 조인된 샌프란시스코강화조약에 의해 일본은 독립을 회복한다. 냉전이라는 동서 양진영의 엄격한 대립 속에서 체결된 강화조약은, 일본을 서방진영에 편입시킬 목적을 우선시하여 전쟁책임 면에서 일련의 중요한 문제를 남겼다. 즉 강화조약은 제11조에 동경재판의 판결을 수락한다는 것을 명기하고 있을 뿐, 일본의 전쟁책임 자체에 대해서는 전혀 언급하지 않았다. 또 강화회의에 참가하지 못한 중국·남북한이나, 강화조약 당시 결석이던 소련과의 국교회복은 후일의 과제로 남겨졌다.

게다가 미국의 강압에 의해 연합국은 배상청구권을 거의 방기하였다. 일본이 배상을 지불한 나라는 동남아시아 4개국에 그쳤는데 이것은 일본이 경제 대국화한 현재, 아시아 여러 나라에서 불만이 분출하게 된 원인(遠因)이 되었다.

전쟁책임에 대한 일본 국내의 관심이 결여된 가운데 '관대한' 조약이 체결된 것이다. 이 결과 현재까지 계속되고 있는 전쟁책임 문제에 관한 어떤 종류의 이중적인 기준(double standard), 즉 "대외적으로는 강화조약 제11조에서 동경재판의 판결을 수락한다는 형태로 필요한 최소한의 전쟁책임을 인정함으로써 미국과 동반자로서의 지위를 확보하는 반면 국내에서는 전쟁책임 문제를 사실상 부정하거나 불문에 부친다"는 태도가 성립하였다.9) 그러면 이 시기 일본인들의 전쟁인식에 대한 특징을 살펴보자.

첫째로 들 수 있는 것은 강화조약 조인과 함께 점령 당시 억제되었던 내셔널리즘이 일본 사회의 여러 곳에서 분출되기 시작했다는 점이다. 거리에서는 '군함 March'를 필두로 한 군가(軍歌)가 부활하였다. 또 전기

---

9) 吉田裕, 『日本人の戰爭觀』, 91쪽.

물(戰記物) 출판 붐이 일고, 구육해군막료층(舊陸海軍幕僚層)인 엘리트 장교의 저작이 계속해서 베스트셀러에 진입하였다. 이것은 전쟁의 기록으로서는 의미가 있다고 하겠지만, 이들의 글쓰기가 작전지도에 한정되어 있었기 때문에 전쟁 전체의 구조적인 파악이 결여되어 있어 시야의 편협함이 눈에 띄었으며, 집필자 자신들도 전쟁책임에 관해서는 자각이 없었다. 더군다나 1950년대 중반부터는 일반장병의 전투체험기도 나타나며, 군 상층부에 대한 비판적인 기술도 적지 않다는 점에서 막료장교의 전쟁기록과는 상당히 성격이 달랐다. 그렇지만 일본군 병사의 용맹성을 강조하는 내용을 넘어서지는 못하였으며, 역시 전쟁의 성격에 관한 가치평가는 빠져있다.

두 번째, 강화조약을 체결한 이후 전쟁을 기억하는 모습으로 중요한 것은 제2차 세계대전 말기인 1945년 8월 히로시마와 나가사키에 투하된 원자폭탄에 대한 기억이 이 시기에 새삼스럽게 환기되어 핵무기에 반대하는 대규모의 국민운동이 전개된 것이다.

히로시마에 투하된 원자폭탄에 의한 사망자는 24만 명에 달한다(그 중에는 전시 노무·병력 동원 등에 의해 히로시마에 온 조선인 7만 명도 포함되어 있다). 원폭으로 인한 화재와 수난을 전하는 움직임은 물론 점령기에도 존재했지만, 원폭 피해가 공표되어 일본인의 복수심이 환기되는 것을 꺼린 GHQ가 신문·잡지·방송 등의 검열을 통해 언론 통제를 실행하기도 했기 때문에 이것이 꼭 국민의 커다란 관심을 불러일으킨 것은 아니었다.10) 원폭에 대한 관심을 불러일으키고, 유일한 피폭국으로서의 자각을 고무시킨 계기는 1954년에 일어난 다이고 후쿠류 마루 사건(第5福龍丸事件)이었다. 시즈오카현(靜岡縣)의 어선 후쿠류 마루(第5福龍丸)가 태평양에서 미국의 수폭(水爆) 실험에 연루되어 폭파된 이 사건을 계기로 순식간에 전국적인 원수폭금지 서명운동이 확대되었다. 히로

---

10) 堀場淸子, 『禁じられた原爆體驗』, 岩波書店, 1995.

시마에서는 다음 해인 1955년 국가의 원조를 받아 평화기념 자료관이 개관하였고, 제1회 원수폭금지 세계대회가 개최되었다. 또 1954년에 상영되어 흥행에 성공한 혼다 이시로오(本多猪四郞) 감독의 영화『고지라』에서 동경을 파괴하는 괴수 고지라가 수폭 실험에 의해 태어났다고 설정되어 있듯이 반핵의식은 대중문화에서까지 나타났다. 일본은 히로시마와 나가사키에 원폭이 투하된 유일한 피폭국이며, 전쟁 방기를 내건 헌법을 가진 평화국가라는 이미지가 점차 일본인 자신들 속에서 만들어졌고, 이는 세계에 발신되었다. 여기서는 히로시마라는 한 도시의 경험을 일본 국민의 역사적 체험으로서 공유하는 내셔널리즘의 원리가 작동하였다. 견해에 따라서는 1950년대에 재흥한 내셔널리즘은 평화주의와 결합된 양상을 보여주었다고 말할지도 모른다.11)

그런데 8월 15일을 종전기념일로 하는 인식도, 이와 같은 점령통치 종료 후의 의식변화 속에서 발생하였다. 점령기의 신문보도에서는 8월 15일에 전쟁을 기억하게 하는 언급은 드물다. 9월 2일 일본 항복기념일에 연합국군총사령부의 최고 사령관(GHQ·SCAP) 맥아더의 성명을 제1면에 크게 싣는 것이 일반적인 상황이었다. 8·15가 아직 공적 기억으로서 정착하지 않았던 것이다.

그러나 강화조약이 체결된 이후가 되면 신문은 8월 15일에 맞추어 대대적인 종전기획(終戰企劃)을 조직하게 되고, 라디오 방송도 종전기념 편성에 주력한다. 이러한 보도 자세는 대략 1955년경에 정착하였지만 이와 함께 9월 2일 항복기념일 기사는 신문지면에서 모습을 감추었다.12)

여기에는 명확하게 9·2에서 8·15로 전이된 기억의 선택과 망각이 보인다. 그것은 전쟁 기억이 '항복=패전'에서 '종전=평화기념'으로 교체

---

11) 藤原歸一, 『戰爭を記憶する―廣島・ホロコーストと現在』, 講談社現代新書, 2001, 144~196쪽 ; イアン・ブルマ, 『戰爭の記憶―日本人とドイツ人』, ＴＢＳブリタニカ, 1994, 116~138쪽.

12) 佐藤卓己, 『8月15日の神話―終戰記念日のメディア學』, ちくま新書, 2005.

되어갔다는 것을 의미한다. 이로써 이러한 8·15 이미지의 형성이 앞서 말한 강화조약 체결 이후의 내셔널리즘과 평화주의로의 의식고양과 호응한다는 것도 쉽게 이해된다.

4. 고도성장과 전쟁인식의 분화(1960년대~1970년대)

일본은 1950년대 중반부터 1973년 석유위기까지 약 20년간 이른바 고도성장기에 연간 실질성장률 10%를 계속해서 유지하였다. 1956년에 경제기획청이 발행한 『經濟白書』에 사용된 '이미 전후는 아니다'라는 유명한 경구에서도 알 수 있듯이, 경제성장은 일본인의 전쟁인식에도 변화를 초래하였다. 한마디로 말하자면 고도성장기 일본인의 전쟁인식은 크게 2가지 방향으로 분열하였다.

하나는 경제성장에 대한 자신감에 힘입어 일본의 내셔널리즘을 정면으로 긍정해서, 경우에 따라서는 적극적으로 15년전쟁의 침략성을 부인하려는 의론이다. 가장 센세이셔널해서 사회적 영향력도 강했던 것은 1963년부터 하야시 후사오(林房雄)가 유력 월간지 『中央公論』에 발표한 대동아전쟁긍정론으로 보인다. 하야시는 전전(戰前) 프롤레타리아 문예운동에 참여한 후 전향한 경험을 가지고 있으며, 전후에는 주로 대중소설을 썼다. 하야시는 '대동아전쟁'(아시아태평양전쟁)을 서양의 침략으로부터 아시아 여러 민족을 해방한다는 '동아백년전쟁'의 최종단계로 성격 짓고, 다음과 같이 주장한다.

> 대동아전쟁은 침략전쟁으로 보일 수 있지만 본질적으로는 해방전쟁이다. 만약을 위해 다시 반복하지만 또 한번 전쟁을 하라는 것은 아니다. 동경재판의 판결만 믿고 사실을 간과하여 일본민족의 긍지를 잃어서는 안 된다고 말하는 것이다.13)

이러한 대동아전쟁긍정론은 지금까지 보수계 논객의 주장의 원형이 되었다. 또 1960년대 전반까지는 정치적 주장보다는 전후보상 요구에 주안을 둔 전몰군인의 유족단체인 일본유족회도, 이 시기 대동아전쟁을 아시아 민족을 위한 해방전쟁 또는 영·미 열강의 침략에 대한 자위전쟁이었다는 주장을 적극적으로 지지하며 여당인 자유민주당(자민당)의 유력한 후원단체가 되었다.14)

그러나 고도성장기에 등장한 이와 같은 대동아전쟁긍정론이 일본 정부의 공식견해로 채택된 것은 아니었다. 왜냐하면 전쟁책임 문제에 대해서는 전술하였듯이, 구연합국들이 일본의 책임을 동경재판 이상으로 추궁하지 않는 대신에 일본 측도 자국의 책임을 공공연하게 부정하지 않는다는 균형이 성립했기 때문이다.15) 또 단선적인 대동아전쟁긍정론이 일반 국민들의 전쟁인식에 주류를 점한 것도 아니었다. 고도성장기 내셔널리즘의 재생은 보다 폭넓은 뉘앙스를 가지며 다양함을 드러냈다.

예를 들어 앞서 언급한 1950년대 이래 전기물 붐은, 이 시기 『少年매거진』, 『少年선데이』 등 소년주간지로 확대되었다. 전기(戰記)만화의 유행에 대해서, 당시 대동아전쟁긍정론의 용인과 관련된 비판도 있었지만, 실제로 대부분의 만화에서 확고한 전쟁관을 찾아내는 것은 어렵다. 오히려 군함·전투기의 메카닉이나 전투기술을 묘사해 넘으로써, 자원이 부족하여 전쟁에는 패했지만 일본은 높은 군사기술을 가지고 있다는 이미지를 유포시켜, 자원이 없는 일본의 기술입국에 의한 재생이라는, 전후 굴절된 내셔널리즘을 뒷받침하는 이미지가 아이들의 전쟁관에도 영향을 주었다고 보는 것이 사실에 가깝다.16)

---

13) 林房雄, 『(林房雄著作集 I) 大東亞戰爭肯定論』, 翼書院, 1968, 101쪽.

14) 波多野澄雄, 「遺族の迷走－日本遺族會と'記憶の競合'」, 細谷千博·入江昭·大柴亮 編, 『記憶としてのパールハーバー』, ミネルヴァ書房, 2004.

15) 吉田裕, 『日本人の戰爭觀』, 144쪽.

16) 夏目房之助, 『マンガと「戰爭」』, 講談社, 1997, 61쪽.

또 하나의 예로서는 현재까지도 국민작가로서 높은 인기를 누리는 시바 료타로(司馬遼太郎)의 작품을 들 수 있다. 막말(幕末)부터 명치기(明治期)를 주무대로 하는 시바의 소설 가운데서도 대표작인 『언덕위의 구름』이 산케이신문에 연재·간행되기 시작한 것은 1969년이다. 마쓰야마(松山) 출신의 군인형제와 문학가, 이 3명을 축으로 러일전쟁을 묘사한 이 작품에 대해 어떤 일본경제사학자는 "이 시대(명치 중·후기-인용자) 서민의 소박하고 건강한 내셔널리즘을 자신 있게 표현하였다"라고 평가했으며,17) 그의 소설을 읽은 많은 독자들의 느낌도 아마 그러했을 것이다. 그러나 그 한편에서 명치시대를 지나치게 찬미함에 따라 명치기부터 소화기에 걸친 근대 일본의 군사사상이나 침략정책의 연속성을 보지 못하고, 소화기 전쟁에 대한 역사적 파악을 곤란하게 한다는 비판도 있어,18) 시바의 작품에 나타나는 내셔널리즘을 건강하다고 단언해도 되는가 하는 의문도 남는다.

이상과 같이 이 시기는 다양한 폭을 가지며 내셔널리즘이 사회 속에 뿌리를 내리기 시작하였지만 이와는 다른 또 하나의 경향이 고도성장 후반기부터 나타났다. 이는 베트남전쟁의 발발을 배경으로 하여 15년전쟁의 침략성과 가해성을 직시하고자 하는 움직임이었다. 특히 1965년 미군의 북베트남에 대한 폭격 곧, 북폭이 본격화한 이래로 오키나와를 필두로 하는 일본의 기지가 미군의 출격기지로 이용되는 것을 비판하는, 베트남전쟁 반대운동이 격렬하게 전개된 것이다. 베트남전쟁에 의해 평화국가 일본이라는 아이덴티티가 동요한 것은 과거 전쟁에 대한 인식에도 영향을 끼쳤다. 후에 일본 정부의 역사교과서 검정을 비판하며 재판을 제기한 이에나가 사부로(家永三郎)의 『太平洋戰爭』(1968), 전쟁문학으로서 높은 평가를 받는 『검은 비』(1965)나 오오카 쇼헤이(大岡昇平)

---

17) 中村隆英, 『昭和史』 Ⅱ, 東洋經濟新報社, 1993, 577쪽.

18) 山田朗, 『歷史修正主義の克服-ゆがめられた〈戰爭論〉を問う』, 高文硏, 2001, 45~49쪽.

의 『레이테 戰記』(1967) 등, 이 시기 새삼스럽게 전쟁의 비참함이나 전쟁책임을 추궁하는 여러 작품은 모두 베트남전쟁이라는 동시대 상황을 의식하여 써졌다.19)

이런 속에서 사회적으로 큰 반향을 일으킨 것이 1971년 『朝日新聞』의 혼다 가스이치(本多勝一) 기자가 연재하기 시작한 '중국 여행'이었다.20) 이 현장보고는 중일전쟁기 일본군의 만행을 자세히 추적하여 종래 피해자의식 중심의 전쟁인식과는 다른 차원의 시각을 열었다. 게다가 1960년대 후반부터 1980년대 초반에 걸쳐 당시까지 역사연구의 무대에서 거의 잊혀진 조선인, 대만인이나 아이누, 사할린 소수민족 등의 전쟁동원 문제가 그들 자신의 증언도 포함하여 조금씩 간행되기 시작하였다. 또 조국복귀(1972)를 앞둔 오키나와에서는 아시아태평양전쟁 말기 오키나와전의 기억이 일본병사에 의한 오키나와인 학살 사실과 함께 증언집이나 전기물로 다수 출판되었다.21)

이와 같이 고도성장기에는 대동아전쟁긍정론과 침략전쟁론을 양 축으로 전쟁인식이 분열하기 시작하였다. 현재 일본사회에서 15년전쟁에 관해 국가차원에서 공유되는 공적 기억을 찾아보기 어렵다는 것은 자주 지적된다. "전후라는 이 시기의 본질은, 거기서 일본사회가 이른바 인격적으로 둘로 분열했다는 것이다"라고 말해 지듯이,22) 현대 일본인의 전쟁인식은 다중성과 분열을 큰 특징으로 한다. 이와 같은 현상은 고도성장

---

19) 川村湊・成田龍一 他編, 『戰爭はどのように語られてきたか』, 278쪽.

20) 1972년에 『中國の旅』이라는 제목으로 朝日新聞社에서 刊行하였다.

21) 여기서 제시한 조선인, 대만인이나 아이누, 사할린 소수민족, 오키나와인 등의 전쟁동원 문제 가운데, 조선인 강제연행(전시노무동원)을 예로 들면, 朴慶植, 『朝鮮人强制連行の紀錄』은 1965년에 未來社에서 간행하였다. 이 시기 그 밖의 구체적인 움직임에 대해서는, 吉見義明, 『草の根のファシズム 日本民衆の戰爭體驗』, 277~278쪽 ; T・フジタニ, 「戰下の人種主義－第二次大戰期の'朝鮮出身日本國民'と'日系アメリカ人'」, 小森陽一・酒井直樹 他編, 『(岩波講座 近代日本の文化史 8) 感情・記憶・戰爭』, 岩波書店, 2002, 237~238쪽 ; 富山一郎, 『戰場の記憶』, 日本經濟評論社, 1995, 123~127쪽 등을 참조할 것.

22) 加藤典洋, 『敗戰後論』, 講談社, 1997, 46~47쪽.

기 당시부터 나타난 것으로 보인다.

다만 이 시기 종래 전쟁인식의 전환을 추동한 움직임이 나타났지만 일본인의 전쟁인식 전체가 크게 변했다고 말하기는 어렵다. 고도성장기 대아시아 외교는 일본의 중요한 과제였지만 1965년에 실현된 한일 국교회복, 1972년에 이루어진 중일 국교회복 등 그 어느 것에서도 일본 정부의 태도에는 과거 전쟁과 침략에 대한 반성이 부족했고, 일본국민 사이에서도 일반적으로 가해자 의식, 전쟁책임 인식을 갖지 않는 층이 가장 두터운 기저층을 이루었다.[23]

5. 역사인식문제의 국제화(1980년대～현재)

고도성장기 분열이 현재화하기 시작한 일본인의 역사인식은 1980년대 접어들어 아시아 여러 나라로부터의 비판이라는 보다 큰 국제관계의 구조 속에서 문제화되었다.

중일 국교정상화가 이루어진 지 10년 후인 1982년 문부성의 고교용 교과서 검정 결과에 대하여, 여러 신문들은 그 문제점을 보도하였다. 일련의 기사는 문부성이 일본의 대외진출을 '침입'에서 '진출'로, 한국의 3·1운동을 '폭동'으로 고쳐 쓰게 했다고 보도하였다. 신문보도에는 오보(誤報)도 포함되어 있었지만 그 이전부터 문부성이 역사인식에 관계한 기술을 수정시켜왔다는 사실이 드러났다. 이러한 문부성의 자세에 대해 중국과 한국은 외교적인 루트를 통해 일본 정부에 항의했으며, 서울에서는 대규모의 항의집회가 열렸다. 그 결과 문부성은 교과서 검정기준을 개정하여 인근의 아시아 여러 나라에 배려를 구하는 근린제국조항을 새로 마련하였다.

---

23) 吉田裕, 『日本人の戦争観』, 137~141쪽.

이러한 가운데 일본 정부도 종래의 정책을 끝까지 관철하는 것이 어렵게 되었다. 나카소네 야스히로(中曾根康弘) 수상은 1985년 전후(戰後) 수상으로서는 처음으로 야스쿠니신사를 공식 참배하여 아시아 여러 나라로부터 강한 반발을 받았다. 그래서 다음 해에는 주변 여러 국가의 국민감정을 배려한다며 공식참배를 보류하였다. 또 국회 답변이나 강연에서도 나카소네 수상은 아시아태평양전쟁은 침략전쟁이었다는 인식을 처음으로 보였다.24) 이러한 정책수정의 배경에는 아시아 여러 나라가 경제성장이나 민주화를 거치며 국제사회에 대한 발언력을 키운 국제정세와 전쟁책임문제로 인해 아시아에서 일본이 리더쉽을 발휘하는 데 지장이 있어서는 안 된다는 일본 측의 현실적 판단이 있었다. 역사인식문제의 국제화는 1982년 교과서 문제가 효시를 이루었으며, 1990년 이래 한국 여성단체가 일본 정부에 요구하고 있는 '종군위안부'에 대한 진상규명과 사죄·보상을 요구하는 운동, 2001년 이후 고이즈미 준이치로(小泉純一郎) 수상의 야스쿠니신사 참배문제에 대한 중국과 한국의 반발 등 다양한 곳에서 현재까지 계속되고 있다.

1980년대 이후 역사인식문제를 둘러싼 환경의 변화 가운데 대중차원에서도 새로운 전쟁관이 대두하였다. 전쟁 기간에 소화천황이나 그 측근인 궁중 관계자의 사상과 행동을 군부가 추진한 전쟁확대정책과 대비하여, 오히려 국제협조노선 아래 평화주의를 추구했다고 평가하는 '궁중그룹사관'이나 자유주의파인 해군지도자를 조명하여 해군이 침략주의적인 육군보다도 합리적인 체질을 가졌고 전쟁을 벌이는 데에 억지력이 되었다는 '해군사관'이다.

---

24) 吉田裕, 『日本人の戰爭觀』, 189~190쪽. 또 조금 시기를 거슬러 올라가면 한국에 대한 식민지 지배에 대해서도 1984년 來日한 한국의 전두환 대통령 환영만찬회 석상에서 소화천황이 한국과의 '불행한 과거'라는 애매한 표현으로 식민지 통치에 대한 유감의 뜻을 표명했지만, 이 표현이 덧붙여지게 된 것은 나카소네 수상의 정치적 판단에 의해서였다고 한다.

이러한 것들은 15년전쟁을 이해하는 틀로서는 일면적이지만, 한편으로
는 대동아전쟁긍정론과 양립하기 어려운 역사관을 가지고 있다는 점도
간과해서는 안 된다. 천황과 궁중그룹이나 해군의 평화주의적 성격을 찬
미하면 할수록 이들과 반대되는 전쟁은 대의명분을 잃은 전쟁이라고 하
지 않을 수 없기 때문이다. 이러한 가운데 보수계열의 논리는 종래 대동
아전쟁긍정론과 같이 전쟁의 목적이나 의의를 적극적으로 긍정하기보다
는, 오히려 동경재판의 정당성을 비판하거나 전쟁피해자의 증언에 대한
신빙성을 부정하는 등 침략전쟁론의 근거를 부정하는 방향으로 향하였
다.25)

이와 같이 1980년대 이래 국내외로부터 전쟁관의 변화를 촉진하는 상
황이 발생하였다. 교과서문제가 일단 진정된 직후인 1982년 10월에 실
시된 '일본인의 평화관'에 관한 여론조사를 보면 이 시기 일본인의 전쟁
관에 대한 특징을 어느 정도 읽을 수 있다.26) 우선 이 조사의 '청일전쟁
부터 태평양전쟁까지 50년간 일본의 역사는 아시아 근린제국에 대한 침
략의 역사이다'라는 설문에 대해 '그렇게 생각한다'가 51.4%를 점하여,
'그렇게 생각하지 않는다'의 21.9%와 큰 차이가 난다. 또 '조선·한국인
이나 중국인에 대한 명치 이래의 가혹한 차별·압박, 꺼림칙한 학살사건
에 대해서 일본인으로서 진심으로 반성해야한다'는 항목에 대해서도 '그
렇게 생각한다'는 답변이 82.5%에 이르고 있다. 1980년대부터 1990년
대에 걸쳐 일본에서 전쟁의 침략성이나 가해성을 인식하는 것이 일반시
민이나 매스미디어에 상당히 파고들었다고 보아도 좋을 것이다. 예를 들
자면 근래 종전기념일에 TV나 신문의 특집보도를 보면 전쟁에서의 피해
체험 기억을 강조하는 것과 함께, 다수파는 아니지만 일본인이 아시아
여러 나라에서 행한 가해체험을 다루는 것이 쉽게 보여진다. 8·15의 이

---

25) 吉田裕, 『日本人の戰爭觀』, 203, 233쪽.

26) 以下는 吉田裕, 『日本人の戰爭觀』, 222~225쪽에 의거하였다.

미지도 변하고 있는 것이다.

이러한 인식의 변화는 일부 공공시설에서도 나타난다. 예를 들어, 1991년 오사카부(大阪府)와 오사카시에서 공동으로 출자하여 오사카시에 개관한 국제평화센터의 '피스 오사카'는 15년전쟁에서 일본이 범한 아시아태평양 지역으로의 침략과 가해의 역사를 명확히 보여주려 한 점에서, 종래 일본의 전쟁박물관과 큰 차이를 보인다.27) 또 히로시마 평화기념 자료관은 1994년에 전시내용을 새롭게 하여 일본의 중국침략과 전쟁 중 조선인 강제연행에 대한 전시를 더하였다.

반면, 자각적인 성찰에 기초한 가해자인식이 일본사회에 정착했다고 할 수 없는 측면도 있다. 앞서 언급한 1982년 여론조사에서 '자원이 적고 가난한 일본이 다른 나라로 군사진출을 행한 것은 살기 위한 어쩔 수 없는 행위였다'는 설문에 대해 '그렇게 생각한다'는 답변은 44.8%로 '그렇게 생각하지 않는다'의 38.7%를 약간 상회하였다. '어쩔 수 없는 전쟁'이라는 의식이 적어도 일부에서는 '침략전쟁'이라는 인식과 공존하고 있는 셈이다. 미묘한 전쟁인식은 같은 시기 교과서 검정에 대한 여론조사에서도 엿보인다. 1982년 9월에 이루어진 조사에 의하면 과반수의 답변자가 침략을 진출로 기술하는 것에 대해 비판적이었다. 그러나 이러한 기술이 '역사적으로 보아 잘못된 기술이다'의 27.6%는 '역사적으로 보아 잘못된 것인지에 대해서는 잘 모르겠지만 중국과 한국을 배려하지 않은 부적절한 기술이다'의 28.5%와 거의 비슷하다. 대외적인 배려라는 명분에서 주체적인 판단을 방기한 역사인식도 뿌리 깊다고 할 수 있다. 전쟁책임문제에 대한 중요성을 인식하는 것은 상당히 나아졌지만, 역사문제로서 주체적인 관심을 기울이는 방향으로 향한다고 할 수 없는 여론의 경향은 기본적으로 지금까지 계속되고 있다.28)

---

27) 馬曉華, 「記憶の戰い－日中米三國における戰爭博物館の比較硏究」, 細谷千博・入江昭・大柴亮 編, 『記憶としてのパールハーバー』, 378~380쪽.

1990년대 이후 일본 사회에서 보여지는 가해자 인식의 진전과 미묘한 역사인식의 상황은 정부 차원에서도 분출되었다. 일본에서는 1955년 이래 자민당 단독정권이 계속되었다. 그러나 냉전의 붕괴와 함께 자민당 내에서 새로운 보수 정당들이 잇달아 갈라지고, 1993년 중의원 의원선거에서 자민당이 패배한 이후 보수와 혁신 정당들 사이에 합종연횡에 의한 연립정권이 통상적이었다.

이러한 흐름 속에서 특히 1990년대 전반은 혁신정당인 일본사회당(사회당)이나 보수파 가운데서도 비교적 자유주의적인 진영이 정권을 담당하면서, 정부가 보여주는 역사인식에 변화가 감지된다. 1993년 비자민 연립정권으로 탄생한 호소카와 모리히로(細川護熙) 내각은 소신을 표명하는 연설에서 침략행위와 식민지 지배에 대한 사죄를 표명하는 등 당시까지 없었던 전쟁책임에 관한 명확한 판단을 보였다. 또 다음 해에 성립한 무라야마 도미이치(村山富市) 내각은 1995년 8월 종전기념일에 '전후 50년을 맞는 수상담화'를 발표하여 "멀지 않은 과거의 한 시기, 국책(國策)을 그르쳐 전쟁의 길로 나아가 국민을 존망의 위기에 빠뜨리고, 식민지 지배와 침략으로 많은 국가, 특히 아시아 여러 나라 사람들에게 커다란 손해와 고통을 안겨주었다"라고 서술하였다.

그러나 일본 정부의 사죄표명이 이루어지는 다른 한편에서 이를 부정하는 움직임이 비등하게 나타나 현대 일본의 역사인식이 분열되어 있다는 것을 노정한다. 호소가와 연설의 다음 해인 1994년에는 나가노 시게토(永野茂門) 법무상이 대동아전쟁을 찬미하는 발언을 하고, 무라야마의 담화에 대해서도 보수파 논객들은 일제히 반론을 터뜨렸다. 앞에서 말한 '피스 오사카'에 대해서도 특히 1996년 이후 남경대학살사건 전시를 중점적으로 공격하는 캠페인이 전개되었다.29)

---

28) 예를 들면 『朝日新聞』 2005년 4월 27일에 게재된 中日間 3국의 여론조사에도 이러한 경향이 보인다.

이렇게 일본사회에서 역사인식의 상충, 그리고 일반국민 차원의 상황주의적이며 불안정한 의식을 상징적으로 보여주는 동시에 사회적 반향이 큰 사례로는 '새로운 역사교과서를 만드는 모임(新しい歷史敎科書をつくる會)'의 동향을 들 수 있다(이하 '만드는 모임').

만드는 모임은 1997년에 결성되어 2000년에 중학교 역사 및 공민교과서 시판본을 출판하고, 채택운동과 병행하여 다른 교과서를 공격하는 데 힘을 쏟았다.30) 문부성은 (2001년부터 문부과학성으로 이름을 바꾸었다) 검정을 통해 다수의 수정을 요구한 후 최종적으로 검정합격을 판정했지만, 전국적으로 채택된 교과서의 양은 매우 적었다. 이 사이 만드는 모임의 교과서에 대하여 찬반양론이 소용돌이쳤을 뿐만이 아니라 중국과 한국으로부터 격렬한 비판이 일었다.

만드는 모임이 편찬한 『새로운 역사교과서』는 일본 신화를 기술하는 데 많은 지면을 할애하였으며, 근대사에 관해서 일본 역시 영국·프랑스와 마찬가지로 제국주의의 행동을 취한 것에 지나지 않았고, 조선의 독립운동에 관한 기술은 극히 적다는 문제점을 가지고 있었다. 교과서의 서문에는 "역사는 민족에 따라 각기 다른 모습을 띠는 것이 당연할지도 모른다", "역사에 선악을 적용하고, 현재의 도덕으로 재단하여 판단하는 것은 그만두어야 한다"라고 서술되어 있다.31) 이러한 기술은 독선적인 일국 내셔널리즘에 빠지는 위험성을 자각하지 못하는 자세를 반영하는 것이라고 생각한다.

---

29) 또한 1990년대 일본인의 역사인식을 동요시킨 사건으로 미국 항공우주박물관에서 原爆展年을 計劃하고 이를 축소한 일(1995년)이 있지만 여기서는 생략하였다. 藤原歸一, 『戰爭を記憶する－廣島·ホロコーストと現在』, 59~67쪽 ; ウオルド·ハインリクス, 「競合する公的記憶とエノラ·ゲイ論爭」, 細谷千博·入江昭·大柴亮 編, 『記憶としてのパールハーバー』 참조.

30) (주 : 신주백) 만드는 모임에서 집필한 역사교과서는 2001년에 0.04%, 2005년에 0.4%(4,912권)가 채택되었다.

31) 西尾幹二他, 『'市販本'新しい歷史敎科書』, 扶桑社, 2001, 7쪽.

근대일본의 전쟁을 정당화하며 아시아를 경시하는 만드는 모임의 주장은 종래 보수 내셔널리즘과 비교해 볼 때 특별히 새로운 것은 아니다. 이 운동이 지금까지 행해진 보수파의 운동과 눈에 띄게 다른 것은 담당자들의 의식으로 보인다. 만드는 모임과 이를 지지하는 세력은 종래 보수계 내셔널리스트인 연장자와 역사문제나 보수계 운동과는 관련이 없던 비교적 젊은이들로 구성되어 있다. 특히 말단의 젊은층에게 눈에 띄게 나타나는 것은, 이들이 우익이나 보수파를 표방하지도 않고, 지지정당도 기본적으로 가지지 않으며, 어디까지나 건전한 보통 시민으로 자신을 규정하려 한다는 것이다.[32] 현대일본에서 이들이 이상한 소수파가 아닌 개인으로서 흔한 존재가 되고 있다는 것이 문제의 심각성을 보여준다. 이처럼 '보통 시민'이 쉽게 보수 내셔널리즘에 흡수되는 것은 앞서 말한 일본인들의 전쟁인식의 불안정성과 상통하는 것은 아닐까.

6. 맺음말

이 글에서는 전후 일본인의 전쟁인식 변화를 추적하여 8·15 이미지의 형성과 변용 역시 그 속에 위치하고 있다는 것을 논하였다. 이상을 간단히 정리하면 다음과 같다.

점령기 일본인의 전쟁인식은 피해자의식을 전면에 두고 있었다. 전쟁책임은 군부를 중심으로 하는 지도자에게 있다는 것이다. 이 때문에 일본국민 자신의 전쟁책임을 추궁하는 모습은 없었고, 아시아에 대한 멸시도 농후하게 남아 있었다.

1951년 샌프란시스코강화조약이 체결된 이후 미군 점령 아래 억압되

---

32) 小熊英二·上野陽子, 『〈癒し〉のナショナリズム―草の根保守運動の實證研究』, 慶應義塾大學出版會, 2003.

었던 내셔널리즘이 분출함과 동시에 피폭체험을 중심으로 하는 평화국가로서의 일본을 국민의 아이덴티티로 삼으려는 의식이 강해졌다. 연합국에 의해 항복문서에 조인한 날인 9월 2일이 아니라 8월 15일을 종전기념일로 하는 풍조가 사회적으로 정착한 것도 이 즈음이다. 일본인의 8·15 이미지는 패전보다 평화기념으로 전화(轉化)하였다.

다음으로 1960년대 이후 고도성장이 본격화한 시기에는 대동아전쟁긍정론과 침략전쟁론을 양극으로 하는 축(軸) 위에서 일본인의 전쟁인식에 대한 분열이 진행되었다. 이는 현재 일본사회 전쟁인식의 다중성과 분열의 시점(始點)을 이룬다. 이와 같이 드러나기 시작한 가해자 인식, 전쟁 책임 인식은 당시로서는 일본사회에 충분히 정착했다고 하기 힘들다.

그렇지만 1980년대 이후부터 일본의 역사인식은 아시아의 여러 국가들로부터 비판받는 가운데 조금씩 층이 두터워졌다. 대체로 1980년대부터 1990년대에 걸쳐 전쟁의 침략성이나 가해성에 대한 인식은 일반 시민이나 매스 미디어에서 상당히 진전되었고, 8·15 이미지 역시 점차 가해자 인식을 포섭하며 변화하고 있다. 현재 일본사회는 여전히 다양한 전쟁인식 곧, 가해와 침략이라는 인식의 심화, 그러한 인식에 반발하는 뿌리 깊은 보수 내셔널리즘, 더군다나 일반시민의 불안정한 역사인식에 침투하고 있는 풀뿌리 내셔널리즘이 소용돌이치며 상쟁하는 과도기에 있다.

『眞相』1, 1946. 3

T・フジタニ, 「戰下の人種主義－第二次大戰期の‘朝鮮出身日本國民’と‘日系アメリカ人’」, 小森陽一・酒井直樹 他編, 『(岩波講座 近代日本の文化史 8) 感情・記憶・戰爭』, 岩波書店, 2002

イアン・ブルマ, 『戰爭の記憶－日本人とドイツ人』, ＴＢＳブリタニカ, 1994

加藤典洋, 『敗戰後論』, 講談社, 1997

堀場淸子, 『禁じられた原爆體驗』, 岩波書店, 1995

吉見義明, 『草の根のファシズム 日本民衆の戰爭體驗』, 東京大學出版會, 1987

吉田裕, 『昭和天皇の終戰史』, 岩波書店, 1992

吉田裕, 『日本人の戰爭觀－戰後史のなかの變容』, 1995 初出, 岩波現代文庫版, 2005

藤原歸一, 『戰爭を記憶する－廣島・ホロコーストと現在』, 講談社現代新書, 2001

馬曉華, 「記憶の戰い－日中米三國における戰爭博物館の比較研究」, 細谷千博・入江昭・大柴亮 編, 『記憶としてのパールハーバー』, ミネルヴァ書房, 2004

富山一郎, 『戰場の記憶』, 日本經濟評論社, 1995

山田朗, 『歷史修正主義の克服－ゆがめられた〈戰爭論〉を問う』, 高文研, 2001

西尾幹二 他, 『‘市販本’新しい歷史敎科書』, 扶桑社, 2001

小熊英二・上野陽子, 『〈癒し〉のナショナリズム－草の根保守運動の實證研究』, 慶應義塾大學出版會, 2003

粟屋憲太郎, 『東京裁判論』, 大月書店, 1989

佐藤卓己, 『8月15日の神話－終戰記念日のメディア學』, ちくま新書, 2005

酒井直樹, 「共感の共同體と否認された帝國主義的國民意識」, 『現代思想』 23-5, 1995. 5

竹山道雄, 『ビルマの竪琴』, 中央公論社, 1948

中村隆英, 『昭和史』 II, 東洋經濟新報社, 1993

川村湊・成田龍一 他編, 『戰爭はどのように語られてきたか』, 朝日新聞社, 1999

波多野澄雄, 「遺族の迷走－日本遺族會と‘記憶の競合’」, 細谷千博・入江昭・大柴亮
　　　編, 『記憶としてのパールハーバー』, ミネルヴァ書房, 2004

夏目房之助, 『マンガと「戰爭」』, 講談社, 1997

壺井榮, 『二十四の瞳』, 光文社, 1952

재일조선인의 기억과 망각 *

1. 머리말

재일조선인에게 기억되고 있는 해방, 잊혀진 해방. 이 문제를 재일조선인 작가 서경식의 '난민적 자기의식'이라는 표현으로부터 고찰해 보고자 한다.

서경식이 "'반난민'으로부터 보여지는 것"에서 보이고 있는 난민적 자기인식의 계기는 다음과 같다.1) 그는 1970년대 말 한국의 민주화운동을 '제3세계적 자기인식'에 입각하여, 전 세계적인 제3세계 해방투쟁의 일환으로 규정해야만 한다라는 백낙청의 말과 만난다. 또한 1979년 당시 대한민국 국적을 가지고 있으면서도 '조선반도의 토지, 혈통, 문화, 전통

---

[*]번역 : 立敎大學大學院 이령경

1) 徐京植, 「「半難民」から見えてくるもの」, 『現代思想』, 2002. 11.

등으로부터 떨어진' 재일조선인이라는 자신의 정체성으로부터, 특히 팔레스타인 작가 가싼 카나파니(Ghassan Kanafani)의 여러 소설과 평론을 접하면서 제3세계적 자기인식 뿐만 아니라 난민적 자기인식에 대한 자각도 하게 되었다.

원래 국민국가는 정통성에 대한 국민적 합의를 얻고 있다라는 픽션 없이는 존재할 수 없다. 정통성의 역사적 유래에 대한 합의를 구성하는 장치를 국민적 기억이라고 부른다면, 재일조선인은 일관해서 그 장치로부터 제외되어 왔다. 이것은 거주국인 일본 안에서만이 아니라 한국에서도, 조선민주주의인민공화국에서도 마찬가지이다.

그리고 여기에서 확인하지 않으면 안 되는 것은, 재일조선인을 갈라놓은 제각각의 국민적 기억이 남북의 정권이라는 위상에서 말하자면 냉전의 동서진영 사이에서 이데올로기상 반대 방향을 향하고 있으며, 또 조선반도와 일본의 관계에서 보면 식민지의 경험을 둘러싼 역방향을 향하고 있다라는 점이다. 두개의 분열 사이에서 재일조선인의 기억은 난민적 기억으로 각인되게 된다.

모든 재일조선인이 위와 같은 단어로 자신의 상황을 표현할 수 있었는가 없었는가는 별개이다. 다만 해방 후 동아시아의 상황을 고려함에 있어 난민적 자기인식이라는 자각이 절대로 서경식 개인에게 한정된 의식은 아니라고 생각한다. 이 글이 그의 난민적 자기인식에서 출발한 이유가 바로 여기에 있다. 서경식이 같은 글에서 살펴보고 있는 것처럼 난민적 자기인식은 해방 후 60년 동안 재일조선인과 그들을 둘러싼 상황을 적절하게 인지한 자기의식의 형태인 것이다.

서경식이 말하는 난민적 자기인식이라는 표현을 받아들인다면, 재일조선인의 해방을 둘러싼 기억을 다룰 때, 해방의 기억에 어떻게 난민적 상황이 영향을 주었고, 그것이 왜 난민적 기억으로서 표류하여 결과로서 난민적 자기인식이 나오게 되었는가라는 식으로 문제를 생각하지 않으면 안 될 것이다. 더불어 해방 후의 재일조선인을 그러한 형태로 난민화한 힘이 어떻게 작동했는가를 구체적으로 고찰하지 않으면 안 된다. 즉 재일조선인에게 기억된 해방, 망각된 해방이라는 이 글의 과제에 비추어 보면, 망각하기 이전에 기억하는 것 자체가 어려움에 처한 재일조선인의 상황에 눈을 돌리지 않으면 안 되는 것이다. 그래서 이 글에서는 먼저 해방 직후의 재일조선인을 난민화시켜가는 힘을 고찰하는 것에서부터 시작하여 재일조선인이 해방을 기억하는 것의 어려움에 대하여 살펴보고자 한다.

2. 해방－황국신민으로부터의 탈각

1) 해방 이전의 재일조선인

1945년 8월 15일, 일본은 패배하였고, 조선은 해방되었다. 해방을 맞이한 재일조선인은 일본 각지에서 민족조직을 건설하여, 귀국원조나 민족교육 등의 활동을 개시하였다. 그렇다면 이러한 운동은 어떤 목적을 가진 것으로 파악할 수 있을까. 크게 나누어 볼 때 그것은 탈식민지화를 지향한 운동이었다고 생각할 수 있다. 그렇지만 적어도 탈식민지화에는 식민지로부터 벗어난다라는 기제와, 독립국가를 건설한다라는 기제, 두 가지의 요소가 존재한다고 볼 수 있다. 이 글에서는 난민화라는 키워드로부터 문제를 설정한 이상, 민(民)에 준거하는 형태를 취해 전자를 식민지민으로부터의 탈각, 즉 탈식민지민화라 하고, 후자를 국민화라고 쓸 것이다.

먼저 전자의 탈식민지민화를 고찰하기 위해서는 그 전제로서 재일조선인의 식민지민화가 어떤 형태로 추진되었는가에 관해 살펴봐야만 할 것이다.

19세기 후반부터 계속되어 온 일본의 식민지정책의 결과, 1910년에 조선은 일본이 되었고, 이때부터 조선인은 대일본제국의 신민이었다. 일본에는 그 이전부터 소수이긴 해도 조선인들이 거주하고 있었다. 1910년 이후에는 이전과 달리 일본인으로서 내지(內地)인 일본으로의 도항이 시작되었다. 도항하는 과정에서 일본인과 비교할 수 없을 정도로 많은 제약이 있었지만, 내지로 흘러들어 간 조선인 인구는 1920년에 이미 만 명에 이르렀으며, 10년 후인 1930년에 약 40배에 달하는 41만 명, 1940년에 124만 명, 그리고 8·15 해방의 시점에서 200만 명에 달하였다. 1945년 8월 15일 일본의 패전 직후, 특히 전시하에서 일본으로 강제동원 된 사람들을 중심으로, 120만 명 이상의 사람들이 조선반도로 귀환하였다. 그러고도 약 60만 명에 가까운 조선인이 일본에 머물게 되었고, 이 사람들이 해방 후 재일조선인의 원형을 만들었다. 요컨대 재일조선인이란 일본에 의해 조선이 식민지로 된 결과 일본에 살게 된 '구식민지 출신자 및 그 자손'을 가리킨다.

이렇게 조선으로부터의 이산(離散) 자체가 식민지화의 결과인 한편, 내지로 도항한 조선인에 대해 일본은 한층 더 강력히 통제하였다. 조선인 통제에 중요한 역할을 한 단체는 협화회(協和會)였다. 재일조선인의 통제단체인 협화회는 관동대지진의 사후조치를 위하여 1924년에 설립된 오오사카부(大阪府)의 내선협화회(內鮮協和會)로부터 유래 되었다.2)

재일조선인에 대한 통제는 특히 1931년 만주사변 이후 강화되어, 해방 직전에는 흥생회(興生会)로 이름을 바꾸고 경찰과의 밀접한 협력을 바탕으로 황민화정책을 견인하였다. 협화회의 주된 활동은 사회사업으로 치장한 황민화교육의 추진이었다. 협화회 결성 당시 담당관이었던 타케시마 카즈요시(武島一義)가 했던 말, 곧 "어디까지나 종적인 지도여야 하

---

2) 이하 협화회의 개요에 대해서는 樋口雄一, 『協和會　戰時下朝鮮人 統制組織の硏究』, 社會評論社, 1986 참조

며 정부, 현 및 그 이하라는 식으로 일관된 지도를 해 가고 싶습니다"라는 말에서도 잘 드러나듯이,[3] 자치단체나 민족운동단체, 때에 따라서는 융화단체인 상애회(相愛会)조차도 배제한 채 조선인 간의 횡적 연락이나 연대를 끊는 데 목적을 두었다. 또한 협화회는 말단 지도원으로 조선인을 받아들이는 한편, 조선인을 관리하기 위해 회원증을 발행하고, 회원증을 갖지 않은 사람은 강제연행 노동으로부터 도망친 사람이라는 혐의 등을 걸며 재일조선인을 단속하였다. 이처럼 협화회는 민족운동의 횡적 연대를 끊는 한편, 각 지부를 통해 조선인을 통제하였고, 조선인 개개인에 대해서도 회원증 발행 등을 통해 단속의 망을 펼쳐 철저한 식민지민화를 시도했던 것이다.

히구치 유우이치(樋口雄一)가 지적하고 있는 것과 같이, 협화회 통제하에서도 '비동조(非同調)' 행동을 통한 조선인의 저항은 존재했으며, 결코 완전한 지배가 관철되었던 것은 아니었다. 그러나 한편에서는 식민지민화의 결과, 토노무라 마사루(外村大)가 이미 지적한 것처럼 8·15를 반드시 해방으로 느끼지 않는 조선인도 나타나기 시작하였다.[4] 예를 들어 왜 조선동포를 군사적으로 훈련하여 개전하지 않았는가 안타깝다라는 8·15 직후에 조선인의 말은, 마치 그러한 조선인의 심정을 단면적으로 보여주고 있다고 볼 수 있을 것이다.[5]

재일조선인운동의 탈식민지민화를 지향하는 움직임은, 주로 이러한 협화회 체제에 의해 끊겨진 횡적 연대의 회복, 조선인 개개인에 대한 경찰적 통제의 배제, 그리고 식민지민화 교육으로부터 조선인의 해방이라는 점이 서로 교차되어 전개되었다.

---

3) 武島一義, 「協和事業指導精神」, 『協和事業』, 1940. 5(樋口雄一, 『協和會 戰時下朝鮮人 統制組織の研究』, 82쪽에서 재인용).

4) 外村大, 『在日朝鮮人社會の歷史學的 研究』, 緣陰書房, 2004, '제5장 제3절' 참조.

5) 「大詔渙發に伴ふ措置並に反響等內差に關する件(1945. 8. 16)」, 『資料 日本現代史』 3, 大月書店, 1981, 143쪽.

2) 연대의 회복－조련의 결성

해방 후 2개월간의 준비기간을 거쳐, 1945년 10월 15일 재일조선인
연맹이 결성되었다(이하 조련). 조련에 참가한 사람들은 조직이 정식으
로 결성되기 이전부터 귀환과 취직 관련 활동을 벌였다. 예를 들어 중앙
총본부의 이름으로 잔류희망자의 취직알선이나 귀국자의 수속 활동 등을
벌였으며,6) 조선인 선박소유자를 대상으로 귀국할 때 소유선박에 관한
정보를 알려주도록 요청하기도 하였다.7) 해방 직후 조련은 주로 조선인
의 생활안정과 귀국의 편의를 도모하는 데 목적을 두었던 것이다.

한편, 해방 전부터 활동을 해 온 활동가를 중심으로 정치범석방운동도
함께 시작되었다. 1945년 8월 15일 당시 후쭈우(府中)예방구금소를 비
롯하여 아바시리(網走)형무소, 미야기(宮城)형무소 등에 약 3천명의 정
치범이 수감되어 있었다. 그 중에는 베테랑 활동가였던 김천해(金天海),8)
이강훈(李康勳)9)도 섞여 있었다.10)

연합국군총사령부(GHQ)는 1945년 1월 1일 「항복 후 미국의 초기
대일본방침」 가운데 '정치적 이유로 일본당국에 의해 불법구금을 당한 자
는 석방되어야 한다'라고 언명하면서도, 일본군이나 우익의 무장을 해제

---

6) 『朝日新聞』, 1945. 9. 4.

7) 「朝鮮同胞ノ船舶所有者ニ告グ」, 『朝日新聞』, 1945. 10. 3, 10. 13.

8) 金天海(1898～ ?) : 경상남도 울산 출생. 본명 金鶴儀. 일본대학 사회과 중퇴. 1920년대에
   는 在日本朝鮮労働総同盟委員長, 朝鮮共産党日本総局責任秘書. 투옥당하여 1945년 10월
   에 府中刑務所에서 출옥. 해방 후는 일본공상당중앙위원, 조련고문, 조련 해산 때에 공
   직에서 추방당함. 1950년 북조선에 도항한 후 조선로동당중앙위원, 사회부장, 조국통일
   민주주의전선의장, 최고인민회의 대의원을 엮임.

9) 李康勳(1903～2003) : 강화도 금화출생. 1933년 상하이에서 아리요시(有吉)공사 암살 미
   수로 체포. 1945년 후추형무소 출옥. 신조선건설동맹, 민단부위원장를 하다가 김구를 지
   지하여 탈퇴. 1948년 조선통일민주동지회를 결성, 재일본조선통일민주전선 의장. 1960년
   한국으로 귀국, 독립운동사편집위원회상임위원, 광복회회장을 엮임.

10) 竹前栄治, 『占領戦後史』, 岩波書店, 1992, 98쪽.

하고 미군을 주둔시키기 위해 여러 기관을 정비하는 데 관심을 쏟고 있었기 때문에 정치범의 석방을 금방 실행할 수 없었다. 이에 대해 9월 2일 김두용(金斗鎔)11) 등은 정치범석방운동촉진연맹(政治犯釋放運動促進連盟)을 결성하고, 25일에 카미야마 시게오(神山茂夫) 등과 함께 연합국 총사령부와 일본법무부를 방문하여 정치범과 사상범의 석방을 요구하는 한편, 격문의 전단지를 배포하였다.12) 10월 10일 후쭈우예방구금소로부터 토쿠다 큐우이치(德田球一), 시가 요시오(志賀義雄), 김천해 등 16명의 정치범이 석방되었다. 나카니시 이노스케(中西伊之助)는 정치범의 석방을 환영하러 온 수많은 환영인파는 거의다가 조련의 제군들이었으며 그들 속에 섞여 있던 일본인은 겨우 20~30명에 지나지 않아 섭섭했다라고 전하고 있다.13) 그리고 정치범 석방운동을 견인한 김두용은 한발 더 나아가 천황제의 타도를 호소하였다. 김두용은 천황제 타도를 논함에 있어 다음과 같이 쓰고 있다.14)

천황이데올로기하에서 지도받고, 그 덕분에 마비되어버린 일본 인민은, 아직 그것에 대하여 올바른 인식을 가질 수 없기 때문에 현재에 있어서도, 군국주의 일본의 부활의 꿈에 유혹당해, '언제쯤 되면 다시 조선이나 만주, 대만을 일본의 것으로 할 수 있으려나' 등을 서로 이야기하고 있는 사실을 고려한다면, 언젠가 연합군이 일본으로부터 그 주둔을 그만두고 철수하였을 경우, 야심만만한 일본의 자본가 지주들이 반드시 천황의 이름하에 '실지회복(失地回復)' 혹은 '일본민족의 명예' 운운했던 것처럼, 엉터리 같은 미사여구로 개시되었던 침략전쟁에 무

---

11) 金斗鎔(1903~ ?) : 함경남도 함흥 출생. 동경제국대학 중퇴. 프로레탈리아 예술운동에 참가하여 1929년 재일노조의 일본노동조합전국협의회로의 解消를 추진. 해방 후 일본공상당중앙위원후보, 1947년 북조선에 귀국.

12) 坪井豊吉, 『在日朝鮮人運動の概況』, 法務研修所, 1959, 81쪽.

13) 中西伊之助, 「日本天皇制の打倒と東洋諸民族の民主的同盟－朝鮮人聯盟への要請」, 『民主朝鮮』, 1946. 7.

14) 金斗鎔, 「朝鮮人と天皇制打倒の問題」, 『社會評論 』1, ナウカ社, 1946, 38쪽.

지한 일본인민이 또다시 속아 넘어가지 않는다라고 누가 확신하여 말
할 수 있을 것인가.

여기에서 알 수 있는 것은 김두용의 천황타도라는 주장이 결코 일본의
민주화만을 목표로 한 문제의식에서 나온 것이 아니라 조선을 향한 일본
의 재침략을 방지한다라는 문제의식에 기반 한 주장이라는 점이다.15) 이
러한 재일조선인운동의 움직임에 대해 두 가지 경향, 즉 일반적으로 귀
환의 원조나 생활의 안정이라는 비정치적 활동과, 정치범석방운동 등의
정치적인 운동으로 나누는 경향이 있다. 물론 각각의 운동을 이끌어 온
주체들 사이에는 주장이나 사상에 차이가 존재하는 경우도 있다.

그러나 위에서 예로 든 귀환원조사업은 내지로부터 벗어나 조선으로
돌아가서 신조선 건설을 원조한다라는 의미, 정치범석방은 일본제국주의
의 감옥에서 정치범을 해방시킨다는 의미, 그리고 천황제 타도 또한 일
본에 의한 재침략을 막기 위한, 즉 재식민지민화를 예방한다는 의미로도
볼 수 있다. 그렇다면 탈식민지민화를 위한 운동으로서 정치적 운동과
귀환원조사업, 달리 말하면 비정치적 활동은 동일한 지평에서 볼 수 있
을 것이다. 여기서 중요한 것은 식민지민화가 조선인의 이동을 구석구석
까지 통제하여 조선인에게 이산을 강요한 난민화의 힘을 내포하고 있다
라는 점이다. 그런 의미에서 원래 탈식민지민화는 탈식민화의 기제를 내
부에 포함하고 있으며, 조선으로의 귀환이나 감옥으로부터의 해방은 그
러한 것을 단적으로 보여주는 것으로 봐야 한다.

3) 황민화교육으로부터의 탈각

조선인은 황민화교육의 탈각에 대해서도 일찍부터 운동을 시작하였다.

---

15) 이 점의 상세한 부분에 관해서는 졸고 「金斗鎔과 'とプロリア 軍國主義'」, 『在日朝鮮人
史硏究』 33, 2003 참조.

조선인들은 각지에서 조선어교육을 위한 국어강습소를 개설하였다. 이후 조련을 중심으로 국어강습소가 초등학원으로 정비되었는데, 1948년 2월 현재 초등학원수는 일본 전국에서 556개교에 달하게 되었다.16) 민족교육은 조선어교육만을 추진한 것이 아니라, 황민화된 의식으로부터 어떻게 탈각해 갈 것인라는 문제에도 일관된 관심을 두었다. 그렇다고 이러한 탈황민화로의 지향이 반드시 재일조선인에게만 있었던 것은 아니며, 조선반도에서도 볼 수 있었던 현상이었다. 하지만 조선반도와 달리 8·15에 대한 대응으로 재일조선인이 특징적으로 보인 경향은 친일파 혐의에 대해 과잉이라고까지 말할 수 있을 정도로 경계심을 드러내는 것이었다. 1947년 5월에 열린 조련 제10회 중앙위원회에서 제안된 「반일투쟁 실천 및 대일협력자 조사에 관한 건」의 제안 이유는 그것을 잘 보여주고 있다.17)

> 일본에 재류하는 60만 동포가 과거의 대일협력자라는 낙인(烙印)을 받는다면, 억울하기 짝이 없고 장차 조선인의 신분결정에 다대한 손상이 있을 것이다. 이미 일정(日政)의 손으로 조선인의 일제 전쟁 협력상태와 인원까지 보고하여 반일 투쟁면을 청말(青抹)함으로서, 재류동포의 국제적 지위에도 불소한 영향을 미치고 있다.

'일본에 있다'라는 사실만으로 대일협력자의 낙인을 받게 될 개연성이 당시에는 많이 존재했으며, 또한 여기에서는 조선반도로부터의 그런 눈길을 재일조선인 활동가들이 지나칠 정도로 의식하고 있었다는 것을 알 수 있다. 그러므로 탈식민지민화를 지향하는 재일조선인운동이 이러한 상황에 의해 규정되어 한층 더 강화되었다고 할 수 있다.

---

16) 「全體組織統計表(1948. 2)」, 『在日朝鮮人關係資料集成〈戰後篇〉』 2, 不二出版, 2000. 이하 『集成』으로 줄임. 국어강습소 등의 설립 움직임의 상세한 내용에 관해서는 金德龍, 『朝鮮學校の戰後史 1945-1972』, 社會評論社, 2004 참조.

17) 在日朝鮮人聯盟, 「第10回 中央委員會議事錄」, 『集成』 1, 156쪽.

3. 국민화와 난민화

1) 신조선의 국민으로

해방 직후에 있었던 재일조선인운동의 목표가 탈식민지민화에 그친 것은 아니다. 명확하게 그것은 새롭게 건설 될 신조선의 국민으로서 스스로를 정의해가고자 하는 운동, 즉 국민화에 대한 강한 의지를 포함하고 있는 것이었다.

코바야시 토모코(小林知子)가 지적하고 있듯이, 행방 직후 조련은 1946년 2월 조선인민공화국과 모스크바협정을 지지한다고 밝혔다.[18] 이후 1948년 분단국가가 성립할 때까지, 조련은 일관되게 해방 직후의 조선반도 각지에서 자생적으로 조직된 인민위원회의 권위에 기반한 조선인민공화국을 지지하는 라인에서 통일국가건설을 추구하였다. 1948년 4월 20일자 『해방신문』에 실린 기사, 즉 「헌법 대중토의 『인민공화국』은 우리들 머릿속 깊이 사려있다/60노인의 절호」라는 기사에는 "인민공화국은 우리 머릿속 깊이 박혀있는 것이다. 나는 이것을 절대 지지하며, 이 길밖에 없다는 것을 확신한다"라고 절규한 노인의 모습을 기록하고 있다. 또한 논의의 마당에서도 국호에 "『민주주의』를 삽입한 것은 조선의 혁명단계가 민주주의라는 데서 부르기 긴 국호이나, 이것이 정당하다"라는 발언이 나왔다. 코바야시는 이런 점 등을 들어 조련이 명확하게 조선인민공화국의 연장선에서 조선민주주의인민공화국을 인식하고 있으며 국민화에 대한 일관된 의지를 가지고 있었다고 지적하였다.[19]

---

18) 小林知子, 「八・一五直後における在日朝鮮人と新朝鮮建設の課題」, 『在日朝鮮人史研究』 21, 1991.

19) 코바야시는 이 점에 관하여 1948년 당시의 많은 문서, 논고 등이 조선인민공화국의 명칭을 사용하고 있으며 "재일조선인이 조선민주주의인민공화국과 서로 겹치게 인식하고

조련의 국민화에 대한 지향은 앞에서 살펴 본 민족교육의 개시에서도 자주 볼 수 있다. 예를 들어 조련의 제2회 문화부장회의에서 중등야학교를 설치하는 문제에 관한 논의가 있었는데 "올바른 정치적 노선하에 새로운 역사관에 입각한 교육 없이는 장래의 조국건설의 새로운 일꾼이 될수 없을 것이다"라는 의견이 나왔다. 이는 조련이 민족교육의 목표를 어디까지나 조국건설을 위한 인재의 육성에 가장 중점을 두고 있었음을 보여주는 것이다. 국민화에 대한 지향이 무엇보다 단적으로 드러나는 경우는 재일조선인의 위치에 관한 조련의 규정이다. 이에 관한 기록은 1945년 12월 8일 조선독립촉성인민대회의 기록이 가장 빠르다.

인민대회는 조련 카나가와현(神奈川縣)지부가 주최한 것으로, 카나가와현 지사에게 연합국민으로서 조선인에게 사합오작(四合五勺) 배급할 것, 관동대지진 당시 조선인 학살사건에 관한 진상 발표와 책임자 처벌, 전화(戰禍) 사망자 한 사람당 1만엔 이상의 조위금 지급, 징용자 귀국에 관한 비용을 정부 및 기업주가 부담할 것, 징용작업 중 사망한 자에게 만엔, 부상자에게 오천엔, 해고자에게 최저 천엔의 수당지급, 귀국 조선인의 일시적인 숙소를 역근처에 설치할 것 등을 요구하였다. 이어 "후지하라(藤原) 카나가와현 지사와 교섭한 결과 전기(前記) 요구의 대부분이 승낙되었다."[20] 여기서도 알 수 있듯이, 당초 조련은 재일조선인을 '연합국민'으로 대우할 것을 요구하고 있다. 이 조련의 규정은 뒤에 "조선인은 인도상 당연히 연합국민에 준하는 자로서 대우를 받아야만 한다"며, '준연합국민대우'를 요구한다는 주장으로 변경되었다.[21]

조련은 그 주장의 근거로 "어떤 국민보다 조선인은 일본의 제국주의적

<hr>

있었던 부분이 클 것이다"고 지적하고 있다. 小林知子, 「戰後における在日朝鮮人と『祖國』」, 『朝鮮史硏究會論文集』 34, 1996, 26쪽.

20) 「朝鮮独立促成人民大会 横浜に開かる」, 『アカハタ』, 1945. 12. 19.

21) 「歷史的全国代表者會議開く 準連合国人待遇を」, 『朝鮮人生活権擁護委員會ニュース』, 1946. 11. 29.

침략에 의해 큰 피해를 받았다"는 점, 아울러 "조선정부가 수립되었다면 그 즉시 조선은 당연 국제연합의 가맹국이 되었음에 틀림없다"라는 두 가지를 들고 있다. 이 시점에서 재일조선인이 연합국민으로서 대우받는다는 것은, 우선 식량배급에서 백인에게 지급된 양을 지급받는다는 것을 의미한다. 또한 일본 정부의 형사재판권 관할로부터 벗어난다는 것을 의미한다. 특히 주목해야 할 점은 이것이 귀국운송의 편의나 조련의 자치활동에 대한 일본경찰의 간섭을 배제한다는 점에서 각별한 의미를 지니고 있다는 점이다. 조련의 일련의 요구들, 즉 연합국민 혹은 준연합국민이라는 지위는 어디까지나 장래에 수립 될 조선정부를 전제로 한 것이었다는 점에서 국민화의 지향을 포함한 것이다. 또한 재일조선인이 일본정부의 형사재판권으로부터 벗어난다는 의미에서 탈식민지민화의 지향을 동시에 가진 것이기도 하였다.

조련은 재일조선인의 국적문제에 대해서도 일본국적을 가지지 않는다는 견해였다. 국적문제에 관한 당시 조선인의 심정을 잘 보여주는 것이 GHQ의 '오보'문제이다. 1946년 11월 12일 GHQ는 "일본에 있는 조선인 중에 총사령부의 송환계획에 준하는 귀국을 거부한 자는 이후 조선정부가 정식으로 성립되어 동정부가 이상의 재일조선인을 조선인으로서 공식으로 승인할 시기가 올 때까지 이제부터는 일본국적을 가진 자로 본다"고 발표하였다.22) 다음 날 각 신문은 이것을 "조선으로의 귀국을 거부하면 일본국적에"라는 식으로 보도하였다. 이에 대해 조련뿐 아니라 미국정부로부터도 비난이 빗발쳤다. 같은 날 20일에 GHQ는 1946년 12월 15일 이후 일본에 머물고 있는 조선인은 일본시민권을 취득하지 않으면 안 된다라고 신문이 보도한 것에 대해 "근거없는 오보이다"라는 성명을 냈다.23) 이러한 과정으로부터도 일본 국적 취득이라는 선택지, 즉 일본

---

22) 「帰国せぬ朝鮮人は日本国籍(1946. 11. 23)」, 『マッカーサー司令部重要発表及指令』.

23) 「在日朝鮮人の取扱について(1946. 11. 30)」, 『マッカーサー司令部重要発表及指令』.

국민화라는 선택지가 민족 조직으로서는 도저히 선택할 수 없는 것이었
다는 점을 알 수 있다.

2) GHQ 및 정부의 대응

그러나 국민화를 지향하는 언행에 대해 GHQ의 대응은 어디까지나 애
매모호한 것이었다. 해방 후 행해진 GHQ의 재일조선인 정책은 1945년
11월 1일 「일본점령 및 관리를 위한 연합국사령부에 대한 항복에 있어
초기의 기본적 지령」에서 기본적으로 확정되었다. 지령의 제8항을 보면,
조선인에 관해 "군사상의 안정이 허락하는 한 … 해방 인민(Liberated
people)"이라고 쓰고 있으며, 문서에서 말하는 일본인(Japanese)은 아
니라고 하면서도 "아직도 계속적으로 일본신민(Japanese subjects)"으
로, "필요한 경우에는 적국민(Enemy nationals)"으로 취급한다고 규정
하고 있다.24) 오오누마 야스아키(大沼保昭)가 "미국에 있어 『해방민족』
규정은 기본적으로 립 서비스 이상의 의미는 없었다"고 지적한 것처
럼,25) GHQ의 애매한 규정은 재일조선인의 지위가 사실상 일본 정부의
자유 재량에 맡겨졌다는 것을 의미하였다.

일본 정부는 조선인을 외국인으로 볼 것인가, 일본인으로 볼 것인가를
놓고 갈팡질팡하면서도 원칙적으로는 일본인, 일본국민으로 취급한다는
정책을 굳혀가고 있었다. 일본 정부의 정책은 '아직도 일본신민'이라는 규
정에서 엿볼 수 있듯이, 조련이 요구하는 탈식민지민화의 움직임과 정반
대되는 것이었다. GHQ도 1946년 4월 4일 「철도 이용 대만인 및 조선
인의 단속」을 통해 "일본의 철도를 이용하는 대만인 및 조선인을 단속하
는 완전한 권한"을 일본 정부에 부여하였다. 같은 해 4월 30일자 「조선

---

24) 大沼保昭, 『単一民族社會の神話を超えて』, 東信堂, 1986, 32~35쪽.

25) 大沼保昭, 『単一民族社會の神話を超えて』, 35쪽.

인 불법행위에 관한 총사령부 각서」에 따라 조선인을 단속할 수 있는 권한도 일본 정부가 갖도록 하였다. 1946년 5월 7일 「일본인 및 비일본인의 인양에 관한 총사령부 각서」에 의해 조련은 인양사업으로부터 완전히 배제당했고, 같은 해 9월 30일자 「조련 발행 철도, 버스의 금지」 방침에 따라 "일체의 조련 발행 무임운송승차증을 인정하지 않으며, 조련 발행의 모든 무임승차증은 그것을 제시한 개인부터 시작하여 파기할 것"을 지시받았다.26) 결국 재일조선인은 일본의 형사재판권 관할 아래 놓이게 되었다.

특히 상징적인 것은 1945년 12월 중의원의원 선거법이 개정되었을 때, 재일조선인과 대만인이 선거권과 피선거권을 정지당한 일이다. 일본 정부가 참정권을 주는 것에 반대한 이유 중 하나는, 미즈노 나오키(水野直樹)가 이미 명확히 밝히고 있듯이, 조선인 출신 의원이 나오게 되면 '천황제의 폐지'를 주장할 위험이 있다라는 우려 때문이었다.27) 일본 정부와 GHQ의 조치는 조련의 탈식민지민화를 지향하는 활동을 막으려는 움직임으로 볼 수 있다.

3) 국민화와 난민화—외국인 등록령

게다가 조련의 탈식민지민화를 위한 활동을 막고자 일본 정부와 GHQ의 대응이 한층 더 현저하게 드러난 것이 외국인등록령이었다. 조련의 탈식민지민화운동이 협화회를 통해 조선인에게 경찰적 개입을 배제한다는 측면이 있었다고 앞서 살펴보았지만, 특히 그것은 협화회 회원증(협화회수첩)을 통한 지배에 반발하는 것으로 나타났다. 그러나 해방 후에도 일본 정부는 그러한 통제를 유지하고자 했고, 급기야 1946년 9월 20

---

26) 法務研修所, 『在日朝鮮人処遇の推移と現状』, 湖北社, 1975, 62쪽.

27) 水野直樹, 「在日朝鮮人·台湾人参政権「停止」条項の成立－在日朝鮮人参政権問題の歴史的 検討(1), (2)」, 『研究紀要〈世界人権問題研究センター〉』1, 2, 1996, 1997.

일 일본 정부는 오오사카 전역의 조선인은 경찰에 신고하여 거주증명서를 교부받지 않으면 안 된다라고 통지하였다. 이에 대하여 좌우를 불문하고 조선인 단체는 협화회 수첩의 재래라며 맹렬한 반대운동을 전개하였다.28)

그러나 조선인 단체의 반대운동에도 불구하고 일본 정부는 1947년 5월 2일 모든 조선인을 대상으로 한 외국인등록령을 천황 최후의 칙령으로 공포하였다. 외국인등록령은 제11조에서 "대만인 가운데 내무대신이 인정한 자 혹은 조선인은 이 칙령의 적용에 있어 당분간" "외국인으로 간주한다"라고 밝히고 있다. 여기서 사용하고 있는 '간주한다'라는 규정은 "'일본국민'인 조선인을 외국인 관리하에 두기 위한 법적 기술형식"으로 정해진 것이었다. 이에 관해 조련은 처음에는 반대 입장이었으나, 몇 차례 절충 끝에 외국인으로서의 모든 특권 부여를 빠른 시일 내에 인정해준다는 조건을 받아들여, 1947년 6월 16일 날짜로 각 지방 본부위원장에게 일본 시구정촌(市区町村) 당국과의 상호협조에 의해 "주의사항을 충분히 이해하여 원활하게 수행"하도록 통달을 내렸다.29)

여기서 주목해야 할 점은, 조련의 외국인등록령에 대한 요구가 "인권유린과 남용의 우려가 있는 제10조 제시 요구권 성문화 제거"와 "경관 불간섭이었다"는 사실이다.30) 특히 나중에 조련이 외국인과 같은 주식배급을 요구할 때, "재류조선인은 일본국민이 아니라 독립 조선국 국민으로서 그것도 외국인등록령에 응한 훌륭한 외국인이라는 점을 재확인하고 싶다."라고 한 점에서도 알 수 있듯이, 조련의 외국인등록령에 대한 비판의 이유가 어디까지나 경찰적 개입의 문제에 머물러 있으며, 외국인으로 등

---

28) 梁永厚, 「大阪府朝鮮人登録条令制定(1946)の顚末について」, 『在日朝鮮人史研究』 16, 1986.

29) 「登録令実施と在日同胞 弾圧の可能性監視 すみやかな特権付与を喚起」, 『朝鮮人生活権擁護委員會ニュース』, 1947. 7. 14.

30) 「第十一回中央委員會議事録」, 『集成』 1, 18~24쪽.

록하는 그 자체에 대해 전자만큼의 비판을 하지 않았다는 점이다.31) 즉 이러한 조련의 외국인등록을 둘러 싼 일련의 대응에는, 조련의 탈식민지민화로서 경찰 개입의 배제라는 논리와, 국민화로서 외국인등록이라는 쌍방의 논리 요소가 존재한다는 것을 이해하지 않으면 안 된다.

일본 정부로부터 외국인으로 간주당하는 것은 국민화를 지향하는 조련에게 있어서는 오히려 호기였던 측면도 있었던 것이다. 그러나 이미 살펴보았듯이, 일본 정부는 외국인등록령에 간주한다라는 규정을 삽입하여 교묘하게 재일조선인이 외국인임을 부정하면서도, 동시에 경찰 통제하에 두게 하였다. 이때부터 일관되게 재일조선인을 규정하는 모순, 즉 의무의 측면에서는 일본국민, 권리의 측면에서는 외국인(혹은 그 이하)라는 모종의 난민상태가 출현하게 되었다.

결국 일본 정부와 GHQ는 조련과의 대립 속에서 탈식민지민화의 활동을 이용하면서도 국민화를 막으려 했고, 그 결과 조선인을 거의 해방 전과 같은 예속상태에 처하게 하는 난민화를 달성한 것이다.

4) 민족교육 탄압, 조련 해산과 분단

탈식민지민화와 국민화를 둘러싼 조련의 운동에 대한 탄압의 손길은 식민지민화 교육으로부터의 탈각을 지향한 민족교육에도 미쳤다. 일본 정부는 1947년 3월 교육기본법을 공포·시행하여, 조선학교에 대한 통제를 강화하기 시작하였다. 또한 1948년 1월 24일 문부성 학교교육국장의 통달인 「조선인학교의 지급에 관하여」를 통해 조선인 자제이더라도 학교에 가야하는 연령의 아동은, 일본인과 같이 시정촌(市町村)립 또는 사립의 소학교나 중학교에 취학하지 않으면 안 된다고 지시하였다. 이에 따라 그해 3월부터 4월에 걸쳐 야마구치·토쿄·오카야마·효오고 등지

---

31) 「要求書 農相宛て提出」, 『朝連中央時報』, 1948. 11. 1.

에서는 조선인 아동의 공립·사립학교로의 전입, 인가를 받지 않은 조선인학교의 폐쇄, 그리고 일본의 학교로부터 빌려쓰고 있던 조선인학교 시설을 비위줄 것을 요구하는 학교 폐쇄령이 내려졌다.

조련은 이에 대해 반대운동을 널리 확대하였으나, 일본당국은 폐쇄를 강행하는 것으로 대응하였다. 가령 일본 정부는 학교시설을 비위서 건네줄 것을 거부해 온 니시코우베·히가시코우베·나다(灘)지역의 조련 초등학원에 대해 4월 23일 헌병과 경찰을 동원하여 학교폐쇄를 강행하였다. 그러나 니시코오베 조련초등학원에서는 경찰이 온다는 소식이 전해지자 곧바로 천명의 조선인이 초등학원에 모여, 오히려 경찰을 포위하고 학교 폐쇄를 강행하려는 조치를 저지하였다. 이와 함께 조련 대표단이 효오고현 지사와 교섭한 결과 4월 24일에 학교 폐쇄령을 철회시켰다. 그러나 같은 날 오후 10시 지사 등은 철회의 무효를 선언, 한 시간 후에 코오베기지 관내는 비상상태에 돌입하여 약 2,000명의 조선인이 체포당하게 된다.

일본 정부의 민족교육탄압은 재일조선인에게 중요한 의미를 가지고 있었다. 일본에서 태어나 일본의 교육을 받은 조선인 여성은 조련의 기관지인 『조련중앙시보』에 다음과 같은 내용을 투고하였다.[32]

> 학교와 사회에서 조선어를 빼앗기고 민족문화를 말살당한 우리는 '죠센진(朝鮮人)'이라고 우롱당해 몇 번이나 분통의 눈물을 흘렸는지 모릅니다. 이 억울한 체험은 8·15 이후 우리들에게, 민족독립은 그 민족의 언어로 자주교육을 하여 진정한 민족문화를 수립하지 않으면 불가능하다라는 사실을 절감하게 해 주었습니다. 그리고 이 열의를 가지고 삼년간 놀라울 정도로 많은 학교를 완전히 자력으로 만들어 왔습니다. 그러나 일본 정부는 지금에 와서 그 피와 땀으로 이룩한 우리들의 학교에 폐쇄령을 내린 것입니다.
> 그렇기 때문에 효오고, 오카야마, 오오사카, 야마구치 등의 각지에서

---

32) 「私はこう思う 東京高田馬場─朝鮮女性」, 『朝連中央時報』, 1948. 4. 30.

투쟁이 벌어지고 있는 것입니다. 우리들은 과거 또는 현재의 실정을 제대로 직시하여, 예를 들어 어떤 탄압이 있을지라도, 우리들의 사랑하는 아이들만은 훌륭한 조선인으로서 조국의 언어로 교육을 하여, 진정한 민족교육 문화를 건설해 가기 위해 수많은 노력을 기울이지 않으면 안 됩니다.

이미 밀주 적발이나 야미 적발 등의 이름을 빌려 조선인 부락에 대한 탄압이 계속되어 왔지만, 1948년의 교육탄압은 해방 후에 재일조선인들이 탈식민지민화를 위해 만들어 온 학교를 대상으로 한 탄압이었다라는 점에서 각별한 의미를 지니고 있었다. 위의 투서에서도 엿볼 수 있듯이 조선인에게 있어 학교라는 것은 해방 그 자체를 의미했었기 때문이다.

그런데 여기에서 주목해야 할 점은 1948년까지 민족교육에 대한 탈식민지민화를 가로막고, 국민화를 저해하고자 한 일본당국과 GHQ의 움직임에 남북을 분단시키고자 하는 힘이 새롭게 더해졌다는 것이다. 아라타카(荒敬)에 따르면, 제8군사령관이었던 R.L. Eichelberge는 재일조선인의 교육투쟁과 남조선의 단독선거 반대투쟁의 연관성에 주목하고 있었다.33) 재일조선인의 탈식민지민화를 지향하려는 운동은 이후 명확하게 남북분단과 냉전의 각인에 결정적인 영향을 받게 되었다. 1949년 9월 8일 일본 정부 및 GHQ는 규정령에 따라 조련을 해산시키게 된다. 이에 대해 이승만은 일본 정부를 비난하는 담화를 발표하였다. 최덕효는 담화가 어디까지나 "해산명령이 일본공산당에도 적용되지 않았다라는 점, 즉 일본 정부가 철저한 반공정책을 취하지 않았던 것에 대한 불만의 표명"에 지나지 않았다고 보고 있다.34) 즉 민족교육에 대한 탄압과 조련의 해산은 냉전과 분단의 영향하에 행해진 난민화라고 볼 수 있다.

---

33) 荒敬, 「占領下の治安政策と『非常事態』―神戸朝鮮人学校教育擁護闘争を事例に」, 『日本占領史研究序説』, 柏書房, 1994.

34) 崔德孝, 「'反革命'秩序の形成と在日朝鮮人」, 岩崎稔・大川正彦・中野敏男・李孝德 編著, 『継続する植民地主義』, 青弓社, 2005.

4. 난민적 기억의 형성

1) 전쟁과 분단된 기억

이렇게 식민지 지배에서의 해방을 추구한 재일조선인에 대해 일본 정부와 점령당국은 가열한 탄압으로 보답하였다. 의무면에서는 국민 수준으로, 권리면에서는 외국인 수준 혹은 그 이하 상태로 내몰리면서 민족교육과 운동의 거점은 파괴되고, 재일조선인 개개인에 대해서는 외국인 등록에 의한 관리 체제가 자리잡게 되었다. 식민지로부터의 해방을 요구한 재일조선인에 대해 가해진 힘은 확실히 이러한 난민화의 폭력이었던 것이다.

재일조선인에 대한 계속된 폭력의 와중에 조선전쟁이 일어났다. 일본에서 조선전쟁은 조선특수(朝鮮特需)라는 말에도 나타나고 있듯이, 전후 부흥의 지렛대로서밖에 인식되어 있지 않다. 그러나 재일조선인에게 조선전쟁은 난민화를 강요하는 일련의 폭력 속에서 일어난 전쟁으로서 각별한 의미를 가지고 있다. 그러한 의미에서 조선전쟁을 1950년에 갑자기 일어난 전쟁으로 생각할 것이 아니라, 해방 후부터 연속된 탄압의 흐름 안에서 이해하는 인식이 필요하다.

그리고 본고의 과제인 기억의 문제와 관련해서도 조선전쟁은 지극히 중요하다. 조선전쟁을 계기로 일본이 서방 진영에 편입되는 것이 확실하게 되었으며, 미국은 이를 위해 일본의 재군비와 전후를 마무리 짓기 위한 국제협약을 서두르게 되었다. 주지하듯이, 1951년 샌프란시스코강화조약은 동쪽 제국이나 남북 한 정권을 배제한 채로 체결되어 재일조선인의 지위가 일방적으로 결정되었다. 재일조선인은 자신의 의사와 상관없이 일본국적을 박탈당하여 사실상의 무국적 상태에 놓여졌다. 재일조선인의 난민화는 보다 한층 강고한 모습으로 관철되었던 것이다. 1948년 제주4·3항쟁 이후 조선에서 일본으로 난민은 증가 일로였지만, 조선전쟁의 발발은 이 경향에 한층 더 박차를 가하였다. 샌프란시스코강화조약이 발효된 1952년 4월 28일 오오무라 수용소가 증설되어 외국인등록법이 제정되었던 것도 이것을 상징적으로 나타낸다.

한편, 재일조선인운동에서도 조선전쟁기의 체험은 지극히 큰 경험으로 작용하여 이후 전개된 운동에 영향을 주었다. 조선전쟁의 발발에 맞서 구조련계35)의 재일조선인운동은 곧바로 조국방위전국위원회를 결성하였다. 여기에 대응하여 1951년 1월 9일 조련의 후계 단체로서 재일본조선통일민주전선이 결성되었다(이하 민전). 조선전쟁하에서 민전계의 재일조선인운동은 일본의 미군 기지로부터 조선으로 보내지는 무기 탄약의 수송 저지, 반기지 투쟁, 그리고 강제송환 반대투쟁을 주로 벌이면서 비합법 투쟁을 전개하였다.

하지만 민전계의 운동에 대한 현재의 평가는 비판적이다. 재일본조선인총연합회의 전 의장인 한덕수는 조선전쟁기의 운동에 대해 다음과 같이 적고 있다.36)

재일조선인은 이와 같이 애국적 헌신성을 발휘하고 있었지만, 당시 민전의 지도권을 잡아 외부 세력에 맹종하고 있던 사대주의자, 민족허무주의자들은 재일조선인운동을 일본의 민주화 투쟁의 일환으로 간주하고, 극좌모험주의의 길로 쫓아 보냈다.

해방 후 재일조선인운동은 일본공산당과 깊은 관계가 있었다. 특히 민전계와의 연계성은 한층 강화되어 갔다. 위의 인용문에서 재일조선인운동을 '일본의 민주화 투쟁의 일환으로 간주하고, 극좌모험주의의 길로 쫓

---

35) (주 : 신주백) 재일조선인연맹은 1949년 9월 GHQ와 일본 정부에 의해 해산되었다.

36) 韓德銖, 『主体的海外僑胞運動の思想と実踐』, 未来社, 1986, 155쪽.

아' 보낸 '사대주의자, 민족허무주의자'란 확실히 일본공산당과의 연결을 중시한 활동가들을 가리킨다. '노선 전환' 이후의 시점으로부터 이 비판은 후에 총련이 일본 정치에는 간섭하지 않는다는 '내정 불간섭' 방침을 결정하는 데 큰 근거가 되었다. 그러나 한덕수 자신도 일본공산당원이었고, 당시의 활동가들을 사대주의자라 비판하며 공화국을 옹호하려 한 편가르기식 사고에는 문제가 많다. 적어도 일본에서 반기지투쟁을 하는 것이 조선의 전쟁을 종결시키기 위한 선택이었다고 하는 인식은 넓게 공유되었음이 틀림없고, 이렇게 교훈화된 기억의 사실 검증이 필요해 질 것이다. 또 민단37) 측은 조선전쟁에 즈음하여 재일조선인의 의용병을 모집해 전장에 보냈다.38) 물론 보내진 재일조선인은 소수에 그쳤다. 그렇지만 일본에서 조선으로 공적인 루트를 통해 의용병을 보낼 수 있던 배경에는, 민단과 점령 당국, 그리고 일·한 양정부의 연계강화라는 측면이 있었던 것만은 틀림없다. 어쨌든 조선전쟁 때의 경험이 남북 정권의 이데올로기로 재일조선인을 분단시켰다. 그것이 재일조선인의 해방에 대한 기억을 분열로 밀어 낸 것은 틀림없다.

2) 분단 고착화와 난민적 기억

1955년 5월 25일 민전의 노선전환으로 재일본조선인총련합회가 결성되게 되었다. 민전에 대한 한덕수의 비판에서도 알 수 있듯이, 노선전환은 조선민주주의인민공화국을 지지하고 일본 정치에 간섭하지 않는다는 내정 불간섭 방침을 의미한다. 이후 총련은 공화국의 이데올로기를

---

37) (주 : 신주백) 조련에 대항하여 '우익계를 결집'한 재일본조선인거류민단은 1946년 10월 결성되었고, 이듬해 한국 정부를 적극 지지한다는 취지에서 재일본대한민국거류민단으로 개칭하였다.

38) 의용병에 대해서는 崔德孝, 「Wartime Mobilization and Zainichi Korean」, 『クアドランテ』, 東京外國語大學海外事情研究所, 2004 참조.

적극적으로 수용하며 민족교육도 영향을 강하게 받게 되었다.

그 상징적인 움직임으로 1950년대 후반부터 시작된 공화국에의 귀국운동을 들 수 있다. 사실 조선전쟁의 와중에도 오오무라 수용소에 있던 조선인들이 한국으로 송환되기를 거부하고 공화국으로 귀국할 수 있도록 해달라고 요구하는 운동이 일어난 적이 있었다. 그렇지만 조선인의 광범위한 귀국운동이 전개된 것은 조선전쟁 후였다. 노선전환을 계기로 공화국과의 거리를 접근시킨 총련의 운동은 귀국운동의 와중에 '조국'과의 관계를 더욱 강화하였다. 그 결과 1959년 12월에 첫 귀국선이 니가타항을 출항하였다. 이후 약 10만 명의 재일조선인이 공화국으로 귀국하였다.

한편, 한국에서 일어난 1960년 4월 혁명과 그 후의 박정희 쿠데타를 계기로 반독재를 주장하는 재일조선인운동이 등장하면서 민단 측은 분열하였다. 또한 조선전쟁 와중에 시작된 한일교섭이 1965년 한일기본조약 및 재일한국인 법적 지위협정의 조인으로 결착을 본 결과, 재일조선인 내부의 법적 지위를 지렛대로 한 분단은 한층 강해지게 되었다.

가지무라 히데키가 1953년부터 1965년 사이에 재일조선인운동을 '분단 고정화의 시대'라고 부른 것처럼,[39] 해방 후부터 진행된 재일조선인의 난민화 과정은 분단의 힘이 작동된 과정이었다. 동시에 민족조직이 남북 정권과의 이데올로기적인 동일화를 추진해 가는 과정이었다.

이러한 사태는 재일조선인이 구종주국에 잔류한 구식민지 출신자로서의 위치를 인식하게끔 하여 거기로부터 스스로의 해방을 구상하는 것을 곤란하게 하였다. 재일조선인운동은 재일조선인을 난민화하려는 끊임없는 폭력에 대한 대항으로서, 그리고 냉전에 의해 분단을 강요당한 조선반도의 상황에 대한 대응으로서 남북 양정권의 이데올로기적인 동일화를 피할 수 없었다. 물론 일본이 서방진영에 있었다고 하는 점을 보아도 총

---

39) 梶村秀樹, 「解放後の在日朝鮮人運動」, 『梶村秀樹著作集第六巻　在日朝鮮人論』, 明石書店, 1993, 202쪽.

련과 민단은 대등한 존재가 아니다. 특히 총련과 조선 학교에 대한 탄압이 가혹했던 점도 잊어서는 안 된다. 그러한 상황에 놓인 재일조선인의 '사회주의 조국'에 대한 생각에는 각별한 것이 있었다고 볼 수 있다. 그러나 이점은 결코 민단 집행부의 독재정권과의 유착과는 동일한 지평에서 논할 수 없다. 예를 들면 재일조선인의 조선전쟁 경험과 김일성의 만주 유격대 경험은 조국과 떨어져 비합법적인 상황에서 교육이나 선전활동을 전개한다고 하는 의미에서는 유사한 측면이 많다. 많은 재일조선인이 김일성의 유격대 이야기에 스스로를 동일화 한 배경에는 공화국의 이데올로기 자체가 조선민족의 이산 경험을 전제로 한 점에 있었다고 말할 수 있을 것이다.

하지만 난민으로서 일본에 계속 살게 된 재일조선인의 위치는 당연히 조선반도의 조선인과는 다른 측면을 가지지 않을 수 없다. 예를 들면 언어의 사용에 있어서 재일조선인 2세는 일본어를 모국어로 해야만 한다. 제도적이고 사회적인 차별 속에서 스스로의 이름을 호칭하는 것조차 곤란하다. 그리고 민족교육을 받는 재일조선인의 수는 아동 전체 속에서 2할을 넘었던 적이 없고, 8할의 재일조선인은 민족교육을 통해 공화국의 이데올로기를 배우지조차 못하였다. 1970년대 말 민족조직에 대한 비판으로 등장한 정주론, 재일론은 이러한 상황을 반영한 주장이었다.

이렇게 재일조선인이 난민화된 채 스스로 해방의 실마리를 찾을 기회를 얻지 못하고, 확실히 난민적 기억으로서밖에 해방을 인식할 수 없게 된 것은 하나의 필연일 것이다. 서경식이 그러한 현실을 난민적 자기의식이라는 말로 표현하며 거기에서 해방을 찾으려 하는 것은 바로 이러한 의미에서 이해할 수 있을 것이다.

5. 맺음말

이상으로 일본 정부와 GHQ에 의하여 식민지하에서부터 행하여져 온 조선인에 대한 경찰적 개입이 유지되고, 남북분단과 냉전의 강력한 압력이 가해져 재일조선인이 난민화 한 경과를 고찰하였다.

재일조선인이 해방을 기억하는 데 있어 곤란함을 논할 때 이것만을 가지고 전부 설명 할 수 없다는 것은 말할 필요도 없다. 그리고 애초 조선인의 이산이 일본의 식민지 지배에 기원을 두고 있는 이상, 식민지 시기부터 현재에 이르기까지 100년간의 고찰을 통해서만 충분한 답을 얻을 수 있다. 그러나 4년간이란 기간 동안 상징적으로 드러난 난민화의 힘은, 재일조선인의 탈식민지민화 그 자체를 정면으로 부정하는 것이다. 이는 수십년 동안 지대한 영향을 끼쳤다. 그리고 거듭 강조하지만 난민화는 식민지와 냉전이라는 두 개의 분열에 의해 일어난 것이다. 이러한 경과 속에서만 재일조선인의 난민적 자기의식의 기원을 이해할 수 있지 않을까. 재일조선인이 자기 스스로를 난민으로 규정하는 것이 적절하다라는 현실은, 애초에 재일조선인은 해방되었는가라는 강한 의문에서부터 시작하지 않으면 안 된다.

서경식은 자신이 한국 국적을 가지고 있으며, 한국 정부로부터 여권을 지급받는 등 특권을 가지고 있지만, 해외동포로서 한국에서도 투표권이 없고 일본에서도 지방참정권조차 가지지 못한 비국민이라는 의미에서 스스로를 '반난민'이라고 규정하고 있다. 재일조선인 중에서는 서경식과 같은 한국 국적 보유자 이외에도 일본 국적을 취득한 일본국민도 있고, 아직까지 어느 쪽의 국적도 갖지 않은 채 조선적을 유지하고 있는 무국적자도 존재한다. 조선적 재일조선인 중에서도, 1945년 8월 15일 이후에 일본으로 건너 온 사람과 그 이전부터 일본에 거주하고 있는 사람들 사이에는 그 재류권에 차이가 있으며, 그리고 애초부터 외국인등록증 자체를 가지지 않고 있는 사람도 존재한다. 이러한 재일조선인 내부의 분열에는 식민지 시기부터 시작하여 남북분단에 의해 재편성된 난민화의 힘이 크게 작용하고 있다. 즉 재일조선인 내부의 분열이 결코 각각 개인의 자유로운 선택이 아니었다는 점이 중요하다. 그리고 몇 가지 예를 들어 보는 것만으로도 그러한 힘이 오늘날까지 이어져 왔고, 지금도 존재하고 있음을 확인할 수 있다. 1965년의 한일기본조약에 의한 조선적과 한국적 사이에 재류권의 차별화는, 양자의 균열을 한층 증대시켰다. 또한 2002년 북일수뇌회담에서 납치 사실이 발각된 후 일본의 가열한 북한 때리기는 대량의 조선적 이탈자를 낳았다.

그러나 처음부터 난민화가 식민지에서 시작된 현상임에도 불구하고, 조선반도에서는 이러한 분열을 조선민족의 공통 경험으로 생각하는 감수성이 부족하였고, 반공주의가 압도적이었던 한국에서는 특히 그러한 경향이 현저하였다. 동아시아에서 기억되고 있는 해방, 망각된 해방을 생각하기 위해서는 애초에 기억하는 것 자체를 어렵게 하는 힘의 존재를 고려하지 않으면 안 된다. 그런 가운데 우리들은 다시 한번 해방 60주년에 즈음한 물음, 즉 우리들은 애초 해방된 적이 있었는가라는 물음과 해답을 찾아 갈 수 있을 것이다.

참고문헌

『朝日新聞』

「歸國せぬ朝鮮人は日本國籍(1946. 11. 23)」,『マッカーサー司令部重要發表及指令』

「大詔渙發に伴ふ措置並に反響等內差に關する件(1945. 8. 16)」,『資料 日本現代史』
　　　　3, 大月書店, 1981

「登錄令實施と在日同胞　彈壓の可能性監視　すみやかな特權付與を喚起」,『朝鮮人
　　　　生活權擁護委員會ニュース』, 1947. 7. 14

「私はこう思う　東京高田馬場─朝鮮女性」,『朝連中央時報』, 1948. 4. 30

「歷史的全國代表者會議開く　準連合國人待遇を」,『朝鮮人生活權擁護委員會ニュース』,
　　　　1946. 11. 29

「要求書　農相宛て提出」,『朝連中央時報』, 1948. 11. 1

「在日朝鮮人の取扱について(1946. 11. 30)」,『マッカーサー司令部重要發表及指令』

「全體組織統計表(1948. 2)」,『在日朝鮮人關係資料集成〈戰後篇〉』2, 不二出版, 2000

「朝鮮同胞ノ船舶所有者ニ告グ」,『朝日新聞』, 1945. 10. 3, 10. 13

金德龍,『朝鮮學校の戰後史 1945-1972』, 社會評論社, 2004

金斗鎔,「朝鮮人と天皇制打倒の問題」,『社會評論』1, ナウカ社, 1946

大沼保昭,『單一民族社會の神話を超えて』, 東信堂, 1986

梁永厚,「大阪府朝鮮人登錄條令制定(1946)の顚末について」,『在日朝鮮人史研究』16,
　　　　1986

武島一義,「協和事業指導精神」,『協和事業』, 1940. 5

梶村秀樹,「解放後の在日朝鮮人運動」,『梶村秀樹著作集 第六卷 在日朝鮮人論』, 明
　　　　石書店, 1993

法務硏修所,『在日朝鮮人處遇の推移と現狀』, 湖北社, 1975

徐京植,「半難民」から見えてくるもの」,『現代思想』, 2002. 11

小林知子,「八・一五直後における在日朝鮮人と新朝鮮建設の課題」,『在日朝鮮人史

　　　研究』21, 1991
水野直樹, 「在日朝鮮人・台灣人參政權「停止」條項の成立－在日朝鮮人參政權問題の
　　　歷史的檢討(1), (2)」, 『研究紀要〈世界人權問題研究センター〉』1, 2, 1996,
　　　1997
外村大, 『在日朝鮮人社會の歷史學的 研究』, 緣陰書房, 2004
竹前榮治, 『占領戰後史』, 岩波書店, 1992
정영환, 「金斗鎔과 'とブロリア 軍國主義'」, 『在日朝鮮人史研究』33, 2003
中西伊之助, 「日本天皇制の打倒と東洋諸民族の民主的同盟－朝鮮人聯盟への要請」,
　　　『民主朝鮮』, 1946. 7
崔德孝, 「Wartime Mobilization and Zainichi Korean」, 『クアドランテ』, 東京外國
　　　語大學海外事情研究所, 2004
崔德孝, 「'反革命'秩序の形成と在日朝鮮人」, 岩崎稔・大川正彦・中野敏男・李孝德
　　　編著, 『繼續する植民地主義』, 靑弓社, 2005
樋口雄一, 『協和會 戰時下朝鮮人 統制組織の研究』, 社會評論社, 1986
坪井豊吉, 『在日朝鮮人運動の槪況』, 法務硏修所, 1959
韓德銖, 『主體的海外僑胞運動の思想と實踐』, 未來社, 1986
荒敬, 「占領下の治安政策と『非常事態』－神戶朝鮮人學校敎育擁護鬪爭を事例に」, 『日
　　　本占領史研究序說』, 柏書房, 1994

제3부
대만·중국

朱德蘭[*]

타이완의 '광복'에 대한 역사적 기억과 역사교과서 문제

1. 머리말

타이완(臺灣)은 타이완 본도(本島)와 부속도서, 평후군도(澎湖群島), 진먼(金門), 마주(馬祖), 태평양의 일부 도서를 포함하여 약 36,000㎢ 이며, 많은 인구와 광활한 토지를 가진 중국 대륙과 하나의 해협을 사이에 두고 분리되어 있다. 타이완의 주민은 아타이알(泰雅 Atayal), 사이시얏(賽夏 Saisiyat), 사우(鄒 Sau), 부눈(布農 Bunun), 파이완(排灣 Paywan), 아미(阿美 Ami) 등 12족(族)과 중국 대륙으로부터 건너온 사람들이 있으며, 총인구는 약 2,400만 명이다.[1]

---

[*] 번역 : 성균관대 대학원 권택규, 신주백.

1) (주 : 신주백) 타이완은 多族群사회이다. 본문에서 언급한 原住民(高山族, 平埔族)과 17세기부터 1945년 이전에 중국 대륙에서 건너온 閩南人, 客家人을 本省人이라 한다. 1945년 8월 이후, 특히 1949년 이후 대륙에서 건너 온 사람들은 外省人=來省人이라 한다. 타이

　타이완 본도에는 3,000m 이상의 높은 산과 평탄한 고지, 구릉지, 분지, 평원 및 동서로 흐르는 하천이 있고 지형은 복잡하고 다양하다. 기온은 아열대 기후로 비가 많이 내려 농림어업의 생산에 아주 적합하다. 타이완에서는 설탕, 차, 장뇌(樟腦), 석탄 등의 특산품이 나온다. 경제적 이익과 더불어 타이완은 동북아–동남아–서남태평양 군도를 연결하는 교통 요충지에 위치하고 있다. 때문에 17세기부터 부단히 세계시장과 연결되어 상품교역을 통한 교류가 밀접하였다. 또 지리적 중요성 때문에 네덜란드·스페인·정청궁(鄭成功)·청제국(淸帝國)·일본제국·중화민국 등 많은 정치세력의 통치를 받아 다원적 문화가 융합된 지역이다.2)

　타이완은 1945년 제2차 세계대전이 종결된 후 일본 식민지의 운명에서 벗어나 중화민국의 판도(版圖)로 복귀하여 중국 대륙의 한 성(省)으로 되었다. 같은 해 국민당정부는 천이(陳儀)를 파견하여 타이페이에서 일본의 항복접수의식을 주재하고 10월 25일을 '타이완 광복절'로 지정하여 전국적으로 하루를 쉬도록 하였다. 이후 1945년부터 1988년까지 장제스(蔣介石)와 장징궈(蔣經國)의 집권 기간 동안 '광복절'을 맞을 때마다 성대한 경축행사를 거행하였다. 그러나 광복절 경축기념행사는 1996년부터 점차 감소하고 2001년에는 공휴일에서 제외되었다. 심지어 일부 사람들은 중국과 거리를 분명히 하기 위하여 광복절을 '종전기념일'로 개칭하기에 이르렀다.

완 사회는 이들 4대 族群으로 구성되어 있다. 본문에서 언급한 族群은 모두 9族으로 나눌 수 있는 高山族이다.

2) (주 : 신주백) 타이완은 1624년 네덜란드가 남부지역을 식민화하여 38년간 통치하였고, 1626년 스페인이 타이페이 등 북부지역을 지배하였다. 1642년 스페인은 네덜란드군에 축출되었다. 1662년 鄭成功이 네덜란드군을 물리치고 정부를 수립하여 淸정부에 대항하였다. 하지만 청정부는 1683년 군대를 파견하여 타이완을 점령하고 이후 212년간 통치하였다. 청이 통치하던 시기 타이완에서는 쌀, 대나무, 樟腦 농업이 집중적으로 발전하였다. 1894년 청일전쟁에서 패배한 청정부는 이듬해 시모노세키조약(중국명 馬關條約)에서 대만을 일본에 할양하였다. 일본의 첫 해외 식민지였던 타이완은 이때부터 1945년까지 지배를 받았다.

왜 타이완인은 광복의 역사적 기억을 없애고 잊고자 하는가. 이는 타이완인의 국가 정체성과 어떠한 관계가 있는가. 타이완 광복은 중학교3) 역사교과서 서술에 어떤 영향을 미쳤는가. 이와 같은 의문은 많은 관심을 가지고 살펴보아야 할 과제들이다.

이 글은 타이완 사회의 변화라는 각도에서 출발하여 제1장에서 전후 타이완의 경제발전과 정치변화를 고찰하겠다. 제2장에서는 타이완인의 광복에 대한 역사기억을 정리하겠다. 제3장에서는 타이완의 광복절과 종전기념일이 어떻게 기념되고 있으며, 전후 대만사인식과 관련하여 일본 식민통치와 '2·28사건' 등이 역사교과서에서 어떻게 기술되어 있는지 분석하겠다.

2. 전후 타이완의 경제발전과 정치변화

1) 경제발전

제2차 세계대전이 종결된 지 얼마 되지 않아 국민당은 대륙에서 공산당과 격렬한 내전을 벌이게 되었다. 1949년 장제스가 지도하던 국민당 정부는 패전하여 100여 만의 군대와 공무원, 민간인을 이끌고 타이완으로 퇴각하였다. 이로부터 국민당과 공산당은 해협 양안(兩岸)에서 역사의 새로운 페이지를 펼쳐나가게 된다. 즉 1912년에 건립된 중화민국이 타이완에 존재하고 1949년에 건립된 중화인민공화국이 대륙에 존재한 것이다.4)

1949년부터 2005년까지 타이완은 장제스와 장징궈 부자, 리등후이

---

3) (주 : 신주백) 한국의 중등교육과정에 해당한다.

4) 朱德蘭, 『崔小萍事件』, 臺灣省文獻委員會, 2001, 7~10쪽.

(李登輝), 천수이볜(陳水扁)이 통치하였다. 타이완은 이 기간 동안 경제적으로 빈곤하고 낙후한 상태에서 부유하고 현대화된 국가로 발전하였다. 경제정책을 중심으로 그 과정을 간략히 살펴보자.

1950년에서 1960년까지 중화민국정부는 토지개혁과 농업경제를 발전시키는 정책을 추진하였다. 또 매년 평균 1억 달러에 달하는 미국의 원조를 통해 외화 부족을 보충하고 재정문제와 각종 경제건설계획을 해결하였다.5) 1952년부터 1956년 사이에 정부가 실시한 제1기 경제건설계획의 주요 조치는 전력설비, 교통운수사업, 비료공업을 우선 확충하는 것이었다. 1957년부터 1960년 사이에 추진된 제2기 경제건설계획은 경제자원의 개발을 강화하여 공업과 광업 설비를 확충하고 이를 통해 수출무역을 증가시키면서 취업기회를 늘리고 국제무역수지의 균형을 찾는 데 목표를 두었다. 1961년부터 1964년까지 실시된 제3기 경제건설계획은 1965년 미국의 타이완 원조가 종결되기 이전에 생산력을 향상시키고 국민의 생활수준을 개선하여 대미원조에 대한 의존도를 줄여 경제자립을 달성하는 데 주된 목표가 있었다.6)

1970년대 들어 후발 국가들이 타이완의 경제개발모델을 모방하고 중국 대륙에서는 개혁개방정책을 실시하였다. 이에 따라 타이완은 격렬한 경쟁에 직면하게 되어 갈수록 경제외교적인 곤경에 빠지게 되었다. 타이완 정부는 새로운 난관을 돌파하기 위해 정부 주도의 '수직구조적 수입대체산업화(垂直進口代替工業化)' 책략, 즉 각종 수출산업을 상하수직으로 연계시켜 산업구조를 업그레이드시키고 부가가치를 증대시키는 전략을 채용하였고, 이후 이를 기초로 새로운 산업부문을 육성하였다.7)

---

5) 劉進慶, 『臺灣戰後經濟分析』, 人間出版社, 1995, 351~363쪽 ; 袁穎生, 『光復戰後的臺灣經濟』, 聯經出版社, 1998, 212~220쪽.

6) 袁穎生, 『光復戰後的臺灣經濟』, 250~259쪽.

7) 高棣敏, 「企業家·跨國公司與國家呈券」, E.A.Winckler·S.Greenhalgh 編, 張苾蕪 編譯, 『臺灣政治經濟學諸論辯析』, 人間出版社, 1997, 249~252쪽.

1980년대 들어 타이완 경제는 남한·필리핀·중국 대륙 등 저임금 국가와의 경쟁에 직면하여 경제를 다시 업그레이드 할 필요성을 느꼈다. 타이완 정부는 민간의 전통산업인 방직업·제화업 등 이윤이 적고 국제경쟁력을 상실한 산업분야에 민간자본의 투자를 억제하도록 권유하였다. 다른 한편, 1980년대 타이페이 이남 산리(三里)에 있는 신주(新竹)시에 첨단과학기술산업공단(新竹科學園區)을 설립하고 면세조치를 취하면서 민간기업이 전자산업, 컴퓨터 및 부속품, 생명공학, 정밀기계 및 신소재 등에 투자하도록 유도하였다.8)

리등후이(1988~2000)와 천수이벤(2000~2005) 집권 시기 타이완의 중화학공업은 원료와 기술의 한계, 심각한 오염 및 공해문제, 국내에서의 공장증설 반대, 높아지는 환경보호에 대한 요구, 뉴 타이완 달러(新臺幣)의 가치 상승, 미국의 보호무역주의 및 세계경제의 지역블럭화(區域化)와 집단화 추세 등에 영향을 받게 되었다. 때문에 타이완 경제는 새로운 발전 과정에서 곤경에 빠지게 되었다. 정부는 경제발전을 유지하기 위해 공정거래법(公平交易法)을 제정하여 공영기업과 민영기업 사이에 공정하고 합리적인 경쟁 분위기를 만들어 주는 일 외에도 노동기본법을 수정하여 노동문제와 노사분규문제를 해결하였다.

나아가 정부에서 보유한 주식을 매각하여 11개 공영기업을 민영기업으로 전환시켰고, 이를 통해 민영기업의 생산규모를 확대하고 고속도로 및 타이페이와 가오슝(高雄)에 쾌속 전철망(捷運交通)을 확충하였다. 또 환경생태문제에 대한 관심을 높이고 관광산업을 개발하였으며, 남북고속철도를 건설하고 공공시설을 개선하는 등 공공사업을 추진하였다. 이 밖에 제조업·금융업·해운업·항공업·전기통신업·매스컴 업종 등 6대 업무

---

8) 高棣敏, 「企業家·跨國公司與國家呈券」, E.A.Winckler·S.Greenhalgh 編, 張苾蕪 編譯, 『臺灣政治經濟學諸論辯析』, 251~252쪽 ; Ralgh lough, 呂亞力苾 譯, 「山窮水盡疑無路－臺灣擴展國際接觸」, 高立夫 等著, 『外國人看臺灣政治』, 洞察出版社, 1986, 155~156쪽.

운영센터를 계획·건립하였다.9)

　타이완이 처한 새로운 조건과 대응과정에서 빼놓을 수 없는 사항이 중공정권의 '삼통정책'과 타이완의 관계이다. 중공정권은 개혁개방을 실시하면서 1979년 중국인민대표대회 상무위원회에서 타이완 당국에 대해 '우편개방·통신개방·상업개방(通郵, 通航, 通商)'이란 삼통정책을 제의하였다. 타이완 사업가(臺商)에 대한 우대정책이 실시된 이후, 그들은 대륙의 풍부한 광산자원, 에너지, 저렴한 노동력시장, 광활한 투자시장, 낮은 투자비용, 높은 이익율 등의 우월한 조건에 매료되었다. 1987년 장징궈 정부는 친척방문과 관광 등을 이유로 신청한 대륙방문을 허용하였다. 이후 대륙으로 진출하여 공장을 건설하였고 이로써 경제무역 활동에 종사하는 사람이 꾸준히 증가하였다.10)

　그러나 양안의 경제무역 관계가 나날이 밀접해질 때, 리등후이 총통은 타이완 사업가들이 중공의 경제적 역량을 키워주는 것을 방지하기 위해 '신중하고 참을성 있는 투자(戒急用忍)'정책을 실시하여 타이완 사업가들로 하여금 동남아지역에 투자를 늘리도록 유도하고 대륙지역에 대한 의존도를 줄이려 하였다. 2000년에 집권한 천수이볜 총통도 리등후이 총통의 대륙정책을 계승하여 타이완 사업가들에게 우방인 중남미 국가들에 투자하자고 호소하였다. 그러나 언어와 문화가 같은 중국 대륙은 타이완 사업가들에게 광활한 투자 기회와 더불어 생산과 소비 시장을 제공해 주는 곳이다. 때문에 타이완 정부의 '신중하고 참을성 있는 투자'정책은 타이완 해협을 사이에 둔 양안의 경제무역 왕래를 방해하였을 뿐 아니라 오히려 타이완 사업가들이 다투어 자본과 기술을 대륙으로 옮기는 결과를 낳게 하였다.

---

9) 周濟, 「1980年代以來的總體經濟表現」, 施建生 主編, 『1980年代以來臺灣經濟發展經驗』, 中和經濟硏究院, 1999, 116~117쪽.

10) 史全生 主編, 『臺灣經濟發展的歷史與現狀』, 東南大學出版社, 1992, 344~345, 397~402쪽.

2) 정치변화

전후 60년의 경제발전과정에서 타이완은 권위주의적 통치－민주정치－본토화 움직임(타이완 우선주의)－타이완인주의(nationalism, 타이완 주체주의) 등 4단계의 정치발전과정을 밟게 된다.

우선 권위주의 통치시대에 대해 개괄하려 한다. 1947년 국민당 정권이 무력으로 '2·28사건'을 진압한 후, 타이완인의 정부에 대한 항의행위는 효과적으로 차단되었다. 그렇지만 정부의 대응방식은 국민당 내지는 중국인에 대한 타이완인 또는 본성인(本省人)의 질시를 불러일으키는 원인을 제공하였다.11)

1949년 장제스 정권이 100만여 명의 군과 민간인을 이끌고 타이완으로 이전한 후에 주요 시정방침은 다음과 같다.

첫째, 국방적 측면에서 타이완의 기지를 공고히 하여 대륙을 역공격(反攻大陸)한다. 둘째, 경제적 측면에서 생산을 장려하여 간단하고 소박한 생활을 권장한다. 셋째, 정치적 측면에서 공산당의 음모와 침투를 통한 타이완 전복을 방지한다.

장제스 정권은 이를 위해 1949년부터 다음과 같은 내용의 계엄법을 실시하였다.

첫째, 인민의 집회, 사회단체, 시위, 청원 등 권리를 금지한다. 둘째, 노동자 파업, 철시(罷市), 동맹휴학(罷課)을 금지한다. 셋째, 새로운 정당의 설립을 금지하고 신문전파의 자유 등을 금지한다. 넷째, 국제적으로 민주국가와 연계하여 공동으로 반공정책을 추진한다.

1950년 장제스는 국민당 내부의 당파분열이 대륙 상실의 중요한 원인

---

11) (주 : 신주백) 여기서 말하는 타이완인이란 1945년 8월 이전 대만에서 태어나 거주했던 사람들을 말한다.

중 하나였다는 사실에 기인하여 혁명정신을 진흥하고 전투의 규율을 강화하며 대륙 수복의 소원을 달성하기 위해 국민당을 개조하기로 결정하였다. 그는 타이완에서 중국 대륙과는 다른 민주정치, 경제번영, 사회안정, 문화발달을 이룩한 자유지구를 만들려고 하였다.

이에 의거하여 1951년부터 임시성회의(臨時省會議)를 설립하고 1954년 성의원을 주민선거로 선출하며 1969년 중앙민의 대표에서 후보를 늘려 보선을 실시하였다. 다른 한편, 각지의 촌 이장, 향의 진장(鎭長), 현의 시장과 의원 등 지방의 지도자와 민의대표 역시 연이어 민선으로 선출하였다.12)

그러나 이러한 상황에도 불구하고 국민당정권은 국가권력을 이용하여 특무조직을 구축하고 사회 전반을 통제하였다. 구체적으로 말한다면 당을 통해 정치와 군사 방면을 주도하면서 당·정·군·구국단 등 네 조직을 결합하여 장씨 정권의 권위주의적 통치를 공고히 하였다.

1949년부터 1987년 사이의 계엄 기간 동안 어떤 사람이 타인을 간첩, 반란분자라고 밀고하기만 하면 군법관들은 체포·구금·심문·판결을 행할 수 있었다. 당시 정치사건의 판결과정은 매우 비체계적이어서 검찰관 군법관 등은 승진, 포상 등의 유혹에 굴복하여 유괴·위협·강압·폭력 등의 수단으로 용의자의 입에서 '자백서'를 받아내고 그것에 의거하여 기소하고 판결하였다. 계엄 시기에 백색테러와 관련된 정치 안건은 약 3만 건에 달하였다.13) 이러한 숫자는 장씨 정권의 통치 특색이 타이완에서 자유민주의 반공기지를 건설하려 한다는 사실을 대외적으로 선전하는 것이다. 또한 반공을 위해 국민의 진정한 자유와 기본인권을 박탈하고, 일종의 혼합권위주의와 약간의 민주적 색채를 띤 가짜 민주정

---

12) 陳井三, 「光復後的建設-政治政勢的沿變」, 『臺灣近代史政治篇』, 臺灣省文獻委員會, 1995, 385~387, 392~394쪽 ; 張玉法, 「民主政治的發展(1942-1992)」, 『臺灣近代史政治篇』, 569쪽.

13) Asian Survey, 「抗拒改變的政權」, 『外國人看臺灣政治』, 61쪽 ; 朱德蘭, 『崔小萍評傳』, 10~60쪽.

치가 실시되었음을 의미한다.

1970년대에 들어서도 비록 정부는 여전히 '대륙공격을 통한 국가 수복 (反攻復國)'이라는 정치적 구호를 표방했지만, 국제 인권외교의 압력, 국내 학술계와 언론계의 비판, 중산계급과 반대세력의 발전에 의해 사회대중의 인권에 대한 목소리가 더욱 더 커졌다. 1972년 장징궈가 행정원장에 취임한 후 민주화의 흐름이 형성되었다. 장징궈는 본성인(타이완인)과 외성인(대륙인) 사이의 모순과 알력을 완화시키기 위해 타이완인을 국민당과 정부직무에 참여시키는 등 점차 유화적인 조치를 취하였다. 그가 적극적으로 추진한 정책은 다음과 같다.

> 1. 본토화정책, 즉 타이완 우선의 원칙을 확인하고 많은 타이완인을 기용하여 당정업무에 참여시키는 한편, '통치권이 대륙에 미치지 못한다'는 정치현상을 인정하였다. 2. 정치개혁을 더욱 강력히 추진하여 선출직 중앙민의 대표를 늘리고 이를 통해 사회엘리트들을 흡수하였다. 3. 당·정 분리체제를 실행하고 공무원 임기제와 퇴임제를 실시하였다.14)

장징궈의 본토화정책은 시에동민(謝東閔), 린양깡(林洋港), 리등후이 (李登輝), 치우촹환(邱創煥), 리엔잔(連戰) 등 본성 출신 엘리트들에게 재능을 발휘할 기회를 주었다. 이들은 타이완성 정부의 성주석, 행정원부원장, 외교·내정·법무·재정 등의 각부 책임자, 입법원장과 감찰원장, 사법원장 등을 연이어 맡았다. 심지어 장징궈와 국민당은 본성출신인 리등후이를 부총통(1984~1988)에 임명하여 미래의 계승자로 삼았다. 장징궈가 성적(省籍)과 권력분배의 문제를 고려하여 본성(本省) 출신 인재를 발탁하고, 타이완인으로 하여금 타이완을 다스리게 한다는 정책을 실시한 것은 결코 중국의식에서 탈피하고자 의도한 것은 아니었다. 그는 단지 타이완인과 대륙인이 모두 중국인이라는 사고를 갖고 있었을 뿐이

---

14) 張玉法,「民主政治的發展(1942-1992)」,『臺灣近代史政治篇』, 626~628쪽.

며, 궁극적으로 바랬던 꿈은 중화민국에 의해 중국 대륙을 통일하는 것
이었다.15)

　국민당 이외의 사회세력, 일명 당외(黨外)세력은 타이완의 정치분야에
서 시종 진보적 추진자의 역할을 수행하였다. 1970년대 당외세력은 빈
번하게 개최되는 정치선거를 주무대로 삼아 외성인의 정치독점과 본성인
의 경제활동 집중이라는 기형적 분업상태를 끊임없이 비판하고 악법과
불법의 인권침해 행위에 도전하였다. 1979년 12월 10일 미려도잡지사
(美麗島雜誌社)를 중심으로 한 당외세력은 세계인권기념일을 기념하기
위하여 가오슝시에서 군중대회를 열었다. 그들은 정부에 계엄령을 해제
하고 언론과 결사의 자유를 개방하라고 요구하며 경찰과 충돌하였다. 타
이완 정부는 시위에 참가한 수많은 당외 활동가들을 체포하여 처벌하였
다. 미려도사건의 결과는 당외세력이 국내외 인권운동가들 사이에 많은
관심과 동정을 얻어 크게 발전하는 계기가 되었다.16)

　1987년 장징궈는 계엄법을 폐지하고, 정당금지와 신문금지를 개방하
였으며, 중앙과 지방 직무의 선거과정을 더욱 개방하고 공평하게 처리하
였다.17) 아울러 대륙의 친척을 방문할 수 있도록 허용하였다. 1988년
장징궈 서거 후, 사회대중은 정치적 영향력을 쟁취하기 위해 각종 정치
단체를 설립하였다. 집권당, 야당, 영리·비영리의 이익단체들은 모두 자
기 발전의 수요에 의거하여 사회운동과 정치운동을 벌이며 정치를 개혁
하고자 하였다. 이 가운데 1986년에 창립된 민주진보당(이하 민진당)의
기세가 가장 컸다.18)

---

15) 張玉法, 「民主政治的發展(1942-1992)」, 『臺灣近代史政治篇』, 628, 627쪽 ; 臺灣省政府新聞
　　處 編印, 「政治建設篇－臺灣政治民主化的發展」, 『臺灣省政府新聞處』, 2000, 28～29쪽.

16) 呂秀蓮, 『重審美麗島』, 著者發行, 1991.

17) 高棣民, 「企業家, 跨國公司與國家政權」, E.A.Winckler·S.Greenhalgh 編, 張苾蕪 編譯, 『臺
　　灣政治經濟學諸論辯析』, 252쪽.

18) 楊順泰, 「臺灣在解嚴後的政黨提名制度與選擧」, 『政治建設篇－臺灣政治民主化的發展』, 39

1988년 부총통 리등후이는 총통직과 국민당주석직을 계승한 후, 정치개혁을 가속화하기 위해 '동원감란시기(動員戡亂時期)'의 중지를 선포한 것 외에, 동원감란임시조관(動員戡亂臨時條款)과 인권을 위반하는 각종 법률을 폐지하였다. 또 각종 정치적 요구를 자유롭게 표명해도 법률적 제재를 받지 않게 하였다. 1990년 정부는 학계에 위탁하여 2·28사건 진상조사 위원회를 설치하고, 1992년 조사 보고를 완성하였으며, 1995년 2·28기념탑을 세웠다. 리등후이는 국가원수의 신분으로 피해자들에게 공개 사과하였다. 국가는 피해자 가족에 대한 보상과 명예회복 사무를 담당할 보상기금회를 세웠다.[19]

1991년 정부는 1945년 이전 대륙에서 선출된 입법위원, 국민대표 전원을 퇴직시키고 다시 선거를 실시하였다. 1994년 타이완성장과 행정원 직할 도시인 타이페이시, 가오슝시의 시장을 민선하였다.[20] 1996년 총통 역시 인민이 직접 선거하는 선거방식으로 바꾸었는데, 리등후이가 첫 번째 민선총통에 당선되었다(제9대 중화민국 총통). 2000년에는 민진당의 천수이벤이 제10대 중화민국 총통으로 당선되었는데, 그는 2004년에 연임되었다.

타이완의 빈번한 정치선거와 정치운동 중에서 강조할 필요가 있는 것은, 민중의 기억을 환기시키고 본성인의 동정을 얻어 선거에 승리하기 위해 2·28사건, 백색테러, 미려도사건 등을 반(反)국민당 단체가 도구로 항상 이용하고 있다는 점이다. 더 심한 것은 민진당이 1995년부터 선거활동 기간에 국민당으로부터 박해를 받은 역사적 비극을 반복적으로

쪽 ; 張玉法, 「民主政治的發展(1942-1992)」, 『臺灣近代史政治編』, 633~634쪽.

19) 賴澤涵 總主筆, 『2·28 事件硏究報告』, 時報文化企業股份有限公司, 1994 ; 李孝悌 編著, 『高級中學歷史』, 龍騰文化事業股份有限公司, 2003, 188쪽.

20) 張玉法, 「民主政治的發展(1942-1992)」, 『臺灣近代史政治篇』, 616~621쪽. (주 : 신주백) 대만 이름으로 院劃市란 행정 직할 도시를 가리키는데, 省과 동급으로 한국의 직할시와 광역자치단체에 해당된다고 볼 수 있다.

호소하고, '타이완의식 대 중국의식'이라는 국가정체성 문제를 공개적으로 거론하며 국민당에 대항하는 새로운 선거도구로 이용하고 있는 점이다. 2000년 민진당 지도자 천수이벤이 성공적으로 총통에 당선된 후, 에스닉 그룹(族群)의 분열과 국가정체성의 분기(分岐)는 정치인들의 조작을 통해 대립양상이 날로 심화되고 있다. 이러한 정치 현상은 리등후이와 천수이벤이 집권하는 동안 타이완 정치가 '타이완인 우선주의'와 '타이완 주체관념'으로 발전하는 추세이며, 일종의 타이완식 '민주화', '본토화(local)'라는 새로운 정치형태와 뒤섞여 성립하고 있음을 보여준다.21)

3. 타이완인의 '광복'에 대한 역사적 기억

1) 타이완 '광복절'의 역사적 유래

타이완과 대륙은 하나의 해협을 사이에 두고 있기 때문에, 대륙의 문화와 경제는 오랜 기간 동안 타이완에 영향을 주었다. 타이완은 1683년부터 1895년까지 대청제국의 판도에 편입된 중국의 일부분이었다. 1894~1895년 청조는 갑오전쟁(청일전쟁)에서 일본에 패배하여 타이완과 평후군도를 일본에 할양하였다. 이후 일본의 타이완총독부는 대만을 50년간 통치하며 모든 자원을 착취하기 위해 전제(專制)통치를 실시하였다.

타이완총독부는 통치 초기에 각지의 항일운동을 진압하기 위해 군대와 헌병, 경찰의 힘을 동원하여 무력으로 항일분자를 소탕하였다. 동시에 회유와 이용의 책략을 활용하여 타이완의 상류인사들을 포섭하는 한편, 청조의 보갑제도(保甲制度)를 계승하여 한인(漢人)사회를 많은 소단위로 나누었다. 모든 마을에는 보정(保正)과 갑장(甲長)을 설치하고 이들로

---

21) 賴素鈴, 「中華民國史專題討論會開幕總統致詞脫稿引發火線效應」, 『民生報』, 2003. 9. 25.

하여금 경찰에 협력하여 지방행정사무를 분담케 하였다. 지방정부는 경
찰과 보갑체계를 통해 민중의 생계상황을 이해하고 엄한 형벌로 사회치
안을 통제하였다. 타이완에서 일본경찰의 권력은 대단히 커서 타이완인
은 그들을 매우 무서워했으며, 보통 경찰을 '대인(大人)'이라 불렀다.22)

타이완총독부는 타이완을 일본의 농산품과 공업원료의 공급지이자 일
본상품과 자본의 수출지로 바꾸려는 경제정책을 실시하였다. 즉 타이완
총독부는 일본인들에게 이상적인 투자환경을 제공하기 위해 대만에서 교
통, 금융, 위생, 상수도, 전력 등 근대화와 도시화 건설을 적극 추진하였
다. 일본 자본가들이 타이완의 금융, 제당, 제뇌(製腦), 제차(製茶), 공
업, 광업, 항운업 등 중요산업을 독점할 수 있도록 일본 기업에 고액의
국고보조금, 인력지원, 행정편의를 제공하였다. 일본 기업이 각종 산업을
개발하고 경영하여 높은 이윤을 벌어들이고 자본을 축적하는 일에 협력
하였다. 타이완총독부는 일본 기업들이 타이완을 기지로 상품과 자본을
해외로 수출하고 약탈적 경제활동을 확대하도록 원조하였다.23)

타이완총독부는 식민지 재정과 일본 국력의 증강을 위해 아편, 식염,
장뇌, 연초, 주류, 석유 등 주요 물품에 대한 전매제도를 실시하여 풍부
한 전매세입으로 총독부의 행정비용을 충당하였다. 대중국무역에서는 고
관세율을 유지하는 조치를 통해 타이완의 대륙에 대한 무역활동을 방해
하여 타이완 경제가 일본 경제에 크게 의존하게끔 하였다.24)

타이완총독부는 황민화 교육을 추진하면서 타이완인과 대륙인의 전통
적 역사관계를 단절시키기 위해 타이완인에게 일본 정신을 주입하고 타
이완인을 천황에게 충성하며 일본을 보호하는 황민으로 만들려고 하였
다. 그러나 일시동인을 선전하는 동시에 일본제국주의를 중심으로 유리

---

22) 許介鱗, 「日據時期痛治定策」, 『臺灣近代史政治篇』, 255~262쪽.

23) 矢內原忠雄, 『帝國主義下の臺灣』, 岩波書店, 1929, 73~74, 79, 140~196쪽.

24) 周獻文, 『臺灣經濟史』, 臺灣開明書店, 1980, 586~587, 623-673쪽.

한 자원과 풍부한 이익을 독점하면서 일본인과 타이완인 사이를 차별대우하는 식민정책을 채택하였다.25)

1943년 12월 국민당정부의 장제스 위원장과 미국의 루즈벨트 대통령, 영국의 처칠 수상이 카이로에서 국제회의를 열고 공동으로 카이로선언을 발표하였다. 이 선언은 세 나라가 일본에 대항하여 전쟁을 진행하는 목적을 천명하였는데, 일본으로 하여금 태평양과 중국에서 탈취한 영토를 반환케 한다는 내용이었다. 즉 동북 4성,26) 타이완, 평후열도를 중화민국에 반환한다는 내용과 조선의 자유 독립을 보장한다는 것이었다.

이러한 국제적인 공통인식은 타이완의 미래 지위를 확정하였다. 바꿔 말하면 타이완이 일본식민지라는 현실적 상황 때문에 그것이 중화민국에 종속했다는 전통적인 역사적 관계가 바뀌지 않는다는 것이다.

일본은 국제사회의 공통된 인식에 의거하여 1945년 8월 15일 무조건 항복을 선언한 후 타이완 통치를 포기하였다. 같은 해 8월 27일, 장제스는 천이를 파견하여 타이완성 행정장관의 자격으로 타이완 통치를 전담케 하였다. 10월 24일 천이는 타이완에 도착하여 25일 타이페이에서 안도 키쿠요시(安藤利吉)27) 총독은 항복의식을 집전하고 당일을 타이완의 '광복절'로 결정하였다.28) 이것이 타이완 광복절의 역사적 유래이다.

---

25) 林えいだい, 『臺灣の大和魂』, 東方出版, 2000.

26) (주 : 신주백) 1949년 이전 명칭으로 하면 '만주'이고, 오늘날 중국의 행정구역으로 말하면 흑룡강성, 길림성, 요녕성 일대를 가리킨다.

27) (주 : 신주백) 1944년 12월 30일자로 임명된 타이완총독부의 제21대이자 마지막 총독이었다.

28) 陳三井, 「光復後的政治建設－政治政勢的演變」·簡笙簧, 「光復後的政治建設－行政區劃與演變」, 『臺灣近代史政治篇』, 368~369, 375, 398쪽.

2) 1945년 타이완인의 '광복'에 대한 반응

타이완인은 태평양전쟁 기간 동안 타이완총독부의 동원으로 일본제국
주의의 해외 군사침략에 협력하였다. 그러나 일본이 패전한 후 타이완인
은 돌연 하룻밤 사이에 일본국적을 잃고 전승국 중국 대륙의 동포가 되
어 다시 조국의 품으로 돌아갔다. 타이완인은 뜻밖의 신분변화에 대해
어떠한 반응을 보였을까. 아래에서는 타이완 광복 당시 몇몇 엘리트들의
역사적 기억을 사례로 사회대중의 심리적 정서를 설명해 보겠다.

· 1915년 타이페이 반치아오(板橋)출생, 일본 동북제국대학졸업,
  타이완 제1명문의 후예인 린헝다오(林衡道)의 회고.

어느 친일 인사의 가족인 모 여사는 일본이 항복하였다는 소식을
들은 후, 당장 소파 위에 엎드려 울면서 "일본은 아직 패하지 않았다.
나는 믿지 못 하겠다"라며 소리쳤다. 심지어 어떤 사람은 펄쩍 뛰면서
"일본은 아직 실패하지 않았다. 방송이 잘못되었을 것이다."라고 얘기
하였다. 이상은 모두 내가 직접 보고 들은 틀림없는 일이다. 그러나 타
이페이의 紳商들은 중국이 타이완인에게 보복하지 않을 것이라는 것을
안 후, 모두 얼굴에 희색이 만면하면서 이렇게 생각하였다. "이전에 일
본인들에게 아부하던 방법으로 다시 '중국인'에게 아부하면 된다." 紳
士들은 공동으로 타이페이에 기념아치(牌樓)를 세우고 그 위에는 "이
별 속에서 비를 맞는 처량한 풍경 속에 빨리 청천백일기를 보고 싶네
(喜離苦雨凄風景, 快睹靑天白日旗)"라는 對聯을 써 붙였다. 나는 그 글
귀가 인상이 깊어 아직까지 기억하고 있다. 타이페이의 남경서로에 있
는 天馬茶房도 당시 한 쌍의 對聯을 써 붙였는데 그 내용은 "천하는
본래 중국의 땅이니 곧 타이완인을 회복해 줄 것이네(天下本是中國土,
馬上恢復臺灣人)" 였다. 비록 문법은 통하지 않았지만 그 치기가 가상
해서 아직까지 기억한다.[29]

---

29) 陳三井·許雪姬 訪問, 『林衡道先生訪問紀錄』, 中央硏究院近代史硏究所, 1992, 71~72쪽.

　이를 통해 당시 일부 타이완인은 일본이 항복했다는 소식을 듣고, 어떤 이는 슬퍼하고 또 어떤 이는 금방 태도를 바꾸어 중국인에게 아부하였다는 것을 알 수 있다.

　· 1881년 타이중 우펑(臺中 霧峰) 출생, 중국 전통문화교육을 받은 타이완 중부의 명문가 린시엔탕(林獻堂)과 정치·사회 방면의 몇몇 지도급 인물들의 반응.

　1945년 10월 8일, 황차오친(黃朝琴)이 린시엔탕을 공회당(中山黨)의 쌍십절 기념식에 참석하도록 초청하였다. 린시엔탕도 장위원장(장제스)에게 한 통의 축전을 보내어 타이완인의 감사의 뜻을 전달할 준비를 하였다. 10월 10일 9시 밤, 린시엔탕은 타이페이 공회당에 도착하여 타이완에서 처음으로 열리는 쌍십절 국경일 경축행사에 참여하여 축사를 하였다. … 조국 관원들과 의사소통을 할 수 있는 능력을 기르기 위하여 그는 개인적으로 12월 2일부터 사람을 청해 국어30)를 배웠는데 매주 토·일 두 차례로 예정되어 있었다. 이는 그(린시엔탕)가 일제 시기 일어 사용을 거부한 것과 강렬한 대비를 이룬다. … 흥분의 날짜가 드디어 도래하였다. 1945년 10월 24일, 천이 행정장관이 도착하였다. 타이완 동포들은 남녀노소할 것 없이 모두 숭산(松山)비행장과 타이페이의 가도로 나가 그를 맞았다. 손에는 국기를 흔들고 열을 지어 환영하였다. 린시엔탕 역시 천신(陳炘), 뤄완처(羅萬車), 구전푸(辜振甫), 홍위엔황(洪元煌), 린지에탕(林階堂) 등 수십 명과 더불어 비행장으로 가서 천이 행정장관을 영접하였다. 그 후 린은 천신 등과 장관 집무실로 가 천이 장관을 방문하고 환영의 뜻을 전하였다. 1945년 10월 25일 오전 10시 타이페이 공회당에서 항복의식이 거행되어 린시엔탕은 초청을 받고 출석하였다. 오후 3시 타이완광복경축대회가 거행되었는데 그는 주석을 맡아 개회사를 하였다. 이날 臺灣行政長官公署가 정식으로 설립되고 이날을 타이완 광복절로 정하였다. 다음 날(10월 26일) 오전, 린

---

30) (주 : 신주백) 북경어를 말한다. 타이완의 중국어는 閩南語, 客家語이므로 타이완 사람들은 北京語를 구사하는 외성인과 대화가 원만하지 못하였다. 뿐만 아니라 전후 교육과정에서 북경어로 교육을 받은 후손들과 부모 및 조부모 세대 사이에 의사소통이 어려웠던 것도 대만의 특징이다.

시엔탕과 천신, 린청루(林呈祿), 린슝정(林熊徵)은 獅子樂隊를 이끌고
公署로 가 축하를 하였는데 거징언(葛敬恩) 비서장이 천이 장관을 대
신하여 경하를 받았다.31)

타이완 상류사회의 저명 인사였던 린시엔탕 등은 기쁜 마음으로 타이완
광복을 축하하였고 천이 행정장관의 타이완 도착과 일본 항복의식의 집
행을 열렬히 환영하였다. 또 북경어 학습에 열심이었던 상황도 엿보인다.

· 1928년 타이페이 반치아오의 중산층 가정에서 출생하여 대북고급
  사범학교를 졸업한 타이완사 연구자 왕스칭(王世慶)의 회고.

    대다수 사람들은 단지 "전쟁이 드디어 끝났으니 힘든 나날을 보내
지 않아도 되겠다"라는 생각만 했지 이른바 조국에 돌아왔다는 중국적
정서는 결코 없었다. 이런 정서를 가진 사람은 아마 대부분이 일제 시
기의 항일운동가들이었을 것이다.32)

이를 통해 타이완 광복 시기에 사회의 중하층 민중들은 고난스러운 생
활을 벗어난 것만 생각했고 조국, 곧 중국에 대한 인식이 크지 않았으며,
특별한 감정을 가진 사람 또한 아주 적었음을 알 수 있다. 그럼에도 왕
세경은 당시 타이완 사람들이 일본 통치에서 벗어나면 일본의 2등 국민
신분을 면하고 타이완인의 정치사회적 지위를 향상시킬 수 있다고 생각
했으므로 중국인의 타이완 진주를 아주 열렬히 환영했다고도 회고하였
다.33)

---

31) 黃富三, 『林獻堂傳』, 臺灣文獻管, 2004, 14~20, 133~134쪽.

32) 許雪姬 等 訪問, 『王世慶先生訪問紀錄』, 中央硏究員近代史硏究所, 2003. 3, 73~74쪽.

33) 朱德蘭 訪問, 『王世慶先生』, 臺北中央硏究院, 2005. 3. 10.

· 1906년 타이난(臺南)출생, 일본 동경의학전문학교 졸업, 직업 의사
인 우신룽(吳新榮; 吳夢鶴)의 서술.

> 10월 10일의 쌍십절은 타이완 광복 후 처음 맞는 국경일이었다. 吳
> 夢鶴은 각계에 호소하여 초등학교의 대운동장에서 경축의례를 거행하
> 였다. 참가자는 2천여 명으로 모두 난징의 中山陵을 향해 遙拜한 후,
> 거리에 나와 행진을 벌이고 마지막으로 군청 앞의 대광장에 집결하였
> 다. 吳夢鶴은 단상에서 대중을 지도하면서 큰 소리로 '大中華民國 萬
> 歲'라는 구호를 외쳤다. 그는 대중의 반응을 들으면서 감격을 이기지
> 못해 눈물을 흘렸다.34)

위의 서술은 타이완의 남부 민중 역시 북부 민중과 마찬가지로 기쁜
심정으로 중국인을 맞았고 공동으로 중화민국의 건국기념일을 경축했음
을 보여준다.

3) 광복 초기 타이완인 폭행에 대한 반항—2·28사건의 발발

약 30여 만명의 타이완인이 중국인의 타이완 접수 경축의식에 참여한
지 얼마 되지 않아 이러한 흥분은 아주 빠르게 실망으로 바뀌어 갔다.
그 원인을 찾아보면, 타이완인은 처음에 국군이 황군35)을 격퇴했으니 군
기나 군대의 규모 역시 일본보다 더욱 좋고 성대할 것이라고 생각하였
다. 그러나 사람들이 믿기 어렵게도 그들이 실제로 본 국군은 모두 각자
등에 쌀자루를 매고 종이우산을 들고, 혹은 멜대와 솥을 매고 짚신(草
鞋)을 신은 모습이었다. 국민당 군대는 사람들에게 복장불량에다 매우
좋지 않은 인상을 남겼다. 이러한 군대가 황군을 격퇴했다니 타이완인은

---

34) 吳新榮, 『王世慶先生訪問紀錄』, 中央研究院近代史研究所, 2003, 71쪽.

35) (주 : 신주백) 일본군을 가리킨다.

엄청난 충격을 받았다.36)

　사실 천이가 통솔하여 타이완으로 온 중국부대는 대부분 군사훈련을 받아본 적이 없는 비정규군으로 사병들의 수준 역시 일정하지 않았고 품행도 불량했으며 군기 역시 떨어진 상태였다. 당시 군인들은 물건을 사면서 돈을 내지도 않았고 주인이 지불을 요구하면 오히려 폭행까지 하였다. 군인에 의한 약탈, 절도, 강간, 사기 사건들이 수시로 발생하였다. 이러한 행위는 타이완인의 큰 반발을 샀으며 시간이 지남에 따라 신정부를 멸시하고 혐오하는 정서를 불러일으켰다.37)

　중국은 8년간의 힘든 항일전쟁을 겪으면서 경제적으로 극히 곤란한 상황에 처해 있었으므로 타이완에 비해 훨씬 낙후되어 있었다. 게다가 국민당과 공산당 간에 대규모 내전이 발발하면서 그 여파가 타이완에 미쳐 물가가 계속 상승하는 요인이 되었다. 타이완인의 생활은 더욱 어려워졌고 사회의 구석구석에서 실망과 원망의 목소리가 높아갔다.

　1947년 초 천이는 대륙에서 금융위기가 발생하자 타이완이 여기에 말려들지 않게 하기 위해 긴급조치를 반포하고 경제 통제를 실시하여 금융과 무역을 통제하였다. 그러나 전후 타이완 경제의 위축과 세수의 감소, 경찰력의 부족, 관원들의 탐학과 부패 등으로 통제가 효력을 잃은 가운데 인플레이션이 시작되었다. 상인들은 상품을 매점매석하고 지주들은 양식을 매점매석하였으며, 정부는 공무원들의 봉급을 지급하지 못했고, 민중의 생활은 더욱더 곤궁해졌다. 광복 초기 타이완 사회는 아직 타이완인(본성인)과 대륙인(외성인) 사이에 언어장벽이 존재하여 오해가 발생하기도 쉬웠다. 많은 대륙인들의 지식 수준이 낮았는데도 불구하고, 정부기구의 고위직을 담당한 데 비해 타이완의 지식인 청년들은 상대적으

---

36) 許雪姬 等 訪問, 『王世慶先生訪問紀錄』, 71쪽.

37) 許雪姬 等 訪問, 『王世慶先生訪問紀錄』, 71~72쪽 ; 張守眞 訪問, 『葉石濤先生訪問紀錄』, 高雄矢文獻委員會, 2002, 99, 101쪽 ; 嚴演存, 『早年之臺灣』, 時報文化, 1989, 37쪽 ; 黃富三, 『林獻堂傳』, 133, 161~162쪽.

로 좋은 직위를 차지하기 힘든 불공평한 현상이 나타나기도 하였다.38)

1947년 2월 27일, 타이완성 전매국 산하 타이페이 지국의 경찰은 타이페이시 태평정(太平町, 현재 延平北路)에서 밀매를 단속하던 중 린지앙마이(林江邁)라는 여성이 밀수담배를 판매하는 행위를 적발하였다. 린은 통사정하였으나 경찰은 듣지 않았을 뿐만 아니라 폭력을 가해 린의 두부(頭部)를 파열시켰다. 도로 주위에서 이를 보고 있던 사람들이 일어났기 때문에 경찰과 민중의 충돌이 발생하였고, 행인 천원시(陳文溪)가 경찰의 총에 맞아 사망하였다. 2월 28일 오전, 정부의 행위에 불만을 가진 민중이 파업, 수업거부, 전매국을 공격하였고 행정장관공서(公署)에 항의하였다. 행정장관공서 앞의 경찰은 즉각 기관총을 난사하였고, 수십 명의 사람들이 죽거나 다치는 비극이 발생하였다. 이를 계기로 타이페이 전 시가지가 소동에 휩싸이게 되었다.

관방과 민중의 충돌사건은 곧바로 타이완성 각지로 확산되어, 군중심리는 통제를 잃었고 집단적으로 정부기관과 경찰서를 공격하거나 외성인을 구타하는 사건이 일어났다. 천이 정부는 이 문제에 대해서 타당한 처리를 하지 못하고 오히려 신속하게 군대와 헌병, 경찰을 파견하여 저항자들을 총격으로 진압하였다. 또 동란이 평정된 이후에 대규모의 조사, 수색과 체포를 통해 반란용의자를 색출했는데 정부의 숙청행위로 인해 수많은 무고한 민중이 연루되었고, 허다한 본성인과 지식인이 체포·처결되었다. 2·28사건은 이후 타이완 성적(省籍, 본성인-외성인) 간의 융합문제, 국민당 정권의 안정적인 발전과 지속적 집권에 아주 큰 부담으로 작용하였다.39)

---

38) 嚴演存, 『早年之臺灣』, 36~37, 44쪽 ; 張守眞 訪問, 『葉石濤先生訪問紀錄』, 88~89쪽 ; 吳濁流, 『無花果』, 前衛出版社, 1990, 202, 209~210쪽.

39) 『國中社會敎師手策』 1上, 康軒文敎事業, 2002, 82쪽.

4. 타이완 광복절과 역사교과서

1) 광복절 대 종전기념일

원래 경축일을 기념하는 행위는 민중의 공통된 역사기억을 강화하기 위한 작업이다. 그러나 타이완의 특수한 역사적 환경과 정치가 주도한 역사교육의 결과, 광복절은 장제스·장징궈·리덩후이·천수이벤의 집권 시기에 따라 각각 서로 다른 역사적 의의를 나타내게 되었다.

먼저 1948~1975년 장제스 집권시대의 광복절 기념일을 보자. 정부는 매년 10월 25일을 국정휴일로 정하고 당일 각 뉴스와 매스컴은 총통의 「전국동포에게 고하는 글(告全國同胞書)」, 전국 동포들에 보내는 「訓化」, 타이완성 주석의 치사 등을 보도하였다. 관변의 문장은 주로 다음과 같은 점을 강조하였다.

> 타이완 광복은 정부의 장기간에 걸친 항일전쟁의 결과이다. 맞은 편 대륙은 중화민국의 영토이다. 대륙을 수복하는 것은 정부의 책임이며 정부의 시정방침은 타이완을 동아시아의 반공과 항소(抗蘇)의 보루이자 삼민주의(민족, 민권, 민생)를 실천하는 모범적인 성(省), 중국 자유 민주의 기지로 만드는 것이다. 반공복국의 대업을 완성하고 '공비'를 소멸시키기 위해 전국 동포는 반드시 대륙광복에 공헌할 수 있는 역량이 되도록 노력을 해야 한다.[40]

1975년부터 1988년 사이의 장징궈 집권 시기에 있었던 광복절 기념일에도 각 신문과 매체들이 장징궈의 전국동포에 대한 「강화」를 내보냈는데 주요 내용은 다음과 같다.

---

40) 「紀念臺灣光復六周年」(中央社 訊), 『聯合報』, 1951. 10. 25 ; 「省主席周至柔致詞說明光復意義」(聯合報 訊), 『聯合報』, 1960. 10. 26 ; 「認淸使命繼續努力」, 『聯合報』, 1963. 10. 25.

중화민국의 대일항전 승리 덕분에 타이완 동포는 대륙의 품으로 돌
아와 자유, 평등, 안거낙업(安居樂業)의 생활을 향유할 수 있게 되었다.
그러나 세계에서 공산주의가 있는 지방은 이처럼 태평안락한 날이 있
을 수 없다. 때문에는 우리는 반드시 '중공비적'을 소멸해야 하고, 이를
통해서만 비로소 모든 이들의 평화롭고 안정된 생활을 지킬 수 있고
국가의 통일과 평화를 보위할 수 있다.

1988년부터 2000년까지 리덩후이 집권 시기의 광복절 기념일에 정부
는, 전국 동포들의 자강불식(自强不息)의 정신을 견지하고 대륙국토를
광복하기 위한 진취적 기상을 품도록 강조하고, 민중들에게 곤경을 타파
하고 일치단결하여 타이완을 평화로운 곳으로 만들자고 호소하였다.41)
그러나 리덩후이 총통은 타이완이 창조한 경제 번영, 정치 민주화, 사회
개방의 풍부한 성과가 국제사회로부터 긍정적 평가를 얻는 일을 비교적
중시하였다. 그는 이것이 패배를 인정하지 않고 고난을 두려워하지 않은
타이완인의 '타이완정신'이 있었기 때문에 가능했으며, 오로지 이와 같은
타이완정신을 계속 모아야만 타이완 경제는 비로소 명확한 청사진을 가
질 수 있으며 타이완은 더욱 아름다운 미래를 창조할 수 있다고 보았
다.42)

이처럼 장제스·장징궈·리덩후이 세 명의 국가 지도자에게 있어 광복
절의 의미는 달랐다. 다시 말해, 광복절 기념일은 중공비적을 소멸하고
대륙광복(光復大陸)의 정치적 기대로부터 반공복국(反攻復國)의 정치적
환상을 버리고 타이완인이 경영하는 타이완 통치라는 현상을 중시하는
방향으로 변해갔다.

2000년 이후 천수이벤 집권 시기에 들어 천총통은 리덩후이의 타이완

---

41) 「總統光復節勗勉國人堅持自强不息矢志重光大陸國土」·「大家努力建設臺灣重建大陸藍本」,
　　『聯合報』, 1980. 10. 25.

42) 「李總統光復節曇華肯定國人努力成果」, 『民生報』, 1998. 10. 25.

인정신이란 정치이념을 계승하여 타이완인은 이 정신을 발휘하여 자신감을 가지고 다시 한번 경제적 번영, 자유와 민주를 창조하여 세계로 나아가야 한다고 강조하였다. 그는 '타이완 주체'의 국가의식을 견지하면서 중국이라는 이름을 사용하지 않았다. 그 의도가 타이완과 중국 대륙의 역사적 연계를 끊는 데 있다는 것은 쉽게 알 수 있다.43)

광복절 경축행사는 지도자의 집권 시기마다 서로 달랐다. 예를 들어 장제스, 장징궈 시대에는 매년 광복절 기념일을 맞을 때마다 타이완 곳곳에서 펄럭이는 국기를 볼 수 있었고 각지의 정부기구는 운동대회, 체육시범종목, 웅변대회, 영화감상, 연극공연, 집단결혼, 대륙 및 해외화교에 대한 정치적 방송 송출, 야간 불꽃놀이 등 각양각색의 변화하고 성대한 행사를 진행하였다.44) 리덩후이 시대에 들어 경축행사는 갈수록 간소화되었다. 그 중 민진당이 집권한 지방의 몇몇 현과 시에서는 '종전기념일'로 광복절의 기념행사를 대체하였다.

민진당이 종전기념일이란 명칭을 사용하는 이유는 민진당 주석을 역임한 린이슝(林義雄)의 다음과 같은 발언에서 그들의 역사인식을 이해할 수 있다.

> 10월 25일은 타이완인에게 일본의 식민통치가 끝나고 다시 한번 국민당 외래정권의 통치가 시작된 날 일 뿐이므로 기념할 만한 가치가 없다. 그러나 국민당은 여전히 그 慣用的인 역사해석으로 이른바 '타이완 광복절'을 기념하고 있다. 중공 총리 리펑(李鵬) 역시 '타이완 광복 50주년'기념 담화에서 '타이완이 조국에 돌아 온 지 이미 50년이 되었다', '중국 인민은 절대로 타이완이 다시 중국의 판도로부터 분리되어 나가는 것을 용인하지 않을 것이다'라고 말하였다. 민진당은 절대로 '조국 복귀', '타이완 광복'이란 명의의 타이완 광복절을 절대 인정할

---

43) 紀文禮, 「陳總統盼以臺灣精神走出去」, 『聯合報』, 2000. 10. 25.

44) 「省垣各界籌備慶祝聯合國日及光復節」, 『聯合報』, 1951. 10. 20 ; 「慶祝光復節北市訂辦法」, 『聯合報』, 1959. 10. 20.

수 없다. 민진당은 기념할 가치가 없는 광복절을 없애고 입법을 통해 국가의 영토 확정짓기를 주장한다.45)

천수이벤의 '종전'이란 명사에 대한 시각은 다음과 같다.

> '종전'은 세계 각국에 보편적으로 존재하는 중립적 명칭이지 결코 일본의 용어가 아니다. … 어떤 사람은 '광복 50주년'이라는 용어에 이의가 있고, 어떤 사람은 '항전승리'라는 용어에 이의가 있다. '종전'이라는 두 글자에 대한 이의 역시 사회다원화를 반영한 현상일 뿐이며, 어떠한 의견도 모두 당연히 존중되어야 한다.46)

우리는 민진당 지도자의 역사적 견해 속에서 그들이 일본이 타이완을 식민화했던 사실은 인정하지만 중화민국의 타이완 통치에 대한 정당성은 부정하는 것을 알 수 있다. 민진당의 종전기념일이라는 관점에 대해 국민당이 집권하고 있는 지방정부는 여전히 장씨 집권 시대의 방식을 계승하여 중화민국 국기를 걸고 정식 기념행사를 거행하고 타이완 광복 당시의 역사 사진 전람회 및 강연회 등의 경축활동을 벌이고 있다.47)

정치적인 요인으로 탄생한 기념일은 항상 정치적 작용으로 인해 역사 속으로 사라졌다. 2001년 천수이벤 총통은 과거 국민당 집권 시기의 정치적 기념일, 즉 혁명선열기념일(3·29), 광복절(10·25), 선총통 장제스 탄신기념일(10·31), 국부 손중산 탄신기념일(11·12), 제헌절(12·25) 등의 국정 휴일을 전부 폐지하였다. 오직 평화기념일(2·28)만이 예외여서 전국적으로 1일 휴가를 갖는 것으로 규정하였다.48)

---

45) 陸倚瑤, 「民進黨主張取消"臺灣光復節"」, 『聯合報』, 1995. 10. 26.

46) 牛慶福·董智森·詹三源, 「終戰振出 北市起爭議」, 『聯合報』, 1995. 10. 25.

47) 陳素玲, 「政治性節日恐難在有淸靜」, 『聯合報』, 1995. 10. 27 ; 蔡惠萍, 「光復節當終戰日 小馬哥不以爲然」, 『聯合報』, 2001. 10. 26.

48) 蕭旭岑, 「試院通過公務人員明年起周休二日」, 『聯合報』, 2000. 9. 29.

2) 역사교과서

타이완 사회의 민주화, 본토화, 국가 정체성 등 정치적 이데올로기의 영향으로 인해 정치인과 정치단체들은 선거운동과 광복절(종전기념일)에 각자의 정치적 신념, 정치표현방식 뿐만 아니라 역사교과서에 대해서도 다원적인 관점을 보여주고 있다.

타이완의 역사교과서는 전후(前後)부터 2003년까지 단지 교육부가 편찬한 통일된 내용, 즉 정중서국(正中書局) 출판의 단 한 종류만 있었다. 그 안에서 타이완사는 일관되게 중국사에 속하는 일부분으로 서술되었다. 그러나 2000년 민진당이 집권한 이후 교육부는 타이완 민주정치의 환경변화(그리고 아마도 일본의 교과서 편찬방식을 모방하여)에 보조를 맞추기 위해, 민간출판사들이 전문학자들을 초빙하여 자유롭게 교과서를 편찬한 후 각 학교가 교육부의 검정을 통과한 교과서를 자유롭게 선택할 수 있도록 하였다.

2003년 교육부가 검정한 삼민서국(三民書局), 건굉출판사(建宏出版社), 용등문화공사(龍騰文化公司), 강희도서공사(康熙圖書公司), 남일서국(南一書局) 등 5개 민간출판사에서 출판한 고등학교 역사교과서를 예로 들면, 일본 식민시대와 국민당 통치기에 대한 각 편저자들의 역사 관점이 달랐다. 이에 따라 아래와 같이 서로 다른 서술내용과 역사적 평가가 나타났다.[49]

첫째, 일본 통치 초기 타이완총독부가 무력으로 타이완인의 항일운동을 진압한 역사를 비교적 상세하게 설명한 것은 강희도서공사의 교과서이다. 한인(漢人)의 항일운동에 따른 사망자 수를 기준으로 비교하면 강

---

49) 교육부가 검정한 민간교과서 출판사는 6곳이지만 필자는 正中書局의 교과서를 입수하지 못했으므로 비교에 포함시키지 않았다.

희도서공사의 교과서는 1만여 명으로 통계를 냈고, 남일서국의 교과서는 4천명, 건굉출판사의 교과서는 2만여 명, 삼민서국과 용등출판사의 교과서는 통계가 없다.

둘째, 1930년 일본군이 진압한 원주민의 우스(霧社)사건50)은 타이완 원주민의 가장 대표적인 항일운동이다. 이 사건을 기록한 출판사는 강희도서공사, 삼민서국, 남일서국이고 건굉출판사와 용등문화공사는 교과서에 이를 기록하지 않았다.

셋째, 타이완총독부가 '위안부'를 징집하여 일본군의 성적 도구로 삼은 것에 대해서는 건굉출판사의 교과서만 17자로 간략히 기술하였다.

넷째, 타이완총독부가 타이완에서 '현대화' 건설에 힘을 쏟았으므로 타이완에 공헌이 있다고 하여 비교적 긍정적으로 평가한 교과서는 남일서국의 책이다. '현대화' 건설은 타이완의 자원을 착취하기 위한 것이라고 비교적 부정적인 평가를 내린 교과서는 건굉출판사와 강희도서출판사의 책이다. 긍정과 부정적인 면에 대한 평가가 평형을 이루어 이를 모두 기술한 교과서는 삼민서국과 용등문화공사의 책이다.

다섯째, 일본의 중국침략전쟁과 태평양전쟁 발발행위에 대해서는 남일서국 교과서의 설명이 가장 간단하고 삼민서국 교과서의 서술이 비교적 상세하다.

여섯째, 장제스의 통치업적에 관해서는 거의 모든 출판사들의 교과서에서 긍정적인 평가를 내리지 않는다. 그러나 1947년 타이완인이 국민당정부에 반대하여 일으킨 2·28사건에 관해서는 모든 출판사들이 사건

---

50) (주 : 신주백) 霧社事件이란 1930년 10월 馬赫坡社에서 6社 원주민과 일본 경찰, 군대 사이에 일어난 충돌사건과 이듬해 4월의 제2차 사건을 말한다. 즉 10월 7일 마혁파사에 근무하는 일본경찰과 부근 6사의 원주민 총두목의 아들 사이에 사소한 다툼이 일어났고, 10월 27일 보복을 두려워한 원주민들이 일본인을 먼저 습격하여 132명을 살해하고 215명을 다치게 하였다. 일본은 이에 대한 보복으로 1,400여 명의 원주민 가운데 900여 명을 살해하였다. 이듬 해 4월 25일 일본의 사주를 받은 친일 성향의 원주민들이 6사 원주민을 습격하여 다시 200여 명을 살해한 제2차 사건이 일어났다. 이 사건으로 이시쓰카 엔조우 타이완총독이 물러났고, 일본은 원주민대책을 재검토하였다.

의 원인과 결과에 대해 매우 상세한 서술과 부정적인 평가를 하고 있다.51)

1947년 타이완의 관과 민이 충돌한 2·28유혈사건은 전후부터 지금까지 타이완 사회의 화합과 정권교체에 큰 영향을 미친 중요한 사건인만큼 여기서 두 종류의 교과서를 인용하여 독자의 이해를 돕고자 한다.

·리샤오티(李孝悌) 편저, 『高級中學歷史』

> 민국34년(1945), 제2차 세계대전이 끝나고 일본이 패배하면서 타이완은 다시 중국의 통치로 돌아갔다. 중국 대륙을 수십 년 동안 통치하였던 국민당이 처음으로 타이완을 통치할 기회를 얻게 되었지만 불행하게도 민국36년(1947) 이후 역사에 큰 영향을 남긴 '2·28사건'이 발생하였다. … 타이완 광복 초기 타이완인은 조국의 군대와 관원의 진주를 열렬히 환영하였다. 타이페이 가두에는 도처에 환영을 나타내는 기념 가건물이 세워졌고 꾕과리와 북소리가 울러 퍼지면서 '50년의 황민화운동이 하루 만에 물거품이 되었다.' 지식인들은 다투어 새로운 국어를 배우기 시작하였고 이전의 국어(일본어)를 대체하였으며 조국의 통치하에서 새로운 삶이 전개되기를 기대하였다.
>
> 그러나 이러한 기쁨과 기대는 아주 빨리 사라졌다. 크나큰 권한을 쥐고 있던 천이는 타이완 접수과정에서 외성인들로 고급관료를 충당하였으므로 타이완 현지인들은 하층에 머물 수밖에 없었다. 또한 새로온 외성관료들의 수준 편차가 커서 부패상황이 보편화되었다. 타이완인은 다시 한번 외부인으로부터 멸시를 당하는 느낌을 받게 되었다. … 당시 유행하던 민요 한 수를 언급하면 다음과 같다. '타이완 광복은 정말 손해 보는 장사로세, 굶어죽은 동포는 한 무더기요, 물가는 하루하루 뛰고, 아산(阿山 대륙인)은 하루하루 살이 찌네.' 일본 통치하에서 원래 기율이 엄하던 타이완섬은 중국 장병과 경찰의 무능하고 부패한 통치하에서 사회 전체가 통제 불능 상태에 빠지게 되었다. 전염병

---

51) 李孝悌 編著, 『高級中學歷史』, 龍騰文化事業股份有限公司, 2003 ; 許雪姬·劉妮玲 編著, 『高級中學歷史(教師用)』, 三民書局, 2001 ; 林能士 主編, 『高級中學歷史教科書』, 南一書局, 2005 ; 陳豊祥·林麗月 編著, 『高級中學歷史(下)』, 建宏出版社, 2004 ; 王仲孚 主編, 『高級中學歷史教科書』, 康熙圖書網路股份有限公司, 2004.

격리제도가 없어지면서 오래 전에 자취를 감췄던 콜레라가 다시 유행하게 되었다.

　이러한 상황에서 작은 밀거래 담배 단속 행위가 섬 전체를 뒤흔든 동란으로 번진 것은 결코 우연이 아니었다. ‘2·28사건’은 타이완 현지인 엘리트들에게 잔혹한 탄압을 안겨주었을 뿐만 아니라 현지인들에게 국민당에 대한 증오를 마음 깊이 새겨 놓았다. 소수의 통치 계층이 간단하게 외성인 전체와 동일시되면서 이후의 에스닉 그룹 간의 대립, 출신지역별 모순의 화근을 키우게 되었다.52)

· 쉬쉬에지(許雪姬)·류니링(劉妮姈) 편저, 『高級中學歷史(敎師用)』

　민국34년(1945) 8월 14일, 일본은 무조건항복을 선포하였다. … 타이완인은 조국이 승전국이자 세계 5대강국 중의 하나이므로 타이완인에게 자유와 평등을 가져다주어 50년 동안 일본의 2등 국민이었던 설움을 씻어줄 것으로 생각하였다. 당시 ‘타이완은 오늘 태평을 노래하니 간단한 도시락이라도 싸 나가 군왕의 군대를 맞으세(臺灣今日慶昇平 … 簞食壺漿迎王師)’라는 노래가 유행했다는 사실은 타이완인의 조국에 대한 깊은 정을 잘 보여준다.

　10월 25일 타이완성 행정장관 천이가 타이페이 중산당에서 일본의 항복을 받음으로써 역사상 타이완은 두 번째로 중국 대륙과 같은 정권에 속하게 되었다. 중국인에게 타이완의 광복은 항전 승리의 상징이 되기에 충분하였다. … 민국36년(1947) 2월 27일 이후 밀수를 단속하는 경찰이 소총 개머리판으로 밀수담배를 팔던 중년의 담배상인 린지앙마이(林江邁)의 턱을 가격한 행위가 대중들의 공분을 일으켰다. 이것이 2·28사건의 도화선이었다. 사회가 이미 불안정한 기미를 보이고 있었으므로 경찰이 천원시(陳文溪)를 잘못 살해하면서 걷잡을 수 없을 정도로 번져나갔다. 3월 8일 저녁, 국군 21사단은 지롱(基隆)에 상륙하여 계속 진압행위를 벌였다. … 2·28학살로 인해 타이완인의 정부에 대한 민심은 점점 멀어졌고, 정치에 대한 관심 역시 차갑게 식어갔다.53)

---

52) 李孝悌 編著, 『高級中學歷史』, 186~188쪽.

53) 許雪姬·劉妮玲 編著, 『高級中學歷史(敎師用)』, 172~176쪽.

역사교과서의 2·28사건에 대한 상세한 기록은 사건의 피해자와 가족들에게 응당 돌아가야 할 명예회복을 의미한다. 그러나 이와는 대조적으로 일본제국주의가 사기와 강압적인 수단을 사용하여 타이완의 빈곤한 여인들을 일본군 '위안부'(군인 창기)로 징집한 역사는 아무리 그 소식이 국내외 매스컴에 자주 오르내리고 사회대중의 관심을 모아도, 타이완 역사교과서의 편저자들은 여전히 이 역사적 사실을 정면에서 바로보지 않고 있다. 이러한 타이완인이 타이완 '위안부'를 위해 정의를 주장하지 않고 역사의 진상을 파헤치지 않으려는 태도는 타이완인의 주체적 역사관이 아직까지 많은 부분 개선될 필요가 있다는 것을 보여준다.

5. 맺음말

이상 본문의 내용을 정리하면 다음과 같다.

첫째, 전후 타이완의 신속한 경제발전, 현대화, 부유화는 권위주의적인 정치구조를 민주정치, 타이완 우선의식, 타이완인 주체의식의 형태로 변화시켰다.

둘째, 타이완에서 빈번한 정치적 선거활동 중에 집권당(민진당)은 계속적인 승리를 위해 인구비율이 대다수를 차지하는 본성인(閩南系 타이완인)을 대상으로 끊임없이 2·28사건, 미려도사건의 정치적 비극을 경선구호로 삼아 대중의 동정과 지지를 얻어 왔다. 근년에는 더 나아가 '타이완인 주체의식으로 대륙인 주체의식에 대항하자'라는 방식, '타이완인은 타이완 사람을 뽑자', '타이완인이 타이완인을 통치한다'라는 정치적 구호를 사용하여 타이완의 에스닉 그룹을 분열시키고 있다.

셋째, 타이완 우선주의를 주장한 리덩후이 총통을 기점으로 천수이볜이 집권한 시기까지, 정부는 타이완과 중국 대륙의 전통적 역사관계를 단절시키기 위해 광복절을 국정휴일에서 제외시켜 타이완인의 광복에 대한 역사적 기억을 주동적으로 없애고 있다. 또 타이완인으로 하여금 타이완 본토 문화를 중시하도록 하기 위해 민간에 역사교과서 출판을 개방하여 각 교과서로 하여금 다양한 각도에서 역사해석을 드러내도록 하고 있다.

넷째, 각기 다른 판본의 역사교과서는 원래 사회의 다원적 발전과 정치적 자유민주를 보여주는 진보적 현상이다. 그러나 타이완 역사의 발전 과정은 상당히 특수하여 민주교육이 아직 성숙한 수준에 도달하지 못한 상태에서 직접 서방국가의 민주적 교육모델을 도입한 결과, 역사학자와 교사들로 하여금 각 개인의 정치신념과 역사지식에 근거하여 역사를 해독하게 하고, 최종적으로는 학생들로 하여금 서로 다른 교사의 서로 다른 역사적 평가를 배우게 하고 있다.

참고문헌

『國中社會敎師手策』1上, 康軒文敎事業, 2002

「總統光復節勗勉國人堅持自强不息矢志重光大陸國土」·「大家努力建設臺灣重建大陸藍本」,『聯合報』, 1980. 10. 25

「慶祝光復節北市訂辦法」,『聯合報』, 1959. 10. 20

「紀念臺灣光復六周年」(中央社 訊),『聯合報』, 1951. 10. 25

「李總統光復節曇華肯定國人努力成果」,『民生報』, 1998. 10. 25

「省垣各界籌備慶祝聯合國日及光復節」,『聯合報』, 1951. 10. 20

「省主席周至柔致詞說明光復意義」(聯合報 訊),『聯合報』, 1960. 10. 26

「認淸使命繼續努力」,『聯合報』, 1963. 10. 25

Asian Survey,「抗拒改變的政權」,『外國人看臺灣政治』, 洞察出版社, 1986

Ralgh lough, 呂亞力芯 譯,「山窮水盡疑無路－臺灣擴展國際接觸」, 高立夫 等著,『外國人看臺灣政治』, 洞察出版社, 1986

高棣敏,「企業家·跨國公司與國家呈券」, E.A.Winckler·S.Greenhalgh 編, 張芯蕪 編譯,『臺灣政治經濟學諸論辯析』, 人間出版社, 1997

紀文禮,「陳總統盼以臺灣精神走出去」,『聯合報』, 2000. 10. 25

臺灣省政府新聞處 編印,『政治建設篇－臺灣政治民主化的發展』, 臺灣省政府新聞處, 2000

賴素鈴,「中華民國史專題討論會開幕總統致詞脫稿引發火線效應」,『民生報』, 2003. 9. 25

賴澤涵 總主筆,『2·28 事件硏究報告』, 時報文化企業股份有限公司, 1994

劉進慶,『臺灣戰後經濟分析』, 人間出版社, 1995

李孝悌 編著,『高級中學歷史』, 龍騰文化事業股份有限公司, 2003

林えいだい,『臺灣の大和魂』, 東方出版, 2000

史全生 主編, 『臺萬經濟發展的歷史與現狀』, 東南大學出版社, 1992

蕭旭岑, 「試院通過公務人員明年起周休二日」, 『聯合報』, 2000. 9. 29

矢內原忠雄, 『帝國主義下の臺灣』, 岩波書店, 1929

楊順泰, 「臺灣在解嚴後的政黨提名制度與選舉」, 臺灣省政府新聞處 編印, 『政治建設篇－臺灣政治民主化的發展』, 臺灣省政府新聞處, 2000

嚴演存, 『早年之臺灣』, 時報文化, 1989

呂秀蓮, 『重審美麗島』, 著者發行, 1991

吳新榮, 『王世慶先生訪問紀錄』, 中央研究院近代史研究所, 2003

吳濁流, 『無花果』, 前衛出版社, 1990

王仲孚 主編, 『高級中學歷史教科書』, 康熙圖書網路股份有限公司, 2004

牛慶福・董智森・詹三源, 「終戰振出 北市起爭議」, 『聯合報』, 1995. 10. 25

袁穎生, 『光復戰後的臺灣經濟』, 聯經出版社, 1998

陸倩瑤, 「民進黨主張取消"臺灣光復節"」, 『聯合報』, 1995. 10. 26

林能士 主編, 『高級中學歷史教科書』, 南一書局, 2005

張守眞 訪問, 『葉石濤先生訪問紀錄』, 高雄矢文獻委員會, 2002

張玉法, 「民主政治的發展(1942-1992)」, 『臺灣近代史政治篇』, 臺灣省文獻委員會, 1995

朱德蘭 訪問, 『王世慶先生』, 臺北中央研究院, 2005. 3. 10

朱德蘭, 『崔小萍事件』, 臺灣省文獻委員會, 2001

周濟, 「1980年代以來的總體經濟表現」, 施建生 主編, 『1980年代以來臺萬經濟發展經驗』, 中和經濟研究院, 1999

周獻文, 『臺灣經濟史』, 臺灣開明書店, 1980

陳三井・許雪姬 訪問, 『林衡道先生訪問紀錄』, 中央研究院近代史研究所, 1992

陳素玲, 「政治性節日恐難在有清靜」, 『聯合報』, 1995. 10. 27

陳井三, 「光復後的建設－政治政勢的沿變」, 『臺灣近代史政治篇』, 臺灣省文獻委員會, 1995

陳豊祥・林麗月 編著, 『高級中學歷史(下)』, 建宏出版社, 2004

蔡惠萍, 「光復節當終戰日 小馬哥不以爲然」, 『聯合報』, 2001. 10. 26

許介鱗, 「日據時期痛治定策」, 『臺灣近代史政治篇』, 臺灣省文獻委員會, 1995

許雪姬 等 訪問, 『王世慶先生訪問紀錄』, 中央研究員近代史研究所, 2003. 3

許雪姬・劉妮玲 編著, 『高級中學歷史(敎師用)』, 三民書局, 2001

黃富三, 『林獻堂傳』, 臺灣文獻管, 2004

〔보론〕 중국, 두개의 승전기념일과 8·15의 공식화

1. 머리말

중국에서 항일전쟁 승리를 기념하는 공식 기념일은 9월 3일이다. 이날은 공휴일이다.

그런데 한국과 일본 사람들로서는 언뜻 보아도 왜 9월 3일인지 쉽게 납득할 수 없을 것이다. 중국이 9월 3일을 항일전쟁승리기념일로 한 것은 소련이 이날을 대일승전기념일로 결정했던 데서 연유한다. 중화인민공화국은 1949년 12월 23일 「전국연절(年節)급(及)기념일방가(放暇)변법」을 통해 8월 15일을 기념일로 결정했지만, 모택동의 지시에 따라 1951년 8월 13일자 고시를 통해 앞으로 항일전쟁승리기념일을 9월 3일로 하겠다고 밝혔다.[1]

---

[1] 佐藤卓己, 『8月15日の神話－終戰記念日のメデイア學』, 筑摩書房, 2005, 91~92쪽.

하지만 엄밀히 말하면 중국에서도 9월 3일이 아니라 9월 2일이어야 한다. 왜냐하면 1945년 9월 2일이 미국 미주리함에서 미국·소련·영국·중국 등 9개국과 일본 측 대표가 만나 항복조인식을 한 날이기 때문이다. 물론 여기서 말하는 중국은 장개석의 국민당정부를 가리킨다. 그럼에도 불구하고 9월 3일이 기념일인 것은 사회주의국가의 종주국인 소련과의 관계에서 연유했던 것이다.

그럼 지금 중국은 어떤가. 겉으로 보면 중국에서 항일전쟁승리기념일은 9월 3일과 함께 8월 15일도 해당되니 이틀이다. 9월 3일은 정부의 공식 기념일이어서 평일인데도 달력에 빨간색으로 표시되어 있는 데 비해 8월 15일은 민간에서 기억하고 있는 기념비적인 날로서 평일이다. 항일전쟁과 관련된 각종 기념관에서 두 날에 관련된 이벤트를 모두 기획해야 하는 현실이 오늘의 중국이다. 그럼에도 불구하고 2006년도 초급 및 고급중학의 역사교과서는 9월 3일이 아니라 8월 15일에 일본이 무조건 항복을 선포했다고 언급하고 있다. 지금의 교과서에는 9월 3일이 없는 것이다.

그렇다면 이와 같은 혼란과 어정쩡함은 어떤 과정을 거쳐 형성되었을까. 이 보론에서는 1949년 이후부터 현재까지 발행된 중국의 초급 및 고급중학 역사교과서와 그것의 교사용 지도서를 중심으로 간략히 정리해 보겠다.

2. 배제된 8·15

중국의 역사교과서는 「歷史敎學大綱」에 입각하여 서술되어 있다. 지금까지 역사교학대강은 모두 여섯 차례, 즉 1956년 초안, 1963년 초안, 1978년 시행초안(1980년), 1986년안(1990년 修訂本), 1988년 초심고(初審稿, 1992년 試用, 2000년 試用修訂版)로 작성된 것과 '전일제(全日制) 보통의 고급중학'에서 사용할 역사교과서의 지침서인 1996년도 공시험용(供試驗用, 2000년 試驗修訂版)이 있다.2) 1956년 이전에 제작된 중국역사에 관한 초급중학의 교과서에서는 8·15에 관해 아무런 언급이 없다.3)

역사교학대강에 의해 처음 작성된 초급중학의 교과서인 1956년판 『中國歷史』 제4권에서는 8월 15일을 전후한 시기에 항일전쟁의 승리 과정을 다음과 같이 기술하였다

소련 홍군의 섬멸적 타격과 해방군의 대반공으로 인해 일본제국주의는 8월 14일에 무조건 투항을 선포하지 않을 수 없었다. …
1945년 9월 2일 일본제국주의는 투항서에 서명하였다. …4)

여기에서 주목되는 사실은 우선 8월 14일에 일본이 항복을 '선포'했다는 것과, 9월 2일에 투항서에 '서명'했다는 것을 항복과정으로 서술하고 있어 8월 15일에 대한 언급이 없다는 점이다. 위의 인용 문장은 1963년판에서도 그대로 나오고, 1960년대판과 1980년판 『中國歷史』 교과서에서도 8월 14일과 9월 2일을 비슷한 내용으로 기술하고 있다.5) 이때까지 8월 15일에 관해 서술한 교과서가 없었던 것이다.

---

2) 역사교학대강에 관해서는 특별한 전거를 달지 않겠다. 본고에서 인용하는 자료는 전부 課程敎材硏究所 編, 『20世紀中國中小學課程標準·敎學大綱滙編－歷史卷』, 人民敎育出版社, 2001에 수록된 것이다.

3) 葉蠖生, 『初級中學中國歷史課本』, 新中出版社, 1952.

4) 汪錢·陣樂素 編, 『初級中學課本 中國歷史』 4, 人民敎育出版社, 1956, 94쪽.

5) 『初級中學課本 中國歷史』 4, 人民敎育出版社, 1963, 55~56쪽 ; 小島晋治 譯, 『世界の歷史敎科書シリーズ 30 中國 II』, 帝國書院, 1983, 256쪽 ; 野原四郎·齊藤秋男 譯, 『世界の敎科書＝歷史 中國 2』, 1981, 216쪽. 小島晋治은 1960년대 全日制12年制 학교의 『初級中學課本 中國歷史』, 野原四郎과 齊藤秋男은 1980년 全日制10年制 학교의 『初級中學課本 中國歷史』를 각각 저본으로 번역하였다.

3. 8 · 15의 등장과 역사사회적 맥락

그런데 1986년 역사교학대강의 지침이 조금 바뀌면서부터 8월 15일을 전후한 시기에 관한 설명에 약간의 변화가 있었다. 1987년판 『中國歷史』 제3권에는 다음과 같은 서술이 있다.

> 세계 반파쇼 역량의 엄중한 타격 아래, 특히 중국인민의 영웅적인 반격으로 8월 15일 일본제국주의는 할 수 없이 무조건 항복을 선포하였고, 9월 2일 일본 정부는 동맹국에게 투항서를 바쳤다. 9월 9일 중국 戰區의 투항의식은 남경에서 거행되어 일본 침략자 우두머리 오카무라 야스지(岡村寧次)는 투항서를 중국 정부의 대표에게 건네주었다.6)

1987년판 교과서 서술에서는 크게 두 가지 변화가 눈에 띈다. 우선 8월 14일에 관한 언급이 사라진 대신에 8월 15일에 일본이 무조건 항복을 '선포'했다고 하여 8월 15일에 관한 기술이 교과서에 처음 등장했다는 점이다. 다른 하나는 9월 9일 중국국민당이 일본으로부터 항복을 받아내는 접수의식을 처음 언급했다는 점이다.

1987년판 이전과 이후 변화의 근본적인 차이는 1987년판 이전에는 일본이 전쟁을 끝내야만 하는 문제와 관련하여 연합국이 요구한 공식적인 의사표현, 곧 항복 절차와 관련하여 연합국과 직접 연관된 날짜를 중심으로 승전과정을 설명했는 데 비해 1987년판부터는 중국인의 입장이 전면에 나서고 있다는 점에 있다. 즉, 역사교과서는 대다수 중국인들이 일본의 항복 선언으로 전쟁이 끝났다는 사실을 처음으로 인지한 날과 중국에서 항복접수의식을 거행한 사실을 중심으로 8월 15일을 전후한 역

---

6) 『初級中學課本 中國歷史』 3, 人民敎育出版社, 1987, 90쪽. 이 책은 1986년 역사교학대강에 의해 제작된 제2판으로 1992년에 제11차 인쇄된 것이다.

사를 기술한 것이다.

이는 큰 변화이다. 그렇게 된 원인은 어디에 있을까.

우선 국제사회에서 처음 문제되었던 1982년도 일본의 역사교과서 검정파문과 1985년 나카소네 야스히로 일본 수상이 총리 자격으로는 처음 야스쿠니신사에 참배한 사건 등 일본의 동향과 관련이 있다. 당시까지 중국 정부는 문화대혁명 등으로 인해 항일전쟁사 연구를 중시하지 않았을 뿐만 아니라 1972년 일본과 국교관계를 수립했기 때문에 역사문제를 소홀히 다루었다. 중국 정부는 앞서와 같은 일들을 계기로 역사문제를 잘 해결하지 못했음을 자각한다. 그에 대한 대응조치의 하나가 기념관 건립이다. 현재 중국에는 항일전쟁기념관과 일본군 만행을 폭로하는 기념관이 대략 100여 개 이상 있는데, 전국 규모의 대표적인 기념관은 1985년 준공한 남경의 난징대학살피해(遇難)동포기념관, 1987년 준공한 북경의 중국인민항일전쟁기념관, 1991년 준공한 심양의 9·18역사박물관을 들 수 있다.7)

다른 하나는 중국 내부의 사정과 연관된다. 즉, 개혁개방을 통해 시장경제의 원리를 도입하여 경제성장을 추구하려는 중국 현실과의 연관성이다. 중국 정부의 개발우선주의 전략은 성장과정에서 야기될 수밖에 없는 빈부격차의 증대, 서구적 의식과 문화가 대거 유입되면서 국가의식과 민족의식의 쇠퇴 및 개인주의 확산 등으로 인해 중국사회를 불안정화시킬 수 있다. 중국 정부로서는 이런 불안 요소를 미리미리 잠재우면서 새로운 국가발전 전략에 일치단결하여 호응할 수 있는 중국인의 정체성을 만들어야 하였다. 역사교육에서 그 기본방향은 이념의 탈색과 내셔널리즘의 강조였다. 실제 1978년판 역사교학대강에서부터 명·청 시기에 관한 교과서 서술은 '통일적 다민족 국가의 공고'라는 제목을 전면에 내세웠다.

---

7) 이종위엔, 「8·15와 중국의 항일전쟁기념관」, 『한·중·일 삼국의 8·15 기억』, 역사비평사, 2005, 153~154쪽.

더 나아가 1986년판 역사교학대강부터는 현대사 부분의 첫 시작에서 중국공산당의 창립이란 점을 전면에 부각시키며 설명하지 않고, 반식민지 반봉건사회로 전락한 중국사회의 위기를 타개하고자 시도한 '5·4애국운동'을 내세우고 있다.8) 중국공산당 창립문제는 그보다 아래 단위로 배치되어 서술되었다. 5·4애국운동도 이전까지는 그냥 '5·4운동'이라 기술하였다.

4. 민간이 기억해 온 8·15의 정착

중국의 역사교육이 이념적인 색채를 탈색하고 실용주의적이고 애국주의적인 방향으로 흘러가는 경향은 1990년대 들어서도 계속되었다. 특히 사회주의권의 몰락과 1990년 동서독의 통일이란 세계적인 사건은 중국 정부로 하여금 이러한 경향의 역사교육을 더욱 가속화시켰다. 1992년 역사교학대강에 의해 기술된 1995년판 『中國歷史』 제4권을 통해 이를 확인해 보자.

> 正文部分 : 중국인민과 세계반파쇼 역량의 엄중한 타격을 받은 일본 제국주의는 8월 15일에 핍박을 이겨내지 못하고 무조건 항복을 선포하였다. …
>
> 熱讀部分 : 9월 2일 ① 일본 정부는 동맹국에 항복서를 바쳤다. 9월 9일에 중국 정부 대표 何應欽이 남경에서 일본침략군 두목 오카무라 야스지(岡村寧次)가 넘겨주는 항복서를 접수하였다. 10월 25일 대만주재 일본총독이 항복서를 중국 정부 대표에게 바쳤다. 그리하여 50년 남짓하게 일본의 통치를 받아온 대만도 끝내 조국의 품속으로 돌아왔다.
>
> ① 9월 3일을 중국항일전쟁승리기념일로 하였다.9)

---

8) 1992년도 역사교학대강 때부터 1949년 중화인민공화국의 창립을 중국현대사의 출발로 보기 시작하였다.

위와 똑같은 기술은 2002년판 『中國歷史』 제4권에서도 확인할 수 있다. 이에 비해 21세기 들어 중국의 새로운 역사교육 지침서인 「歷史課程標準」에 의해 제작된 2005년판 『中國歷史』 8학년 상권에서도 1995년판의 '정문부분'과 완전히 일치하고 있지만, '열독부분'은 전부 생략되어 있다. 그에 따라 비록 각주에서이지만 1995년판에서 처음으로 언급되었던 9월 3일에 관한 서술도 생략되었다. 또한 고급중학의 1993년판 『中國近代現代史』 하권에서도 "8월 15일 일본 정부는 할 수 없이 무조건 투항을 선포했으며, 9월 2일 정식으로 투항서에 서명하였다"고 '정문부분'에 기술하고 있는데,10) 1997년도 시험본과 2004년판 『中國近代現代史』도 완전히 같은 내용이다. '열독부분'에서 9월 2일과 9월 9일에 관한 사실을 같은 내용으로 설명하고 있는 것도 1993년판부터 똑같다.

이처럼 1992년 '9년 의무교육 전일제 초급중학'의 역사교학대강에서부터 현재까지 서술의 가장 큰 특징은 8월 15일만을 언급하고, 그 이외의 항복과정에 관한 서술은 상대적으로 비중을 낮추고 있다는 점이다. 특히 1996년 '전일제 보통 고급중학'의 역사교학대강과 2001년 '9년 의무교육 전일제 초급중학'의 역사교학대강에서 '1945년 8월에 일본제국주의가 항복을 선포했고, 항일전쟁에서 최후 승리를 했다'는 식으로 처음 명시했을 정도로 학교교육에서는 8월 15일의 의미를 부각시키고 있다. 그러면서도 특별한 설명 없이 간략하면서 분명하게 8월 15일만을 기억하도록 하고 있는 것이다.

그렇다고 해서 교사들이 학생들에게 9월 2일과 9월 9일의 경과를 전달하는 데 있어 완전히 소홀히 취급해도 된다는 교육방침 같지는 않다. 『中國歷史』 8학년 상권의 교사용 안내서를 보면, 두 날에 관한 참고 설명이 상세히 되어 있는 데 비해, 8월 15일에 관해서는 별도의 설명을 하

---

9) 『初級中學課本 中國歷史』 4, 人民敎育出版社, 1995, 88쪽.

10) 『高級中學課本 中國近代現代史』 下, 人民敎育出版社, 1993, 55쪽.

고 있지 않기 때문이다.11)

앞서도 언급 했지만, 8월 15일을 승리의 날로 기념하는 교육이 정착됨에 따라 국가의 공식 기념일과 충돌하는 것은 불가피하다. 일단, 중국 정부가 중국인 스스로 어느 날을 항일전쟁에서 승리한 날로 기억해야 하는지를 모르게 하는 상황을 초래했기 때문이다.

그렇다면 중국 정부는 이렇게 혼란스런 상황을 왜 여전히 지속시키고 있는 것일까. 중국 정부가 9월 3일을 여전히 고집하는 것은 8월 15일 이후에도 일본군이 산발적으로 저항을 계속하고 있어 전쟁이 아직 끝난 것도 아니며, 항복문서에 일본이 정식으로 서명한 것도 아니니 국가 간의 교전상태가 종결된 것도 아니라는 입장 때문이라고 한다.12) 하지만 9월 2일도 아니고, 9월 9일도 아닌 9월 3일을 기념일로 계속 간주하는 것은 역사적 타당성이 그렇게 높지 않다. 소련이 제시한 표준을 고집하는 태도는 중국이 여전히 이념적으로 사회주의 국가임을 드러내는 표시일지는 모르겠지만, '중화민족'을 특히 강조하고 있는 최근의 역사교육을 고려할 때도 크게 모순되는 것만은 분명하다.13)

그렇다고 사토 다쿠미의 주장처럼 중국의 8·15가 '일본표준=8·15'로 돌아간 것도 아니다. 더구나 중국이 "대일카드와 기념일을 국수화"하기 위해 표준을 바꾸었다는 주장은 지나치게 자의적이고 일본 중심적인 단정이다.14) 앞서도 보았듯이, 중국인들에게 8월 15일을 주목하도록 만든 것은 1982년의 교과서파동으로 상징되듯이 일본의 우익과 일부 보수세력이며, 시장경제를 발전시키고 있는 중국 자체의 대응 조치로 8월 15

---

11) 課程教材研究所·歷史課程教材研究開發中心 編著, 『中國歷史 8年級上册－教師教學用書』, 人民教育出版社, 2004, 166쪽.

12) 이종위엔, 「8·15와 중국의 항일전쟁기념관」, 『한·중·일 삼국의 8·15 기억』, 150쪽.

13) 계급보다 민족을, 그리고 '중화민족'을 강조하는 변화양상에 대해서는 辛珠柏, 「동아시아 근현대 질서변동과 중국의 한국근현대사 인식(1949-2006)」, 『白山學報』, 76, 2005 참조.

14) 佐藤卓己, 『8月15日の神話－終戰記念日のメディア學』, 220~221쪽.

일을 일본이 패전한 날이자 중국이 승리한 날로 역사교육을 하고 있기 때문이다. 더구나 민간차원에서는 8월 15일을 해방의 날이자 승리의 날로 기억하는 흐름이 1945년 그 당시부터 큰 물결처럼 이어져 왔기 때문이다.

그런데 사토 다쿠미의 주장은 중국이 반일교육을 위해 8월 15일을 승리의 날로 교육하고 있다는 뉘앙스를 독자들에게 전달할 우려가 있다. 그의 주장은 8·15에 기념할 수밖에 없는 원인을 제공한 일본 자신에 대해 철저한 비판적 고찰이 부족한 설명이며, 동시에 중국인의 주체적 대응과정을 무시한 지적이다.15) 중국인 스스로 자신을 중심에 놓은 중국역사로의 재해석이란 측면을 간과한 지적이기도 하다. 또한 그는 중국의 주체적 대응과정을 주목하지 않은 채 중요한 사실을 잘못 언급하고 있다. 앞서도 보았듯이 중국이 8월 14일과 9월 2일 대신에 8월 15일과 9월 9일에 주목하기 시작한 것은 1987년판 교과서부터이지 사토 다쿠미가 주장하는 것처럼 1991년 교과서부터가 아니다. 또한 2000년대 초급과 고급중학의 교과서에서도 확인되듯이, 중국의 역사교육은 9월 2일을 완전히 배제하고 있지도 않다.16) 현행 역사교과서의 교사용 지도서에서 이를 더욱 분명히 확인할 수 있다.

---

15) 주체적 대응이라는 측면에서는 한국에 대해서도 마찬가지다. 그는 1946년부터 민간차원에서 자발적으로 8월 15일이 '해방절'로 기념되어 왔다는 사실을 모르고 있다. 남북한의 분단정부는 이를 각각 '광복절'과 '민족해방기념절'로 달리 기억하고 있을 뿐 기념하는 날은 지금까지도 8월 15일이다. 여기에다 해방과 광복에 대한 개념 사용의 변화가 갖는 역사사회적 맥락을 추적하면 사토 다쿠미가 주장하는 것처럼 그렇게 단순하게 단정할 수 없다. 한국에서 해방과 광복의 맥락은 이 책에 수록된 신주백의 논문과 신주백, 「해방인가, 광복인가?」, 『역사용어 바로쓰기』, 역사비평사, 2006 참조.

16) 사토 다쿠미는 중국의 8·15 기억을 분석하면서 2004년과 2005년 현재 학교 현장에서 사용하고 있는 교과서를 분석하지 않았다. 한국도 제7차 교육과정에서 교과서 발행제도가 바뀌었고 그에 따라 큰 변화가 있는데 이와 관련된 교과서를 전혀 참고하지 않았다. 새로운 규명을 많이 했음에도 불구하고, 한·중·일 간에 모든 통로가 열려 있는 현실을 고려할 때 변화하고 있는 기억을 추적하고 기술하지 않은 것은 큰 문제라고 본다.

참고문헌

『高級中學課本 中國近代現代史』下, 人民教育出版社, 1993

『初級中學課本 中國歷史』3, 人民教育出版社, 1987

『初級中學課本 中國歷史』4, 人民教育出版社, 1963

『初級中學課本 中國歷史』4, 人民教育出版社, 1995

課程敎材硏究所·歷史課程敎材硏究開發中心 編著, 『中國歷史 8年級上冊－敎師敎學用書』, 人民敎育出版社, 2004

小島晉治 譯, 『世界の歷史敎科書シリーズ 30 中國 Ⅱ』, 帝國書院, 1983

野原四郞·齊藤秋男 譯, 『世界の敎科書=歷史 中國 2』, 1981

辛珠柏, 「동아시아 근현대 질서변동과 중국의 한국근현대사 인식(1949-2006)」, 『白山學報』 76, 2005

신주백, 「해방인가, 광복인가?」, 『역사용어 바로쓰기』, 역사비평사, 2006

葉蠖生, 『初級中學中國歷史課本』, 新中出版社, 1952

汪錢·陣樂素 編, 『初級中學課本 中國歷史』4, 人民敎育出版社, 1956

이종위엔, 「8·15와 중국의 항일전쟁기념관」, 『한·중·일 삼국의 8·15 기억』, 역사비평사, 2005

佐藤卓己, 『8月15日の神話－終戰記念日のメデイア學』, 筑摩書房, 2005

찾아보기

(ㄱ)

계엄법 ‖ 282

고준석 ‖ 77

광복 ‖ 59, 86, 287

광복군 ‖ 44

광복절 ‖ 34, 293

광복회 ‖ 87

교수요목의 시기(1946~1954) ‖ 34

교육기본법 ‖ 258

국민교육헌장 ‖ 46, 47

국민의 정부 ‖ 174

군사교련 ‖ 46

군정 시기 ‖ 145

김두용 ‖ 249

김대중 기념사 ‖ 174

김성칠 ‖ 41

김일성 ‖ 45, 55, 202, 203

김일성 회고록 ‖ 208

김정동 ‖ 99

김천해 ‖ 248

김한종 ‖ 62

『강코쿠진』(강촌) ‖ 125

『강코쿠진』(손태규) ‖ 124

『개살구』(이상무) ‖ 124

『검은 비』 ‖ 230

『高等國史』(김상기) ‖ 40

『고등국사』(최남선) ‖ 40

『고지라』(혼다 이시로오(本多猪四郎)) ‖ 227

『공포의 외인구단』(이현세) ‖ 121, 130

『光復』 ‖ 87

『광야의 노래』(박원빈) ‖ 122

『國民朝鮮歷史』(최남선) ‖ 43

『國父』(조명훈) ‖ 125, 129

『國史』(문교부) ‖ 40

『國史敎本』(미군정청) ‖ 35

『그라운드에 부는 바람』(이상무) ‖ 124
『김일성 동지 혁명력사 학습을 위한 참
　　　고자료』‖ 53
『김일성 원수 혁명활동』‖ 53
『깃발을 올려라』(이상무) ‖ 124
김상기 ‖ 40

（ㄴ）

나가노 시게토 ‖ 236
나카네 다카유키(中根隆行) ‖ 78
나카니시 이노스케 ‖ 249
나카소네 야스히로 ‖ 233
노태우 기념사 ‖ 164
『낙화』(김종래) ‖ 122
『남벌』(이현세) ‖ 125, 127, 129

（ㄷ）

대동아전쟁 ‖ 228
대동아전쟁긍정론 ‖ 229, 231
대일선전포고 ‖ 33
대일전 ‖ 189
대통령 단임제＝평화적 정권교체＝민주
　　　주의 ‖ 157
대한민국 임시정부관 ‖ 107
독립기념관 ‖ 89, 106, 159
독립운동사 ‖ 42
독립전쟁론 ‖ 56, 58
동경재판 ‖ 223, 225
동원감란시기 ‖ 283
동원감란임시조관 ‖ 283
『대야망』(고우영) ‖ 124
『데드라인』(김지원) ‖ 125

『도전자』(박기정) ‖ 124
『독립군전투사』(상·하) ‖ 52
『獨立運動史』 1-10 ‖ 52
『獨立運動史資料集』 1-9 ‖ 52
『동경 4번지』(손의성) ‖ 124
『두 얼굴』(허영만) ‖ 125

（ㄹ）

리덩후이 ‖ 283, 294
리영희 ‖ 30
『레이테　戰記』(오오카　쇼헤이(大岡昇
　　　平)) ‖ 231
『마적』(박원빈) ‖ 123
『미래를 여는 역사』‖ 15

（ㅁ）

무라야마 도미이치 ‖ 236
문교부 ‖ 40, 45
미려도잡지사 ‖ 282
미즈노 나오키 ‖ 256
민족박물관 설립추진위원회 ‖ 90
민족적 민주주의 ‖ 147
민족중흥 ‖ 148
민족해방기념일 ‖ 34
민주진보당 ‖ 282
민주화운동 ‖ 162, 169
민중사학 ‖ 59
민진당 ‖ 283

（ㅂ）

『반딧불(螢の光)』‖ 76
박정희 기념사 ‖ 145

본성인(本省人) ‖ 273, 291
본토화정책 ‖ 281
북진통일 ‖ 142, 143
『바람의 파이터』(고우영) ‖ 124
『버마의 竪琴』(다케야마 미치오(竹山道雄)) ‖ 223
『복남이의 모험』(김용환) ‖ 118

(ㅅ)

사토 다쿠미(佐藤卓己) ‖ 312
사회주의운동 ‖ 54
사회주의운동사 ‖ 54
삼선개헌 ‖ 150
삼선개헌 반대운동 ‖ 151
삼통정책 ‖ 278
상해 임정 청사를 복원 ‖ 169
새로운 역사교과서를 만드는 모임 ‖ 237
샌프란시스코강화조약 ‖ 225, 261
서대문구치소 ‖ 92
서대문형무소 역사관 ‖ 92
서북5도당 책임자 및 열성자 대회 ‖ 201
서태원 ‖ 31
소련군 제88독립보병여단 ‖ 209
손정목 ‖ 98
송민구 ‖ 99
시바 료타로(司馬遼太郎) ‖ 230
신석호 ‖ 41, 44
신용하 ‖ 91, 93, 100
신탁통치 문제 ‖ 80
신형식 ‖ 44

『사자여 새벽을 노래하라』(이현세) ‖ 120, 122
『少年매거진』 ‖ 229
『少年선데이』 ‖ 229
『시련과 극복』 ‖ 60
『시모노세끼의 용』(박원빈) ‖ 125

(ㅇ)

아이젠하워 ‖ 142
안우식 ‖ 105
얄타회담 ‖ 187
여운형 ‖ 77
역사교육연구회 ‖ 42
연합국군총사령부 ‖ 227, 248
연합국최고사령관총사령부 ‖ 221
연해주집단군 ‖ 188
온 사회의 주체사상화 ‖ 53
외국인 등록령 ‖ 256
외성인(外省人)＝來省人 ‖ 273, 291
월남파병 ‖ 148
윤보선 기념사 ‖ 144
윤세철 ‖ 44
윤장섭 ‖ 99
이강훈 ‖ 248
이경모 ‖ 79
이병기 ‖ 79
이병도 ‖ 38, 42
이승만 ‖ 139, 141
이승만 기념사 ‖ 137
이에나가 사부로(家永三郎) ‖ 230
이원순 ‖ 44
이현희 ‖ 99

이홍직 ‖ 44

이희승 ‖ 78

일본공산당 ‖ 262

임시정부정통론 ‖ 44, 45, 47, 54,
　　56, 57, 61

『아리랑』(이상세) ‖ 122

『언덕위의 구름』‖ 230

『육혈포』(박원빈) ‖ 122

『二十四의 瞳』(쓰보이 사카에(壺井榮))
　　‖ 221

「歷史敎學大綱」‖ 306

「歷史課程標準」‖ 311

6・15 남북공동선언 ‖ 178

(ㅈ)

자유민주주의 ‖ 147

장제스 ‖ 279, 293

장징궈 ‖ 281, 293

장홍기 ‖ 100

재일본조선인총련합회 ‖ 263

재일본조선통일민주전선 ‖ 262

전두환 기념사 ‖ 156

전승 장치 ‖ 117

전쟁박물관 ‖ 101

정청궁 ‖ 274

정치범석방운동촉진연맹 ‖ 249

제1극동전선군 소속 제25군 부대
　　‖ 193

제1차 교육과정 ‖ 43

제25군사령관 I. M. 치스차코프 ‖ 200

제2공화국 ‖ 144

제2의 건국 ‖ 174

제2의 광복운동 ‖ 173

제2차 교육과정(1963~1973) ‖ 47

제3공화국 ‖ 147

제3차 교육과정 ‖ 48

제4공화국 ‖ 152

제5차 교육과정 ‖ 58

제6차 교육과정 ‖ 59

제7차 교육과정 ‖ 61

조국근대화 ‖ 148

조국방위전국위원회 ‖ 262

조국복귀(오키나와) ‖ 231

조동걸 ‖ 91

조련 ‖ 251, 254, 256

조선공산당 평남지구확대위원회 ‖ 200

조선독립촉성인민대회 ‖ 253

조선어교육을 위한 국어강습소 ‖ 251

조선의용군 ‖ 43

조선인민혁명군 ‖ 210

조선인학교의 지급에 관하여 ‖ 258

조선전쟁 ‖ 261

조선총독부 건물의 철거논쟁
　　‖ 100, 169

조선혁명론 ‖ 58

조좌호 ‖ 40

종전기념일 ‖ 293, 295

주남철 ‖ 99

주진오 ‖ 62

『전설의 영웅』(이상무) ‖ 124

『祖國』(김종래) ‖ 118

『조선로동당략사』‖ 206

『조선로동당력사교재』‖ 205

『조선역사』(김성칠) ‖ 36, 37

『조선전사』∥206
『조선종전의 기록』∥76
『조선통사』∥204
『中等國史』(신석호)∥37
『중등국사』(역사교육연구회)∥39
『질 수 없다』(허영만)∥124

（ㅊ）
천수이벤∥294
청진지역 전투∥193
최규하 기념사∥155
최남선∥40, 41
침략전쟁론∥231
「철도 이용 대만인 및 조선인의 단속」
　∥255

（ㅌ）
타이완 우선주의∥279
타이완 주체주의∥279
타이완의식 대 중국의식∥284
타이완인주의∥279

（ㅍ）
평화기념일∥296
평화통일∥160
포츠담회담∥190
『태국기가 바람에 펄럭입니다』(최병열)
　∥125
『태평양의 불꽃』(왕현)∥122
『피와 꽃』(방학기)∥124

（ㅎ）
하야시 후사오(林房雄)∥228
한국광복군 제2지대∥30
한국적 민주주의∥48
한국전쟁∥139
한덕수∥262
한우근∥40
한일국교정상화∥148
항복접수의식(8월 15일)∥308
항일무장투쟁∥55
항일전쟁승리기념일∥306
해방∥108, 59
해방군∥197
해방의 노래(김순남)∥82
해방절∥34
현준혁∥200
협화회∥246
호소카와 모리히로∥236
혼다 가스이치(本多勝一)∥231
후쭈우(府中)예방구금소∥248
『韓國獨立運動史 資料』1-7∥52
『한국인』(이상무)∥124, 127
『항일빨치산참가자들의　회상기』(전12
　권)∥205
『흑수단(黑手團)』(박광현)∥122
『흰 구름 검은 구름』(박기정)∥125
『힙합』(김수용)∥132

（1）
15년전쟁∥234
1946년 3·1절∥81
1951년 기념사∥140

1956년판 『中國歷史』‖307
1980년판 『中國歷史』‖307
1982년 문부성의 고교용 교과서 검정
　　과 교과서 파동‖232
1987년판 『中國歷史』‖308
1993년판 『中國近代現代史』‖311
1995년판 『中國歷史』‖310

(ㄹ)

2002년판 『中國歷史』‖311

2004년판 『中國近代現代史』‖311
2005년판 『中國歷史』‖311
2·28사건‖290, 299
2·28사건 진상조사 위원회‖283

(9)

9월 2일 항복기념일‖227

(G)

GHQ‖224, 254, 255, 258